中国物流技术协会推荐教材
面向“十二五”物流专业工学结合规划系列教材

物流信息技术

人类进入21世纪后，以新型流通方式为代表的连锁经营、物流配送、等产业发展迅速
加之经济全球化趋势明显增强，给世界各国经济发展带来了前所未有的机遇
被誉为“第三利润源泉”的现代物流产业，在国民经济建设与社会发展中发挥着愈来愈重要的作用

WULIU XINXI JISHU

◎主　编　刘　浩　吴祖强
副主编　侯海平　李先龙
参　编　江友农　刘　方
王海龙

中国商业出版社

图书在版编目(CIP)数据

物流信息技术/刘浩,吴祖强主编.—北京:中国商业出版社,2012.04 印

(现代物流管理系列教材)

ISBN 978-7-5044-5805-6

Ⅰ.物…　Ⅱ.①刘…②吴…　Ⅲ.物流-信息技术-高等学校-教材　Ⅳ.F253.9

中国版本图书馆 CIP 数据核字(2006)第 163419 号

责任编辑:刘树林

中国商业出版社出版发行

(北京广安门内报国寺 1 号　邮编:100053)

新华书店总店北京发行所经销

北京燕龙印刷有限公司印刷

*　　*　　*

787×1092 毫米　开本:1/16　印张:15　字数:350 千字

2012 年 4 月第 2 版　2012 年 4 月第 1 次印刷

*　　*　　*

定价:35.00 元

*　　*

(如有印装质量问题可更换)

前 言

人类进入21世纪后，以新型流通方式为代表的连锁经营、物流配送、电子商务等产业发展迅速，加之经济全球化趋势明显增强，给世界各国经济发展带来了前所未有的机遇。被誉为“第三利润源泉”的现代物流产业，在国民经济建设与社会发展中发挥着愈来愈重要的作用。在原材料、设备、劳动力、成本的压缩空间趋于零后，对成本的控制将转向物流领域，因此，发展现代物流产业对优化资源配置、降低生产成本、提高经济效益，主要增强市场竞争力具有十分重要的意义。物流产业的发展，将成为衡量一个国家现代化程度和综合国力的重要标志之一，被称为经济发展的“加速器”。

我国加入WTO以后，物流业是最先对外开放的行业之一，要实现物流一体化、发展第三方物流、与国际物流企业竞争，已引起各级政府部门和众多国内大企业的重视，如海尔公司、一汽大众公司等，都率先组建自己的物流公司。但是，由于我国对物流研究相对滞后，物流技术水平相对落后，使得培养出的人才参差不齐，与国外物流产业人才相比，主要体现在人员素质以及物流知识和技能与实践脱节，很难满足社会对物流人才的要求。在加强高层次物流经营与管理人才培养的同时，应大力发展物流职业技术教育，培养和造就大批物流生产第一线技术操作和运作管理的应用型人才。

从总体看，我国物流职业教育方面刚刚起步，还没有真正形成一个较完整的职业教育体系，在课程设置、教材选取、培养方向等方面缺乏规范性。物流业既是一个跨行业、跨部门的复合产业，又具有劳动密集型和技术密集型相结合的特征。在此情况下，中国物流协会与全国职业教育教学培训委员会商贸专业委员会共同组织编写了这套教材。该系列教材将有针对性地突出培养学生的职业技能，精练理论和实用性技能的需要，充分体现物流领域的新知识、新技术、新思想和新方法。

“现代物流管理”系列教材共14本，由经济管理出版社和中国商业出版社分别出版。本书是该系列教材中的一本。

本书适合高等院校物流专业的教材和参考书，也可供中等专业学校物流管理专业学生及企业管理人员学习与参考，并可作为普及物流知识培训班和研讨会的培训教材。

本书编写过程中参考了大量的相关书籍、论文和国内外物流网站资料，并引用了其中的有关概念和论点，由于篇幅较多，这里不一一介绍，在此对所引用书籍、论文和网站资料的作者表示衷心的感谢。

本书共分十章，由刘浩老师（安徽工商职业学院）设计全书框架，拟定编写大纲，并总纂定稿。由刘浩老师（安徽工商职业学院）、吴祖强老师（广西商业学校）担任主编，侯海平老师（安徽财贸职业学院）、李先龙老师（安徽财贸职业学院）担任副主编；江友农老师（安徽财贸职业学院）、刘方老师（安徽工商职业学院）、王海龙老师（安徽财贸职业学院）担任参编。其中吴祖强老师编写第一章、第二章；王海龙老师编写第三章、第七章；侯海平老师编写第四章、第十章；江友农老师编写第五章；刘方老师编写第六章、第九章；李先龙老师编写第八章。

由于时间仓促和水平所限，书中难免有不妥之处，敬请读者批评指正。

编　者

2012 年 04 月

序

当前，物流不仅在我国，就是在世界范围也已经成了经济活动的热点！因为随着市场国际化、采购全球化，生产布局也随市场采购一道全球化了，这就大大地加长了供应链。而电子信息网络技术的发展，已把供应链加长对商流、信息流和资金流造成的不利影响解决了，从而使物流的效率对整个生产与营销成本的影凸突显出来，引起了大家的关注。中国已成为世界的加工厂，对物流需求极大。在国内物流企业快速发展的同时，国外的物流企业也纷纷进入中国，物流市场竞争极为激烈，这就更加剧了我国物流人才短缺的状况。在这样的市场背景下，国内各院校纷纷设立物流专业，以满足市场对物流人才的迫切需求。

然而，在解决需求方面，高端的如研究生，本科生等参与的单位很多，但在高职、中专方面关心的就少多了。这主要是由于人们对物流人才市场缺乏了解，加上我们的家长望子成龙的心太迫切，殊不知人才的需求也是综合的，犹如一架机器上的各个部件一样，是缺一不可的。为此，国家教育部特别强调在高、中专学生培养中一定要加强实操能力的培养与训练。在重视高层物流经营与管理人才培养的同时，也要特别关心物流职业技术教育，培养和造就一大批有一定的基础理论知识，又了解物流第一线生产实际状况，并具备岗位实操能力的物流人才。

为解决上述问题，中国物流技术协会与全国职业教育教学培训委员会商贸专业委员会合作进行了物流专业教师物流实践知识的培训，在海尔、昆船、红河、北京西南物流中心等国内著名企业现场进行物流生产知识的讲授和参观、考察与研讨，丰富教师的物流生产实践知识；考察中教师们还对生产线进行了拍照和录像，带回学校作为课堂教学的素材，配合课堂讲解增强学生们对物流生产的感观认知度。在此基础上我们又做了大量的调研，分析了教学方面对教材的质量与专业性的要求，在兰州召开了“现代物流职业教育教材”编写研讨会，提出编写一套物流管理与实训相结合的系列教材。该系列教材共有 14 本，既系统地涵盖了目前物流专业教育的教学内容，又有针对性地培养学生的职业技能。

本系列教材在突出实用性技能的同时，也编进了一定量的物流领域新知识、新技术和新概念。除了可作学校教学使用外，也可作为企业人才培训和物流从业人员自我提高的辅导材料。

中国物流技术协会 牟惟仲

◆目　录

◆——第一章　物流信息技术概论

＊本章主要内容

- 现代经济下的物流发展
- 现代物流的信息技术
- 物流管理信息系统的发展过程
- 信息技术在我国物流中应用

＊**导入案例**

现代物流信息技术构筑 UPS 核心竞争力

成立于 1907 年的美国联邦快递公司(United Parcel Service,UPS)是世界上最大的配送公司。2000 年,联邦快递公司年收入接近 300 亿美元,其中包裹和单证流量大约 35 亿件,平均每天向遍布全球的顾客递送 1320 万件包裹。司向制造商、批发商、零售商、服务公司以及个人提供各种范围的陆路和空运的包裹和单证的递送服务,以及大量的增值服务。

表面上联邦快递公司的核心竞争优势来源于其由 15.25 万辆卡车和 560 架飞机组成的运输队伍,而实际上联邦快递公司今天的成功并非仅仅如此。

20 世纪 80 年代初,联邦快递公司以其大型的棕色卡车车队和及时的递送服务,控制了美国路面和空运的包裹速递市场。然而,到了 80 年代后期,随着竞争对手利用不同的定价策略以及跟踪和开单的创新技术对联邦快递的市场进行蚕食,联邦快递的收入开始下滑。许多大型托运人希望通过单一服务来提供全程的配送服务,进一步,顾客们希望通过掌握更多的物流信息,以利于自身控制成本和提高效率。随着竞争的白热化,这种服务需求变得越来越迫切。正是基于这种服务需求,联邦快递公司从 90 年代初开始了致力于物流信息技术的广泛利用和不断升级。今天,提供全面物流信息服务已经成为包裹速递业务中的一个至关重要的核心竞争要素。

联邦快递公司通过应用三项以物流信息技术为基础的服务提高了竞争能力:

第一,条形码和扫描仪使联邦快递公司能够有选择地每周七天、每天 24 小时跟踪和报告装运状况,顾客只需拨个免费电话号码,即可获得“地面跟踪”和航空递送这样的增值服务。

第二,联邦快递公司的递送驾驶员现在携带着以数控技术为基础的笔记本电脑到排好顺序的线路上收集递送信息。这种笔记本电脑使驾驶员能够用数字记录装运接受者的签字,以提供收货核实。通过电脑协调驾驶员信息,减少了差错,加快了递送速度。

第三,联邦快递公司最先进的信息技术应用,是创建于 1993 年的一个全美无线通信网络,该网络使用了 55 个蜂窝状载波电话。蜂窝状载波电话技术使驾驶员能够把适时跟踪的信息从卡车上传送到联邦快递公司的中央电脑。无线移动技术和系统能够提供电子数据储存,并能恢复跟踪公司在全球范围内的数百万笔递送业务。通过安装卫星地面站和扩大系统,到

1997 年适时包裹跟踪成为了现实。

联邦快递公司通过在三方面推广物流信息技术发挥了核心竞争优势:

在信息技术上,联邦快递已经配备了第三代速递资料收集器 III 型 DIAD,这是业界最先进的手提式计算机,可几乎同时收集和传输实时包裹传递信息,也可让客户及时了解包裹的传送现状。这台 DIAD 配置了一个内部无线装置,可在所有传递信息输入后立即向联邦快递数据中心发送信息。司机只需扫描包裹上的条形码,获得收件人的签字,输入收件人的姓名,并按动一个键,就可同时完成交易并送出数据。III 型 DIAD 的内部无线装置还在送货车司机和发货人之间建立了双向文本通信。专门负责某个办公大楼或商业中心的司机可缩短约 30 分钟的上门收货时间。每当接收到一个信息,DIAD 角上的指示灯就会闪动,提醒司机注意。这对消费者来说,不仅意味着所寄送的物品能很快发送,还可随时"跟踪"到包裹的行踪。通过这一过程速递业真正实现了从点到点、户对户的单一速递模式,除为客户提供传统速递服务外,还向包括库房、运输及守候服务等全方位物流服务的发展,从而大大地拓展了传统物流概念。

在信息系统上,联邦快递将应用在美国国内运输货物的物流信息系统,扩展到了所有国际运输货物上。这些物流信息系统包括署名追踪系统及比率运算系统等,其解决方案包括:自动仓库、指纹扫描、光拣技术、产品跟踪和决策软件工具等。这些解决方案在从商品原起点流向市场或者最终消费者的供应链上帮助客户改进了业绩,真正实现了双赢。

在信息管理上,最典型的应用是联邦快递在美国国家半导体公司位于新加坡仓库的物流信息管理系统,该系统有效地减少了仓储量及节省货品运送时间。今天我们可以看到,在联邦快递物流管理体系中的美国国家半导体公司新加坡仓库,一位管理员像挥动树枝一样将一台扫描仪扫过一箱新制造的电脑芯片。随着这个简单的举动,他启动了高效和自动化、几乎像魔术般的送货程序。这座巨大仓库是由联邦快递的运输奇才们设计建造的。联邦快递的物流信息管理系统将这箱芯片发往码头,而后送上卡车和飞机,接着又是卡车,在短短的 12 小时内,这些芯片就会送到国家半导体公司的客户——远在万里之外硅谷的个人电脑制造商手中。在整个途中,芯片中嵌入的电子标签将让客户以高达三英尺的精确度跟踪订货。

由此可见,物流信息技术通过切入物流企业的业务流程来实现对物流企业各生产要素(车、仓、驾等)进行合理组合与高效利用,降低了经营成本,直接产生了明显的经营效益。它有效地把各种零散数据变为商业智慧,赋予了物流企业新型的生产要素——信息,大大提高了物流企业的业务预测和管理能力,通过"点、线、面"的立体式综合管理,实现了物流企业内部一体化和外部供应链的统一管理,有效地帮助物流企业提高了服务素质,提升了物流企业的整体效益。具体地说,它有效地为物流企业解决了单点管理和网络化业务之间的矛盾、成本和客户服务质量之间的矛盾、有限的静态资源和动态市场之间的矛盾,现在和未来预测之间的矛盾等等。(资料来源:中国物流网)

案例思考:

1. 20 世纪 80 年代初,UPS 依靠哪些方面的优势控制美国包裹速递市场?

2. 80 年代后期,UPS 的业务收入为何大幅度下降,又是通过什么措施夺回被蚕食的市场?

3. 目前 UPS 在行业中具备哪些方面的优势?

4. 物流信息技术在现代物流发展中的作用。

第一节　现代经济下的物流发展

随着世界经济的快速发展和现代科学技术的进步,物流经历了从传统物流向现代物流的转变,现代物流建立在现代化的物流技术之上,广泛采用先进的信息技术,以机械化、自动化和信息化为标志,正在全球范围内迅速发展。在国际上,物流被认为是国民经济发展的动脉和基础产业,其发展程度成为衡量一国现代化程度和综合国力的重要标志之一,被喻为促进经济发展的"加速器"及"第三利润源"。国际社会一般以物流成本占 GDP 的比重来衡量一个国家的物流发展水平,比重越低越先进。欧、美等发达国家这一比重约为 10%;中等发达国家,如韩国约为 16%,而我国的物流比重指标大约在 20% 以上,差距十分大。2005 年我国 GDP 约为 18.2 万亿元人民币,如果物流成本占 GDP 的比重降低 10% 就是 1.82 万元亿人民币,接近我国当年第一产业的增加值 2.27 亿元。可见,降低物流成本对促进国民经济发展具有至关重要的作用。

一、物流的概念

物流是个传统与现代化交织的行业,最简单地说,物流就是物的流动。但随着经济的迅速发展,高新技术的不断涌现并在物流业中得到广泛运用,"物流"已被赋予更新、更深的内涵,物流业已进入了一个蓬勃发展的全新阶段。物流概念也经历了漫长的发展历程,并且还在不断地创新。

(一)物流的概念

在物流概念漫长的发展历程中,物流的定义也很多,大多是各有各的侧重,因而各有各的特点和片面性。较为全面和规范的概念是《中华人民共和国国家标准物流术语》所作的定义。

在 2001 年颁布的《物流术语》国家标准中,物流(Logistics)的定义是:物品从供应地向接收地的实体流动过程。根据实际需要,将运输、储存、装卸、搬运、包装、流通加工、配送、信息处理等基本功能实施的有机结合。

物流的定义可以从四个方面理解:

1. 物流是物品物质实体的流动,而不是物品社会实体的流动;物流只实现物品物质实体的转移,而不发生物品所有权的转移。
2. 物流是一种满足社会需要的经济活动,反之则不属于物流范畴。
3. 物流包括空间位移、时间变动和形状、性质变动,从而创造物品时间和形态效用。
4. 有物品就有物流,因而物流具有普遍性。

(二)物流的效用

物流作为国民经济中的一个服务部门,组织物品从供应地向接收地进行物理性的流通,联结国民经济中各部门、各行业,沟通生产、流通和消费领域,就宏观而言,对整个国民经济的运行发挥着重要作用。

1. 物流是社会经济大系统的动脉系统,是联结社会生产各个部门成为一个有机整体的纽带。在任何一个社会(或国家)的经济,都是由众多的产业、部门、企业组成的。这些企业又分布在不同的地区、城市和乡村,它们之间互相供应产品,用于对方的生产性消费和个人生活消费。它们互相依赖而又互相竞争，形成极其错综复杂的关系。物流象链条一样把众多的不同类型的企业、复杂多变的产业部门，以及成千上万种产品联结起来，形成一个有序运行的国民经济整体。

2. 物流的发展对商品生产的规模、产业结构的变化以及经济发展速度具有制约作用。一方面，流通规模必须与生产发展的规模相适应，这是市场经济运行的客观要求。而流通规模的大小在很大程度上取决于物流效能的大小，包括运输、包装、装卸、储存等。另一方面，物流技术的发展，能够改变产品的生产和消费条件，从而为经济的发展创造了良好的条件。此外，物流技术的迅速发展，使物资流转速度大大加快，从而能够加速经济的发展。

3. 物流的改进是提高经济效益的重要源泉。物流组织的好坏，直接影响着生产过程的顺利进行，决定着物品的价值和使用价值能否实现。而且物流成本已成为生产成本和流通成本的重要组成部分。因此，开发物流、改进物流、提高物流管理水平无论对于企业经济效益还是社会宏观经济效益，都具有十分重要的作用。

二、物流的分类

按照不同的标准，物流可作不同的分类。通常，物流可以按以下几种方式分类：

1. 按物流的范畴分为社会物流和企业物流。

社会物流属于宏观范畴，包括设备制造、运输、仓储、装饰包装、配送、信息服务等，公共物流和第三方物流贯穿其中；企业物流属于微观物流的范畴，包括生产物流、供应物流、销售物流、回收物流和废弃物流等。

2. 根据作用领域的不同，物流分为生产领域的物流和流通领域的物流。

生产领域的物流贯穿生产的整个过程。生产的全过程从原材料的采购开始，便要求有相应的供应物流活动，即采购生产所需的材料；在生产的各工艺流程之间，需要原材料、半成品的物流过程，即所谓的生产物流；部分余料、可重复利用的物资的回收，就是所谓的回收物流；废弃物的处理则需要废弃物物流。

流通领域的物流主要是指销售物流。在当今买方市场条件下，销售物流活动带有极强的服务性，以满足买方的需求，最终实现销售。在这种市场前提下，销售往往以送达用户并经过售后服务才算终止，因此企业销售物流的特点便是通过包装、送货、配送等一系列物流实现销售。

3. 根据发展的历史进程，将物流分为传统物流、综合物流和现代物流。

传统物流的主要精力集中在仓储和库存的管理和派送上，而有时又把主要精力放在仓储和运输方面，以弥补在时间和空间上的差异。

综合物流不仅提供运输服务，还包括许多协调工作，是对整个供应链的管理，如对陆运、仓储部门等一些分销商的管理，还包括订单处理、采购等内容。由于很多精力放在供应链管理上，责任更大，管理也更复杂，这是与传统物流的区别。

现代物流是为了满足消费者需要而进行的从起点到终点的原材料、中间过程库存、最终产品和相关信息有效流动及储存计划、实现和控制管理的过程。它强调了从起点到终点的过程，提高了物流的标准和要求，是各国物流的发展方向。国际上大型物流公司认为现代物流有两个重要功能：能够管理不同货物的流通质量；开发信息和通讯系统，通过网络建立商务联系，直接从客户处获得订单。

4. 根据实际物流承担方的不同,以及相关社会组织在物流过程中所扮演的角色不同,我们可以将这些物流形式分别称为不同方物流。例如,“第一方物流”、“第二方物流”、“第三方物流”、“第四方物流”以及“第五方物流”等等。

(1)第一方物流

第一方物流(the First Party Logistics, 1PL)是指由物资提供者自己承担向物资需求者送货,以实现物资的空间位移的过程。传统上,多数制造企业都自己配备有规模较大的运输工具(如车辆、船舶等)和运输自己产品所需要的仓库等物流设施,来实现自己产品的空间位移。特别是当产品输送量较大的情况下,企业比较愿意由自己来承担物流的任务。但是,随着市场竞争日趋激烈,企业越来越注重从物流过程中追求“第三利润”,由此企业感到,由制造商自己从事物流确实存在一系列问题,例如企业物流设施的淡季闲置、物流业务的成本一般比专业物流企业要高、难以构造一个有效的物流网络。随着第三方物流的兴起,并能提供日趋完善的物流服务,使得第一方物流原有的一些优势黯然失色。

(2)第二方物流

第二方物流(the Second Party Logistics, 2PL)是指由物资需求者自己解决所需物资的物流问题,以实现物资的空间位移。传统上的一些较大规模的商业部门都备有自己的运输工具和储存商品的仓库,以解决从供应站到商场的物流问题。但是,传统的由第二方承担的物流同样存在着第一方物流的系列问题,从而促进了第三方物流的发展。

(3)第三方物流

随着市场竞争的加剧,以及对效率的追求,使得在组织之间的社会劳动分工日趋细化。企业为了提高自己的核心竞争能力,降低成本,增加企业发展的柔性,越来越愿意将自己的不熟悉的业务分包给其他社会组织承担。正因为如此,一些条件较好的,原来从事与物流相关的运输企业、仓储企业、货代企业开始拓展自己的传统业务,进入物流领域,逐步成长为能够提供部分或全部物流服务的企业。我们把这种服务称之谓“第三方物流”(Third party Logistics, 3PL)。

(4)第四方物流

随着信息技术和计算机网络技术的发展,在物流行业中必然会出现凭借对物流信息和知识的拥有而从事物流服务的行业,这就是所谓的“第四方物流”(Forth party Logistics, 4PL)。现在人们所说的第四方物流,是指从事物流服务业务的社会组织不需要自己直接具备承担物资物理移动的能力,而是一个供应链的整合者以及协调者,它对公司内部和具有互补性的服务供应商所拥有的不同资源、能力和技术进行整合和管理,提供一整套供应链解决方案。

因此说,从第一方物流到第四方物流,事实上是物流概念延伸的过程,都是在提供物流服务,物流服务从一方、二方、三方发展到现在的四方。

(5)第五方物流的提法

关于“第五方物流”(Fifth party Logistics, 5PL)的提法目前还不多,但是确实有人已经注意到这一领域。一般认为,第五方物流是指从事物流业务培训的一方。随着现代综合物流的开展,人们对物流的认知需要有个过程,目前就是处在这样一种状况,当传统的物流方式正在被人们否定的时候,面对大量的有关建立新的物流体系的理论,人们开始茫然和不知所措。因此,提供现代综合物流的新的理念以及实际运作方式便成为物流业中的一项重要的行业,即物流人才的培养。

5. 按物流的流向不同,还可以分为内向物流和外向物流

内向物流是企业从生产资料供应商进货所引发的产品流动,即企业从市场采购的过程;外向物流是从企业到消费者之间的产品流动,即企业将产品送达市场并完成与消费者交换的过程。

三、现代物流

(一)物流的产生

物流的产生可以追溯到上个世纪初,美国经济学家提出物的流通的概念,但真正的完整的物流概念和理论都是在第二次世界大战中形成的。

1. 物流(Logistics)概念源于第二次世界大战

在第二次世界大战中,美国的反法西斯战线拉得很长、很宽,在某种意义上说,美国庞大的军事后勤补给决定了战争的胜负。美军方邀请著名的管理学家、运筹学家、军事专家共同组成课题组,研究军事物资采购、运输、储存、分配、保养以及废弃后处理的一体化方案,并把此方案称为 logistics,即“后勤学”。其基本思想是把战争物资从供应地到作战前线的整个流通过程作为一个系统,把各个环节,如军用物资仓储、运输、保养、运送到各个战区等作为子系统,研究如何提高效率、降低成本,并且能及时而准确地发挥军用物资在战争中的作用。他们提出的 logistics 的基本原则、运行的规律、许多措施和方法,形成了物流的基本思想和理论框架。

2. 物流概念的形成

第二次世界大战后,美国的经济迅速发展,先进生产理论和观念不断引入,新技术不断出现、管理水平不断提高,促进了生产力水平的大幅度提高。产品的极大丰富和激烈的市场竞争迫使企业降低产品成本、提高质量。美国的实业界及时地把物流概念和思想方法应用于生产和流通领域,取得了很好的效果。

1956 年,日本向美国派出了“流通技术专业考察团”,考察团详细地研究了美国的物流,发现这是一个在日本可以产生巨大利润的空间。因此,日本把物流称为除生产资料、人力资源之外的“第三利润源泉”。意思是:把物流理论和运作方法引入日本后,能克服日本目前流通领域混乱、低效率、高成本的状态,就可以产生巨大的利润。

日本人把物流概念引入日本后,并加以研究和不断创新,在日本掀起了流通领域的一场革命。许多零散的、规模较小的运输和仓储企业联合起来,组成了许多大型的物流企业,如至今在世界上著名的日本通运公司、日本宅急便以及佐川急便等。日本物流企业整合物流资源对推动日本经济发展起到了很大的作用。

3. 物流在我国的兴起

新中国成立后,百废待兴,国家面临恢复工农业生产的许多问题,此时期物流在经济中的作用并没有显现出来。

1979 年,我国物资工作者代表团赴日,在考察报告中第一次引用“物流”这一术语。在计划经济年代,国家就组织过物流试点,如产供销一条龙、储运公司等形式。但由于经济体制的问题,没有显示出物流的特有优点,试点也是流于形式。

改革开放后,1989 年在北京召开第八届国际物流会议,“物流”一词在我国推广,理论界开始对物流进行较深入的讨论。随着中国经济体制改革、企业产权关系明晰,企业界开始认识物流在企业发展中的作用,我国对物流的研究也从理论范畴走向生产领域。

上世纪90年代中期,在建设社会主义市场经济的大潮中,物流概念又一次被实业界和政府所关注。1996年,为满足宝洁公司物流配送的需要而成立的宝供物流公司,标志我国物流企业——第三方物流的诞生。上世纪90年代末海尔物流也应运而生,标志我国第一方物流的诞生。此后,中远物流、中外运物流、中海物流、华润物流、招商局物流等中国的物流"巨人"纷纷亮相,海外的物流企业如马士基物流、APL物流、UPS物流、FEDEX物流也竞相登陆,许多运输和仓储公司都挂上物流公司的牌子。此时理论界对物流的功能和作用达到了共识,进入21世纪,我国各级政府也在全力推进物流发展,中国物流业出现一派欣欣向荣的局面。

(二)物流的发展与现代物流

从总体上看,物流的发展过程可以概括为传统物流和现代物流两个过程。

1. 传统物流(Physical Distribution)。"物流"仅从字义理解,就是物质实体的流动。但是当把这个物质实体的流动,当作一个运动过程来把握的时候,物流就成为包括运输、储存、搬运、分拣、包装、加工等多个环节在内的活动了。这就是通常人们所说的传统物流或一般意义上的物流。

2. 现代物流(Modern logistics)是相对于传统物流而言的。它是在传统物流的基础上,引入高科技手段,即运用计算机进行信息联网,并对物流信息进行科学管理,从而使物流速度加快,准确率提高,库存减少,成本降低,以此延伸和放大传统物流的功能。在中国许多专家学者认为:"现代物流是根据客户的需要,以最经济的费用,将物资从供给地向需求地转移的过程。它主要包括运输、储存、加工、包装、装卸、配送和信息等活动。"

3. 现代物流与传统物流的区别

现代物流与传统物流的不同表现在很多方面,其中最主要的有以下几方面。

(1)服务功能上的差异。一般传统物流的服务功能是相对独立的,因此不具备控制整个供应链的功能;而现代物流强调的是对供应链的全面管理和有效控制。

(2)与客户关系的差异。传统物流与客户的关系是建立短期合约,以价格竞争和标准服务赢得客户;而现代物流与客户通常是战略合作伙伴的关系,通常以降低成本、提供增值和定制物流服务满足客户的需求。

(3)信息系统建设的差异。传统物流无外部整合系统,有限的或没有EDI联系,更没有卫星跟踪系统;而现代物流实施信息系统,广泛运用EDI以及卫星跟踪系统。

(4)物流企业管理的差异。传统物流企业通常采用分散的、传统的、人工的管理;而现代物流企业采用的是现代化、信息化、全面质量管理系统的管理。可见现代物流是一个全新的系统概念:——它包含了产品寿命周期的整个物理性位移的全过程;——它使传统物流向生产、流通以及消费全过程延伸,并且添加了新的物流内涵;——它使社会物流与企业物流有机地结合起来,即从采购物流到生产物流到销售物流直至消费终端。

4. 现代物流的特征

现代物流是与现代化社会大生产紧密联系在一起的,体现了现代企业经营和社会经济发展的需要。在现代物流管理和运作当中,广泛采用了代表着当今生产力发展水平的管理技术、工程技术以及信息技术等。随着时代的进步,物流管理和物流活动的现代化程度也会不断提高。"现代物流"在不同的时期也会赋予其不同的内涵。现代物流的特征可以概括为以下几个方面:

(1)物流系统化

物流不是运输、保管等活动的简单叠加,而是通过彼此的内在联系,在共同目的下形成的一个系统,构成系统的功能要素之间存在着相互作用的关系。在考虑物流最优化的时候,必须从系统的角度出发,通过物流功能的最佳组合实现物流整体的最优化目标。局部的最优化并不代表物流系统整体的最优化,树立系统化观念是搞好物流管理,开展现代物流活动的重要基础。

(2)物流总成本最小化

物流管理追求的是物流系统的最优化,在成本管理上体现为要实现物流总成本最小化,物流总成本最小化是物流合理化的重要标志。传统的管理方法将注意力集中于尽可能使每一项个别物流活动成本最小化,而忽视了物流总成本,忽视了各项成本之间的相互关系。物流要素之间存在着二律背反关系,现代物流管理在控制物流总成本的时候正是基于这种关系的存在。所谓二律背反(或效益背反)是指一个部门的高成本会因其他部门成本的降低或效益的增加而相抵消的这种相关活动之间的相互作用关系。

从系统的观点看,构成物流的各功能之间明显存在着效益背反关系。例如,减少仓库设置的数量可以节省保管费用,但是,另一方面会由于加大了运输距离和运输次数而使运输费用增加,从而有可能使物流总费用水平不但没有降低反而提高。再比如,采用高速运输会增加运输费用,但是,由于运输的迅速化会使得库存量降低,从而节省了库存费用和保管费用,最终导致物流总费用的降低。

现代物流建立在物流总成本的意识基础之上,利用物流要素之间存在的二律背反关系,通过物流各个功能活动的相互配合和总体协调达到物流总成本最小化的目的。

(3)物流信息化

现代物流可以理解为物资的物理性流通与信息流通的结合,信息在实现物流系统化,实现物流作业一体化方面发挥着重要作用。传统物流的各个功能要素之间缺乏有机的联系,对物流活动的控制属于事后控制。而现代物流通过信息将各项物流功能活动有机结合在一起,通过对信息的实时把握控制物流系统按照预定的目标运行。准确地掌握信息,如库存信息、需求信息,可以减少非效率、非增值的物流活动,提高物流效率和物流服务的可靠性。

(4)物流手段现代化

在现代物流活动中,广泛使用先进的运输、仓储、装卸搬运、包装以及流通加工等手段。运输手段的大型化、高速化、专用化、装卸搬运机械的自动化、包装的单元化、仓库的立体化、自动化以及信息处理和传输的计算机化、电子化、网络化等为开展现代物流提供了物质保证。

(5)物流服务社会化

在现代物流时代,物流业得到充分发展,企业物流需求通过社会化物流服务满足的比重在不断提高,第三方物流形态成为现代物流的主流,物流产业在国民经济中发挥着重要作用。

(6)物流管理专门化

企业物流活动开始由专门的部门负责,不再是依附于其他部门,物流管理理论和技术日趋完善和成熟。第三方物流,特别是第四方物流的出现,是物流管理专门化的体现。

(7)物流电子化

现代信息技术、通讯技术以及网络技术广泛应用于物流信息的处理和传输过程、物流各个环节之间,物流部门与其他相关部门之间,不同企业之间的物流信息交换传递和处理可以突破空间和时间的限制,保持实物流与信息流的高度统一和对信息的实时处理。

(8)物流快速反应化

在现代物流信息系统、作业系统和物流网络的支持下,物流适应需求的反应速度加快,物流前置时间缩短。及时配送、快速补充订货以及迅速调整库存结构的能力不断增强。

(9)物流网络化

随着生产和流通空间范围的扩大,为了保证产品高效率的分销和材料供应,现代物流需要有完善、健全的物流网络体系,网络上点与点之间的物流活动保持着系统性、一致性,这样可以保证整个物流网络有最优的库存总水平及库存分布,将干线运输与支线末端配送结合起来,形成快速灵活的供应通道。

(10)物流柔性化

随着消费者需求的多样化、个性化,物流需求呈现出小批量、多品种、高频次的特点。订货周期变短、时间性增强,物流需求的不确定性提高。物流柔性化就是要以顾客的物流需求为中心,对顾客的需求做出快速反应,及时调整物流作业,同时可以有效地控制物流成本。

5. 现代物流的发展趋势

随着经济的发展以及先进的科学技术在物流中的广泛运用,物流业的发展呈现出五种趋势:

(1)系统化趋势

为满足用户需求不断变化的客观要求,现代物流包含了整个商品流动过程,形成了一个整体的专业化的供应链,物流系统也就成为一个跨部门、跨行业、跨区域的社会系统。

首先,社会物流与企业物流将进行有机结合,从采购物流到生产物流,再到销售物流,经过包装、运输、仓储、装卸等环节到达消费者,最后是回收物流,整个物流过程形成一个跨部门、跨行业、跨区域的社会经济系统。其次,物流的各个环节包括包装、运输、仓储、装卸、配送、加工等的系统化,以及其中的码头、航空机场、铁路公路站场、仓库等基础设施的系统化,虽然这些环节不一定形成内部化的企业组织形式,但各部分之间分工协作,充分发挥自身优势形成核心产品,既实现了各种资源的合理配置,又使整个系统的效率和效益最优化。

(2)物流服务的信息化趋势

现代物流不仅要求建立商品代码和数据库信息管理系统、运输网络管理信息系统、仓储网络信息系统、销售网络管理系统、物流控制管理中心信息系统,而且物流成熟阶段的信息系统要求将这些系统建成以电子数据交换技术(EDI)和卫星通讯技术为基础的实时信息系统。物流信息化已经在有效的价格控制、设备优化利用和客户关系的改进等方面取得了明显的优势。

(3)专业化趋势

随着市场经济的发展,专业化分工越来越细,生产企业为精干主业,为提高效率,逐渐把物流配送业务交由专业的物流企业去做,形成第三方物流。而第三方物流能够发挥集约化、专业化的优势,在更大程度上实现物流合理化,从而节约流通费用、降低成本,提高经济效益和社会效益。

(4)物流服务规模化趋势

物流是一个全球化的作业过程,成功的关键因素包括货物流通的计划与组织、可靠的设备、良好的基础设施、完整的体系和合格的人才。由于物流的空间距离大,时间上的差异大,跨地区跨国界形成的语言障碍大等,使得一般企业介入物流领域存在明显的屏障。要形成完整的物流链,必须具备相当规模的实力。

反映物流规模化趋势的明显例子就是国际航运业的战略伙伴与联盟的发展,国际承运人之间迅速地由竞争对手转变为合作伙伴，各种形式的联合、联营和箱位互租日益加强；另一方面，海上承运人与港口、陆上运输以及其他物流链中的组成者也在加强联合与联营，大型的国际航运企业不断发展陆上产业，包括港口服务、货运场站、铁路及公路运输等，为客户提供更稳定可靠和灵活方便的供应链与增值服务，大陆桥运输、多式联运和门到门运输越来越成为国际航运企业的战略措施。

(5)仓储、运输的现代化与综合体系化趋势

仓储现代化表现为高度机械化、自动化、标准化；运输的现代化则要求建立铁路、公路、水路、空运与管道的综合运输体系。

(6)物流与商流、信息流及资金流一体化趋势

传统上，商流、物流、信息流和资金流是四流分离的。但现代物流的功能逐步拓展及先进的管理信息系统的运用，将商品的交易、产品的位移、资金结算和信息的传递集成在一起，实现了四流合一。

第二节　现代物流的信息技术

现代物流是建立在信息化基础上的自动化、机械化、系统化的新型物流，其运行的基础就是信息交流，或者说，信息是现代物流的血液。信息的开发、利用又需要先进信息技术的支撑，正是先进物流信息技术在现代物流中的广泛运用，现代物流系统的功能才得到扩展，能发挥出比以往更高的效率和提供项目更多、质量更优的服务。

一、信息

(一)信息的概念

随着科学技术的发展，“信息”这个名词被广泛应用于生活、生产、商业、科技等各个领域，人类对信息的利用越来越广泛，对信息的概念的认识也越来越深刻、定义也越来越严格。它通常作为消息、情报、数据、知识以及信号的统称。

信息普遍存在于人类社会和自然界中，是物质形态及其运动形式的体现。在科学技术高速发展的今天，信息的开发和利用越来越成为经济发展和社会进步的关键。尤其是20世纪80年代以来，信息对人类社会发展产生了巨大的影响，使得经济、政治、教育、科研、文化、国防乃至社会生活方式都发生了巨大变化。因此，信息的获得、处理和应用能力将作为人们最基本的能力和文化水平的标志。

(二)信息的特征

1. 普遍性

信息是客观事物运动状态和形式的体现，只要有物质存在，只要有物质的运动，就存在着信息。信息与物质、能量一起，构成客观世界的三大要素。

2. 传递性

信息通过人的智慧被感知以后，将其转换成语言、文字、图形、代码等可传递、接受的形式，并依据一定的物质载体进行储存和传递。信息可以全向传递与可定向传递，通过传递实现信息的扩散。

3. 价值性

信息是一种资源，且有价值性，人们通过利用信息可获得收益。企业经营就是利用市场信息来组织生产、销售，并实现自身的利益。

4. 时效性

信息具有时效性，如果信息从发出、接收到利用的时间间隔超过了一定的时间，信息就会失去其原有的价值。信息的生命周期是指信息从产生、搜集、加工、传输、使用到失效的全过程。

5. 不对称性

由于人们的认知程度受其文化水平、实践经验、获得途径等因素的限制，造成对事物认识的不对称性，从同一事物中获取的信息就不尽相同，形成了信息的不对称性。

6. 共享性

信息在传递过程中，接收方获得信息，而提供方并没有丢失信息，这是信息区别于物质的一个重要特征，它可以被共同占有、共同享用。

二、物流信息

(一)物流信息的概念

物流信息可以从广义和狭义两个方面来理解。从狭义范围来看，物流信息是指与物流活动有关的信息。在物流活动的管理与决策中，如订单的处理和管理、运输工具的选择、运输线路的确定、每次运送批量的确定、仓库库存的管理、客户管理等，都需要详细而准确的物流信息的支撑。可见物流信息对订单管理、运输管理、库存管理、仓库管理等物流活动具有支持和保证作用。

从广义范围来看，物流信息不仅包括与物流活动有关的信息，还包括与其他流通活动有关的信息。如市场信息（消费者需求信息、竞争者信息、交通通信等基础设施信息等）、商品交易信息（销售和购买信息、订货与接受订货信息、发出货款及收到货款信息等）等等。

在现代经营管理活动中，物流信息与商品交易信息、市场信息相互交叉、融合。因此，广义的物流信息不仅能起到连接生产厂家，经过批发商和零售商，最后到消费者的整个供应链作用，而且在应用现代信息技术的基础上，加快了信息的传递速度，能大幅度提高整个供应链的效率。

(二)物流信息的分类

在处理物流信息和建立信息系统时，对物流信息进行分类是一项基础工作，物流信息的分类通常有以下几种：

1. 按信息领域分类

(1)物流系统内信息

是指伴随着物流活动而发生和信息，包括物料流转信息、物料作业层信息、物流控制层信息和物流管理层信息四个部分。

(2)物流系统外信息

是指物流活动以外发生，但提供给物流活动使用的信息，包括供货人信息、顾客信息、订货合同信息、交通运输信息、市场信息、政策信息，以及来自企业内部的生产、财务等部门的与物流相关的信息。

2. 按信息的作用不同分类

(1)计划信息

指的是尚未实现的但已当作目标确认的一类信息,如物流量计划、仓库吞吐量计划、车皮计划,与物流活动有关的国民经济计划、工农业产品产量计划等,许多具体工作的预计、计划安排等,甚至是带有作业性质的,如协议、合同、投资等信息,只要尚未进入具体业务操作的,都可归入计划信息之中。这种信息特点是带有相对稳定性,信息更新速度较慢。

计划信息对物流活动有非常重要的战略性指导意义,其原因在于,掌握了这个信息之后,物流活动便可进行本身的战略思考:如何在这种计划前提下规划自己的战略的、长远的发展,计划信息往往是战略决策或重大的业务决策不可缺少的依据。

(2)控制及作业信息

是指物流活动过程中发生的信息,带有很强的动态性,是掌握物流现实活动状况不可少的信息,如库存种类、库存量、在运量、运输工具状况、物价、运费、投资在建情况、港口发到情况等。这种信息的特点,是动态性非常强,更新速度很快,信息的时效性很强,往往是此时非常有价值的信息,瞬间就变得一文不值。

物流活动过程中,在不断作业中产生的信息,都是上一阶段作业的结果信息,但并不是此项物流活动最终结束后的信息,这种信息的主要作用,是用以控制和调整正在发生的物流活动和指导下一次即将发生的物流活动,以实现对过程的控制和对业务活动的微调。这是管理工作不可缺少的信息。

(3)统计信息

是指物流活动结束后,对整个物流活动一种描述性、归纳性的信息。这种信息是一种恒定不变的信息,有很强的资料性,虽然新的统计结果不断出现,从而从总体来看具有动态性,但已产生的统计信息都是一个历史性的结论,是恒定不变的。诸如上一年度、月度发生的物流量、物流种类、运输方式、运输工具使用量、仓储量、装卸量以及与物流有关的工农业产品产量、内外贸易量等都属于这类信息。

统计信息有很强的战略价值,它的作用是用以正确掌握过去的物流活动及规律,以指导物流战略发展和制定计划。物流统计信息也是国民经济中非常重要的一类信息。

(4)支持信息

是指能对物流计划、业务、操作有影响或有关的文化、科技、产品、法律、教育、民俗等方面的信息,例如物流技术的革新、物流人才需求等。这些信息不仅对物流战略发展有价值,而且也对控制、操作能起到指导、启发的作用,是可以从整体上提高物流水平的一类信息。

3. 按活动领域分类

物流各个分系统、各不同功能要素领域,由于物流活动性质有区别,信息也有所不同。按这些领域分类,有运输信息、仓储信息、装卸信息等,甚至更细化分成集装箱信息、托盘交换信息、库存量信息、汽车运输信息等。按物流的不同领域分类的信息是具体指导物流各个领域活动,使物流管理细化所必不可少的信息。

(三)物流信息的作用

物流信息伴随着物流活动的发生而产生,贯穿于物流活动的整个过程中,在物流活动中起着中枢神经系统的作用,利用物流信息对供应链的各个企业的计划、协调、顾客服务和控制活动进行有效管理,从而提高物流活动的效率。物流信息是现代物流企业运行及获得竞争优势的必要条件。

物流信息的作用具体表现在以下几个方面：

1. 物流信息有助于物流活动各环节之间的相互衔接。物流活动是一个系统工程，采购、运输、库存以及销售等物流活动在企业内部互相作用，形成一个有机的整体系统。物流系统内各个子系统的相互衔接是通过信息来进行沟通，系统内的资源调度也是通过信息的传递来实现的，通过信息的连接和导向，才能保证物流各项活动的正常运行，形成一个高效运行的整体。

2. 物流信息有助于物流活动各环节之间的协调与控制。要合理组织物流活动，必须依赖物流系统中的信息沟通，只有通过高效的信息传递和反馈才能实现整个系统的合理有效运行。在整个物流活动过程中，每一个活动环节都会产生大量的物流信息，而物流系统通过合理运用现代信息技术，对这些信息进行挖掘和分析，得到每个环节后下一步活动的指示性信息，从而对各个环节的活动进行协调和控制。

3. 物流信息有助于物流管理和决策水平的提高。有效的物流管理可以提高客户服务水平，而物流管理需要大量准确、及时的信息和用以协调物流系统动作的反馈信息，任何信息的遗漏和错误都将直接影响物流系统运转的效率和效果，进而影响企业的经济效益。

物流系统产生的效益来自于整体物流服务水平的提高及物流成本的下降，而物流服务水平的提高与畅通的物流信息在物流过程中的协调是分不开的。只有加强物流各环节之间的信息交流与协调，使其中的物流和资金流保持畅通，才能降低物流成本，提高经济效益。

（四）商流、物流、资金流与信息流

1. “四流”构成流通体系

商品流通是以货币为媒介的商品交换的全过程，处于社会再生产的中介地位，它是连接生产的消费的桥梁和纽带，通过流通活动，将生产出来的产品从生产者手中转移到消费者手中。在流通过程中，通常有四大流发生（如图 1.2.1 所示）。

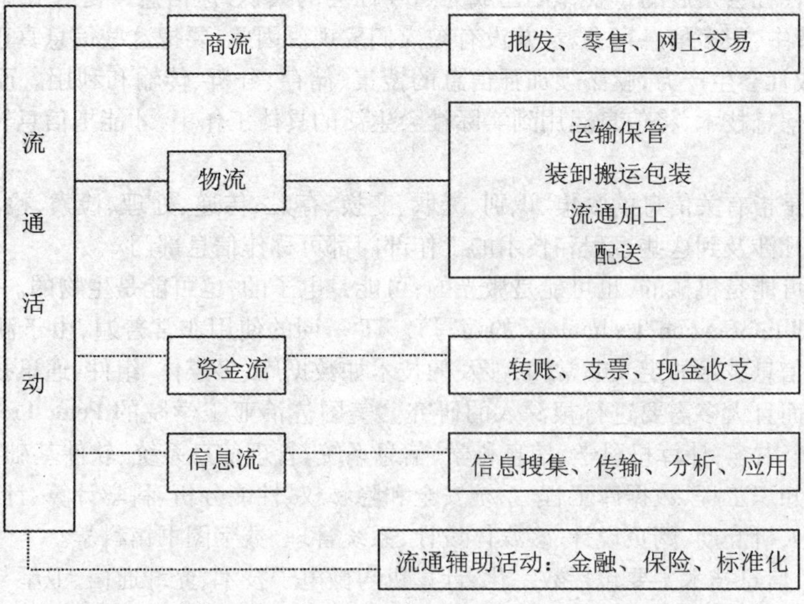

图 1.2.1　流通活动中的商流、物流、资金流和信息流

商流，指一种买卖或者说是一种交易活动过程，即购买者支付与商品价值相同的货币，取得商品所有权的过程。

物流，指销售者将按运输、保管要求包装好商品，通过装卸、运输、储存、保管等环节，将商品运到购买者手中的过程。

资金流，指交易资金从商品购买者向出售者的转移过程。具体包括付款、转账和结账等环节。

信息流，指与商品交换有关的信息。包括货源信息、物价信息、市场信息、资金信息、合同信息、付款结算信息等。

2."四流"的相互关系

商流、物流、资金流与信息流，各有独立存在的意义，并有自身的运行规律，"四流"是一个相互联系、共同支撑流通活动的整体。其中，商流是物流、资金流和信息流的起点，没有商流一般不可能发生物流、资金流和信息流。反过来，没有物流、资金流和信息流的匹配和支撑，商流也不可能达到目的。

在商品交易活动中，首先是商务谈判，双方达到协议，确定了买卖商品的品种、数量、价格、相关质量要求、交货时间和方式，并签订了交易合同，这就是商流活动；接着就是按合同的要求，对货物进行分拣、包装、运输，并做好储存保管工作，这就是物流活动；下一步按买卖双方的协定进行付款结算，这就是资金流。在"三流"发生的过程中，都离不开信息的传递与交换，没有畅通和信息流，"三流"就无法顺利进行。因此，四者的关系可概括为：商流是动机和目的，资金流是条件，信息流是手段，物流是终结和归宿。

三、现代物流信息技术

(一)信息技术

信息对现代社会发展的重要作用已成为当今社会的共识，但信息广泛存在于社会生活的各领域、各环节中，很多信息存在着，并没有被人们发现。因此，要把这些信息真正变成人们可利用资源，形成社会生产力，就必须加强信息的搜集、储存、分析、传输和利用。而这些工作必须依赖先进的信息技术，将信息运用到实际社会生活的具体工作中，才能把信息转化成为现实的生产力。

信息技术是指有关信息的收集、识别、提取、变换、存贮、传递、处理、检索、检测、分析和利用等的技术。凡涉及到这些过程和技术的工作部门都可称作信息部门。

信息技术可能是机械的，也可能是激光的；可能是电子的，也可能是生物的。通常用 IT 表示信息技术(即 Information Technology 的缩写)。IT 一词的使用非常普遍，由于涵盖范围太广而难以定义。信息技术的定义非常广，涉及的技术如数据库、多媒体、组件、通讯技术等。这些技术非常复杂而且大多需要进行很深入的研究。美国佐治亚工学院的 Peter Freeman 教授总结出 IT 的 20 个内容：计算机科学、信息科学、信息系统、管理信息系统、软件基础设施、软件工程、网络工程、知识工程、数据库工程、系统安全和隐私权、性能分析、科学计算、计算科学、人工智能、图形学、人机互动、网页设计、多媒体设计、系统管理、数字图书馆科学。

总体而言，信息技术主要包括数字化、计算机与微电子技术、光纤通信、卫星与无线电技术四个方面。

对于不同的行业不同领域，信息技术的应用范围也不同，例如在企业管理中对大量各种各样信息进行综合分析、及时控制、合理管理，所以国内外较大型企业都使用由专业人员根据系统工程理论编制的管理软件。这样才能把人、财、物科学管理，实现预定的目标，达到最佳经济效果。近几年国际互联网的出现，电子商务、网络经济等信息产业的发展，信息技术包含的内容就更广泛了。现在西方发达国家对信息产业统一行业标准，视"信息"为一种"产品"，他们将信息业分为四个行业：出版业、电影和录音业、广播电视和通信行业、信息服务和数据处理服务行业。

(二)现代物流信息技术

现代物流的最显著的特征就是机械化、自动化和信息化，物流信息技术通过切入物流企业的业务流程来实现对物流企业各生产要素(车、仓、驾等)进行合理组合与高效利用，降低了经营成本，直接产生了明显的经营效益。

信息技术不发达的情况下，物流的很多技术手段是停留在设施能力的提高和设施水平的提高上。随着信息技术的发展和应用，特别是供应链形成以后，更重要的不是单一设施水平的提高，而是通过信息技术把资源整合到一起，来提高整体的运作效率，也就是说，信息处理和信息管理的能力决定了整个供应链对市场的反应能力，决定了对顾客提供高效率、高水平服务的能力。

现代物流信息技术在物流中的应用，使物流管理从传统的领先经验管理转变为精确的数字统计分析管理；从事后管理转变为实时管理；从商品大类管理转变为商品管理，赋予物流这一传统行业在现代经济中新的活力。

物流信息技术主要由通信、软件、面向行业的业务管理系统三大部分组成。包括基于各种通信方式基础上的移动通信手段、全球卫星定位(GPS)技术、地理信息(GIS)技术、计算机网络技术、自动化仓库管理技术、智能标签技术、条形码及射频技术、信息交换技术等现代尖端科技。在这些尖端技术的支撑下，形成以移动通信、资源管理、监控调度管理、自动化仓储管理、业务管理、客户服务管理、财务处理等多种信息技术集成的一体化现代物流管理体系。

第三节　物流管理信息系统的发展过程

一、物流管理信息系统

物流管理信息系统是指由人员、设备和程序组成的、为后勤管理者执行计划、实施、控制等职能提供相关信息的交互系统。

(一)物流管理信息系统的层次

在企业的整个生产经营活动中，物流管理信息系统与各种物流作业活动密切相关，具有有效管理物流作业系统的职能。

按垂直方向，物流管理信息系统可以划分为三个层次：管理层，位于物流管理信息系统的最高层，主要进行物流战略的制定和经营方针的决策；控制层，位于物流管理信息系统的中间层，主要的职能有库存管理、配送管理等；作业层，位于物流管理信息系统的低层，主要职能有接受顾客订单、出入库作业、仓库运营、配送工具安排等具体物流活动。

(二)物流管理信息系统的基本功能

物流信息系统作为整个物流系统的指挥和控制系统，可以有多种子系统或者多种基本功能，通常其基本功能可以归纳为以下几个方面：

1. 数据的收集和输入

物流数据的收集首先是将数据通过收集子系统从系统内部或者外部收集到预处理系统中，并整理成为系统要求的格式和形式，然后再通过输入子系统输入到物流管理信息系统中。

2. 信息的存储

物流数据进入到系统中之后，在其得到处理之前，必须在系统中存储下来。当得到处理之后，如果没有完全丧失信息价值，往往也要将结果保存下来，以供使用。物流管理信息系统的存储功能就是保证已得到的信息能够不丢失、不走样、不外泄、整理得当、随时可用。

无论哪一种物流管理信息系统，在涉及信息的存储问题时，都要考虑存储量、信息格式、存储方式、使用方式、存储时间、安全保密等问题。数据的存储必须要考虑数据的组织，目的是为了数据的处理和检索。

3. 信息的传输

物流数据和信息在物流系统中，必须及时、准确传输到各个职能环节，才能发挥其功效，这就需要物流管理信息系统具有克服空间障碍的功能。

物流管理信息系统必须要充分考虑所要传递的信息种类、数量、频率、可靠性要求等因素。现代化的信息传输是以计算机为中心，通过通信线路与近程终端或远程终端相连，形成联机系统；或者通过通信线路将中、小、微型计算机联网，形成分布式系统，衡量数据传输的指标是传输速度和误码率。

4. 信息的处理

物流管理信息系统的最基本目标，就是将输入数据加工处理成物流信息，以供物流作业及决策使用。

所谓物流数据是指不能直接满足物流作业系统某一环节的需要，但又与之密切相关，只要通过一系列的信息处理就可以满足需要的物流情报。而那些能够直接或者经过信息处理后能够在某一作业环节上发挥功能的物流情报，就称为物流信息。

信息处理可以是简单的查询、排序，也可以是复杂的模型求解和预测，信息处理能力是衡量物流管理信息系统能力的一个极其重要的方面。

5. 信息的输出

信息输出必须采用便于人或计算机理解的形式，在输出形式上力求易读易懂，直观醒目。这是评价物流管理信息系统的主要标准之一。当前物流管理信息系统正在向数据采集的在线化、数据存储的大型化、信息传输的网络化、信息处理的智能化以及信息输出的多媒体化方向发展。

二、物流管理信息系统的发展过程

物流管理信息系统是随着信息技术的发展和先进的管理理念的运用而不断改善和提升的。就世界范围而言，它的发展过程可以归纳为四个阶段。

（一）手工管理阶段

这一个阶段是在 20 世纪 50 年代以前。那时的物流还处于初级阶段，企业物流信息的采集、传输主要依靠普通信函、电话、手工记录，物流信息管理处于简单粗放阶段。

手工管理的运行模式的特点是：基础信息传递是单据、卡片；手工填报单据、卡片；一般通用通信(邮政等)、电话等进行常规远程传递及交换;定期举行传递、交换、分析会议;手工分类及整理单据、卡片,以表格及情况反映等形式输出信息;汇总、装订单据、卡片、表格,实现信息保存。

这种类型的信息系统简单易行,是物流管理信息系统的初级方式。手工系统的缺点是显而易见的,即信息处理能力低,处理速度慢,但由于手工系统简单易行,投资少且有一定作用,所以仍有它一定使用范围。同时,作为大型计算机系统的补充形式,手工系统仍有其应用领域和一定优势。

(二)计算机管理阶段

这一阶段在20世纪50年代初。企业物流信息的管理主要围绕库存和交易,企业开始使用计算机处理信息,由于物理概念及计算机技术的限制,企业物流信息管理仍处于较低水平。

利用电子计算机储存、传递、处理信息的系统,具有存量大、处理速度快等特点,特别是形成网络后,更能发挥其最大的效用。

由于计算机的广泛应用,信息技术及管理理念的发展,物流管理信息系统很快就过渡到新的阶段。

(三)系统管理阶段

这一阶段是从20世纪50年代中期到80年代中期。企业开始注重物流管理信息的系统化和整体化,物料需求计划(MRP)、制造资源计划(MRP II)概念被企业提出,企业的信息管理流程逐步向规范化、标准化迈进,各种先进的信息技术和管理模式用于物流管理当中,信息管理在物流管理中已逐步体现出中枢神经的作用。

这一阶段的特点是物流管理的系统化,将物流活动的各个环节均纳入管理系统,把物流活动和物流信息结合成一个有机的系统,这个系统用各种方式选择收集、输入物流计划的、业务的、统计的各种有关数据,经过有针对性、有目的的计算机处理,输出业务活动所需的数据信息。改变了以往的物流管理信息系统中各自为阵的现象,大大提高了物流管理和动作的效率。但这一管理信息系统是一个孤立的内部管理系统,且管理范围限在物流活动之内,还不能实现企业物流与前沿企业及后方企业的信息交流。

(四)一体化管理阶段

这一阶段是从20世纪80年代中后期到现在。全面质量管理(TQM)、准时制工作法(JIT)、业务流程重组(BPR)、企业资源计划(ERP)、供应链管理(SCM)、客户关系管理(CPM)、电子商务(EC)的逐步提出,丰富了物流管理和信息管理的概念。通讯技术诸如宽带技术、无线技术、空间定位技术以及信息管理技术的广泛运用,识别技术、数据仓库技术的飞速发展,使物流信息管理进入一个"高级"阶段。

一体化的物流管理信息系统,拓展了物流企业管理的范围,不仅包括物流活动本身,还把如客户资源、企业人力资源、企业财务等与物流活动相关的内容都纳入管理系统。同时,实现物流企业与企业外部的信息沟通交换,如外部的工业部门、工业企业、用户、商店、海关、银行、保险公司等,通过网络的联接,进行电子数据交换。采用电子数据交换系统之后,信息交换便可由两端直接进行,而越过很多中间环节,这就使物流过程中每个衔接点的手续大大简化。由于减少甚至消除了物流各个过程中的单据凭证,不但减少了差错,而且大大提高了工作效率。真正实现商流、物流、资金流和信息流"四流"合一。

第四节 信息技术在我国物流中的应用

随着我国物流业的发展,信息技术越来越广泛地应用于物流领域中,反过来,信息技术在物流业中的应用,又加快进了我国物流现代化的进程,提高我国物流业的作业水平和竞争力,促进物流业的发展。两者是互为促进的关系。

目前,我国物流的发展水平相差较大,信息技术在行业、地区及企业中的运用状况也存在较大的差异,既有信息化和自动化的现代物流,也存在着手工信息管理的初级物流。但物流现代化是物流业的发展趋势,信息技术在物流业中的应用将越来越广泛,越来越尖端。普遍运用的信息技术有:

一、条形码技术

条形码技术亦称条码技术,是20世纪在计算机应用中产生和发展起来的一种自动识别技术,是集条码理论、光电技术、计算机技术、通信技术、条码印制技术于一体的综合性技术。

条码技术是物流自动跟踪的最有力工具,被广泛应用。条码技术具有制作简单、信息收集速度快、准确率高、信息量大、成本低和条码设备方便易用等优点,所以从生产到销售的流通转移过程中,条码技术起到了准确识别物品信息和快速跟踪物品历程的重要作用,它是整个物流信息管理工作的基础。条码技术在物流的数据采集、快速响应、运输上的应用极大地促进了物流业的发展。

二、多媒体技术

多媒体技术通常被解释为通过计算机将文字、图像、声音和影视集成为一个具有人机交互功能和可编程环境的技术,其中图像包括图形、图像、动画、视频等,声音包括语音、音乐、音像效果等。目前,多媒体技术在各个领域发挥着引人注目的作用。

多媒体技术主要涉及图像处理、声音处理、超文本处理、多媒体数据库、多媒体通信等。它使物流信息的处理更加灵活,交互能力更强。

三、地理信息系统

地理信息系统(GIS:Geographic Information System)是人类在生产实践活动中,为描述和处理相关地理信息而逐渐产生的软件系统。它以计算机为工具,对具有地理特征的空间数据进行处理,能以一个空间信息为主线,将其他各种与其有关的空间位置信息结合起来。它的诞生改变了传统的数据处理方式,使信息处理由数值领域步入空间领域。GIS用途十分广泛,例如交通、能源、农林、水利、测绘、地矿、环境、航空、国土资源综合利用等。

四、全球定位系统

全球定位系统(GPS:Global Positioning System)的原始思维理念是将参考的定位坐标系搬到天际上去,可在任何时候、任何地方提供全球范围内三维位置、三维速度和时间信息服务。

使用 GPS,可以利用卫星对物流及车辆运行情况进行实时监控。可以实现物流调度的即时接单和即时排单,以及车辆动态实时调度管理。同时,客户经授权后也可以通过互联网随时监控运送自己货物车辆的具体位置。如果货物运输需要临时变化线路,也可以随时指挥调动,大大降低货物的空载率,做到资源的最佳配置。

五、电子数据交换

电子数据交换(EDI:Electronic Data Interchange)是按照协议的标准结构格式,将标准的经济信息,通过电子数据通信网络,在商业伙伴的电子计算机系统之间进行交换和自动处理。

EDI 的基础是信息,这些信息可以由人工输入计算机,但更好的方法是通过扫描条码获取数据,速度快、准确性高。物流技术中的条码包含了物流过程所需的多种信息,与 EDI 相结合,方能确保物流信息的及时可得性。

六、数据管理技术

数据库技术将信息系统中大量的数据按一定的模型组织起来,提供存储、维护、检索数据的功能,使信息系统可方便地、及时地、准确地从数据库中获得所需的信息,并依此作为行为和决策的依据。现代物流信息量大而复杂,如果没有数据库技术的有效支持,物流信息系统将根本无法运作,更不用说为企业提供信息分析和决策帮助。

七、射频识别技术

射频识别技术(RFID)利用无线射频方式在阅读器和射频卡之间进行非接触双向数据传输,以达到目标识别和数据交换的目的。与传统的条型码、磁卡及 IC 卡相比,射频卡具有非接触、阅读速度快、无磨损、不受环境影响、寿命长、便于使用的特点和具有防冲突功能,能同时处理多张卡片。目前,射频识别技术已被广泛应用于工业自动化、商业自动化、物流自动化、交通运输控制管理等众多领域。

八、Web 技术

web 技术是网络社会中具有突破性变革的技术,是 Internet 上最受欢迎、最为流行的技术。采用超文本、超媒体的方式进行信息的存储与传递,能把各种信息资源有机地结合起来,具有图文并茂的信息集成能力及超文本链接能力的信息检索服务程序。web 页面的描述由标识语言(HTML)发展为可扩展的标识语言(XML),使得 Internet 上可以方便地定义行业的语义。

随着物流业的发展和科学技术的进步,越来越多的先进技术在物流领域得到运用,使物流业的技术含量不断提升,同时提高物流业的服务水平和经济效益。

学习资料1:我国物流现代化设备(部分)

立体仓库

工业机器人

自动货柜

自动分拣传输链

物流系统中央控制室

学习资料2:物流技术在我国物流企业中的运用

(1)生产制造企业生产线物流系统有大幅改善

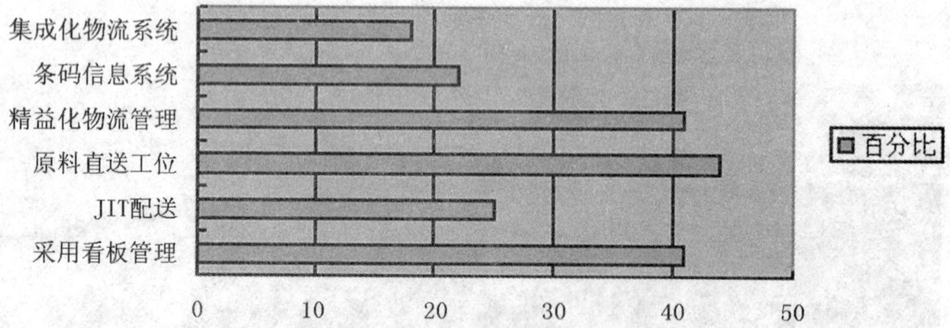

调查表明,生产制造企业现场物流采用看板管理的占41%,采用JIT配送的占25%,原材料直送工位的占44%,采用精益化物流管理的占41%,使用条码信息系统的占22%,采用了企业集成化物流系统的比例为18%,大部分比例相对于2004年的调查具有较大提高,说明企业生产物流系统继续改善。

(2)生产制造企业采用了多种物流改善措施

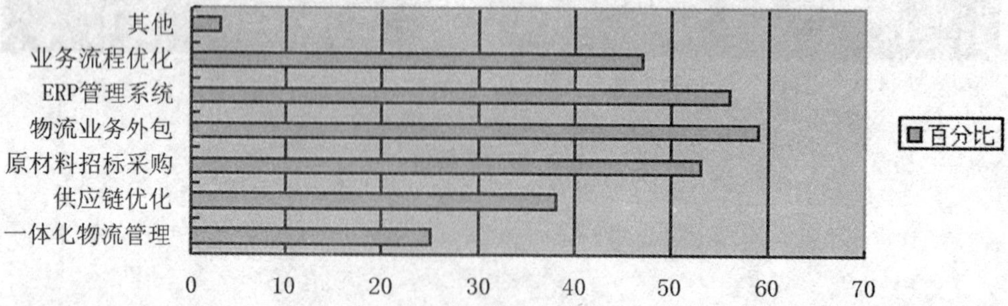

调查表明:生产制造企业在物流系统改善过程中,采用一体化物流管理的企业占25%,实施了供应链管理优化的企业占38%,原材料采购采用了招标采购措施的企业占53%,采纳物

流业务外包的企业占59%，实施ERP信息化管理的占56%，进行了业务流程优化的企业占47%，采纳了其他各种物流改善措施的企业占3%。

(3) 多种物流技术与产品在生产制造企业物流作业中得到应用

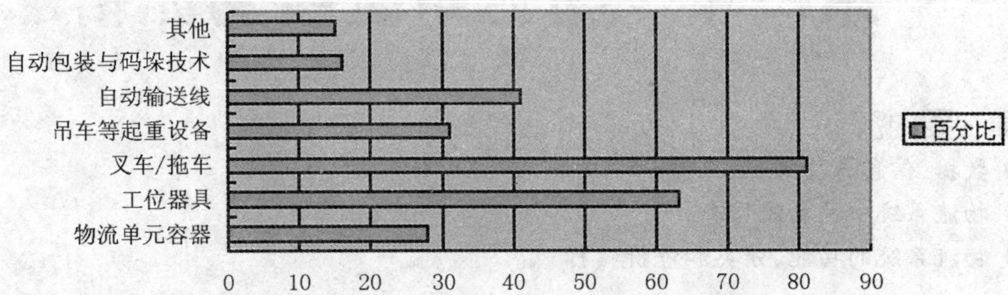

调查表明：生产制造企业在物流作业中采纳了许多现代化物流技术与装备，其中采用了物流集装单元化技术，实用物流单元化容器的企业占28%，使用了工位器具的企业占63%，使用叉车/拖车等搬运设备的企业占81%，采用吊车/起重机的企业占31%，生产线采用了连续自动输送线的企业占41%，回答采纳其他物流技术的企业占15%。（资源来源：《第六次中国物流市场供需状况调查报告》2005年10月。）

实验实训：通过物流设备展示、操作了解物流中普遍使用的物流信息技术。

教学建议：参观物流企业，了解物流活动中物流信息技术的使用状况及其功效。

※ 思考题

1. 什么是物流？如何理解它在国民经济中的作用。
2. 物流通常划分成哪些类别？
3. 现代物流具有哪些方面的特征？
4. 如何理解信息在现代物流中的重要性？
5. 为什么要建立物流信息系统？
6. 目前普遍运用的物流信息技术有主要有哪些，在物流系统中起什么作用？

参考资料：

1. 孙丽芳、欧阳文霞主编：《物流信息技术与信息系统》，电子工业出版社，2004年8月
2. 林自葵主编：《物流信息管理》，清华大学出版社，2006年3月
3. 彭扬主编：《物流信息系统》，中国物质出版社，2006年1月
4. 崔炳谋主编：《物流信息技术与运用》，清华大学出版社，2005年10月
5. 中国物流网
6. 中国物流设备网
7.《第六次中国物流市场供需状况调查报告》，2005年10月，调查主持：中国仓储协会，承办单位：《物流技术与应用》编辑部

第二章　物流系统与物流信息

*本章主要内容

- 数据、信息与决策
- 物流系统中的物流信息
- 物流系统的功能、分类和评价指标

*导入案例

高效物流系统——海尔生命线

作为世界著名的家电跨国企业,海尔的产品每天要通过全球5.8万个营销网点,销往世界160多个国家和地区;每月采购26万种物料、制造1万多种产品;每月接到6万个销售订单。对于海尔集团来说,高效率的现代物流系统就意味着企业内部运作的生命线,为此海尔开始了与SAP的合作。

根据海尔的实际情况,SAP先与其合作伙伴EDS为海尔物流本部完成了家用空调事业部的MM(物料管理)模块和WM(仓库管理)模块的硬件实施。2000年3月开始为海尔设计实施基于协同化电子商务解决方案mySAP.com的BBP(电子采购平台)项目。经过双方7个月的艰苦工作,使mySAP.com系统下的MM(物料管理)、PP(生产计划与控制)、FI(财务管理)和BBP(电子采购平台)正式上线运营。

至此,海尔的后台ERP系统已经覆盖了整个集团原材料的集中采购、原材料库存及立体仓库的管理与19个事业部PP模块中的生产计划、事业部生产线上工位的原材料配送、事业部成品下线的原材料消耗倒冲以及物流本部零部件采购公司的财务等业务,构建了海尔集团的内部供应链。由于海尔物流管理系统的成功实施和完善,构建和理顺了企业内部的供应链,为海尔集团带来了显著的经济效益:采购成本大幅降低,仓储面积减少一半,降低库存资金约7亿元,库存资金周转日期从30天降低到了12天以下。

实施和完善后的海尔物流管理系统,可以用"一流三网"来概括。"一流"是指以订单信息流为中心;"三网"分别是全球供应链资源网络、全球用户资源网络和计算机信息网络。围绕订单信息流这一中心,将海尔遍布全球的分支机构整合在统一的物流平台之上,从而使供应商和客户、企业内部信息网络这"三网"同时开始执行,同步运动,为订单信息流的增值提供支持。

"一流三网"的同步模式实现了四个目标:为订单而采购,消灭库存;通过整合内部资源、优化外部资源,使原来的2336家供应商优化到了840家,建立了更加强大的全球供应链网络,有力地保障了海尔产品的质量和交货期;实现了三个即时(JIT),即JIT采购、JIT配送和JIT分拨物流的同步流程;实现了与用户的零距离。目前,海尔100%的采购订单由网上下达,使采购周期由原来的平均10天降低到3天;网上支付已达到总支付额的20%。(资料来源:中国物流设备网)

案例思考：

1. 海尔的现代高效物流通过哪些主要技术手段实现的?

2. 海尔完善的物流管理系统发挥了什么具体的作用?

3. 从海尔的物流运作中得到哪些启发?

第一节　数据、信息与决策

随着社会的发展,决策的复杂程度不断加深,决策环境的变化速度还会加快,决策包含的信息量将会有增无减,决策时间的要求还会更短,决策的影响面还会加大,这就决定了决策对决策技术的依赖程度还会加大。也就是说,现代企业管理决策需要先进、科学的决策理论和决策技术的支持,只有在充分运用信息的基础上,建立在科学的决策机制,运用先进的决策技术,才能保证企业决策的正确性和时效性。

一、数据

(一)数据的概念

人类通过各种活动获取所需的物质与知识,这些活动内容的详细记录就称数据(Data)。数据也可解释为用来说明人类活动的事实观念或事物的一些文字、数字或符号。例如学生的学科成绩、飞机的班次,较复杂的如定单中的客户姓名、地址、物品名称、数量、金额等。

(二)数据的类型

数据的类型可分成数值数据及文字数据两大类。数值数据有整数、定点数、浮点数等,文字数据有逻辑数据、内码和交换码等。程序语言中变量所表示的数据种类有多种,如 Pascal 的 Integer、Real 和 Pointer,SNOBOL 中数据类型是 character、string,LISP 的 List,及 C 语言中的 int(整数)、float(浮点数)、char(字符)、*(指针)等。

(三)数据的级别

数据的级别由低而高依次为位、字节、字、数据项、数据字段、记录、文件、数据库。

1. 位(Bit):Bit 为 Binary Digit 的简称,是构成数据的最小单位,只能存储 0 或 1 的二进制数字,也是计算机的最基本单位。

2. 字节(Byte):计算机容量的单位,通常 8 位构成一个字节。一个字节可存一个字符。可以有 256 种组合,即可表示 256 个不同的字符。

3. 字(Word):字由两个字节所构成。

4. 数据项(Item):单项数据通常由一个或多个字节构成,如学生基本数据中的学号、姓名等。

5. 数据字段(Field):由一个或多个数据字段组合而成,是一个具有意义的数据单位,如学生基本数据中的成绩字段、学号字段等。

6. 记录(Record):由一群相关的数据字段组合而成,如学生的所有相关数据就构成一条记录,有时可简称为数据记录。

7. 文件(File):一群数据类型相同或相关的记录组合而成。

8. 数据库(Data Base):由相关而且避免重复的数据组成的集合。

二、数据与信息

(一)数据与信息的关系

信息通常作为消息、情报、数据、知识以及信号的统称,是由源数据经过系统的处理成为决策或参考的依据。从其形成过程和运用来看,信息具备以下特征:

1. 信息是经过记录、分类、组织、关联与解释的数据,且就这一论点而言,具有一定的现实意义。

2. 在人类沟通中,信息是人类转换数据后的产物。

3. 信息是人类在形成决策时,能导致个人改变其期望或评估的刺激。

由此可见,数据只是事实的记录,没有特定的目的;而信息是针对某一问题来收集数据及进行处理,作为决策或参考的依据。所以两者的差别在于是否由决策问题来鉴定信息。而信息处理的目的,就是降低不确定因素,以便选择方案。

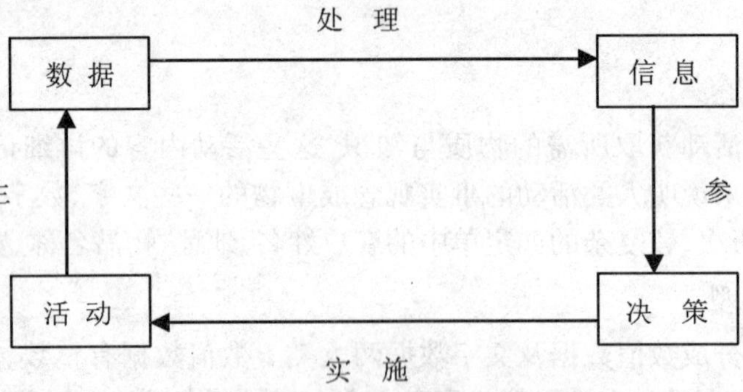

图 2.1.1 数据、信息、决策、活动的关联

(二)数据处理

数据处理是将数据通过人力或机器,将收集到的数据加以系统的处理,归纳出有价值的信息的过程。如图 2.1.1 所示。

目前,人们常用计算机进行数据处理,以便获得信息,将信息作为未来活动安排的依据。根据决策时所定的方案来实施所有的活动,从这些活动中又产生新的数据,如此不断的循环。一般来说,数据对人类并无直接的用处,因此,必须经过处理才能产生对人类较有用的信息。常用的处理方式有下列几种任务方式:

1. 编辑(Edit):将存在某种媒体上的数据经过计算机复制到另一媒体时,对输入的数据逐一检查,其目的在于改变数据的存储形式和效率,以便后面的处理,此种程序一般称为编辑程序。

例如:

用户可利用编辑程序将指令逐一编辑成程序。

将员工的人事数据登录在卡片上,再利用编辑程序将卡片上的人事数据编辑在磁带媒体上等。

2. 排序(Sort):将数据根据某一键值,以某种顺序排列后输出,其目的在于方便其他方面的数据处理。

例如:

将学生成绩档案依照成绩高低输出成绩单。

将业务员销售档案依照其销售金额的高低排列，以利于主管部门的参考。

3. 归并（Merge）：将两种以上相同性质的文件数据归并在一起。

例如：

客户的数据档案分别为北区和南区两个文件，将其归并成为全省的客户数据档案。

上半年度的销售数据和下半年度的销售数据归并成全年的销售数据。

4. 分配（Distribute）：将一个文件的数据按照某一基准分置在两个以上的存储体，其目的在于方便各个分置的文件能独自处理。

例如：

销售档案可分配为已收货款档案和未收货款档案。

支票档案可分配为已到期支票档案和未到期支票档案，以利于资金的周转运用。

5. 建档（Generate）：建档是根据某些条件规格，配合某些已存在的文件，再产生一个新的且有利用价值的文件。

例如：

依据毕业生名单，从在校生文件中产生一个毕业生文件。

根据政府颁布的绩优厂商条件，从全国厂商名录档案中产生一个绩优厂商文件，以便于适当场合选用。

6. 更新（Update）：更新是根据数据的变动来更新主档案，以保持主档案的正确与完整性。

例如：

库存主档案由于常有货物的进出，因此每隔一段时间，必须对原库存主档案做进一步的更新处理，以利于库存的管理。

全国汽车牌照数据档案，由于汽车常会易主或车主更换住址或翻新车身颜色，因此数据档案就须常做更新以保有最正确的数据。

7. 计算（Compute）：将读取的文件数据，依据规定方法计算处理。

例如：

读取学生的答案卡，评阅并计算得分后输出。

读取业务员的业绩档案并依据其金额大小，依照公司定立的佣金计算法及薪水扣缴税方案计算所得佣金。

8. 链表（List）：是一种数据的集合，也就是一系列的数据存储于内存，以某种关系来链接这些相关联的数据。

例如：

字符串是一种字符链表。

文件是一种存储在外界媒体（譬如：磁盘、磁带）的链表。

9. 查找（Search）：输入一个键值到数据表中进行对照，找出具有相同键值的数据。其目的在于方便数据表的更新操作，因为数据的插入及删除在操作之前都须先做数据的查找。

例如：

公司查找旧客户的数据以便做客户记录。

学生查找调查某项数据人数。

10. 查询（Inquiry）：根据数据项的键值或条件，到主档案中找出符合该条件或键值相同的数据，依照用户指定的方法输出。

例如：

航空公司查询某旅客是否搭乘某班次的飞机。

学生查询成绩。

11. 其他处理如：分类（Classifying）、摘要（Summarizing）、变换（Transmission）等。

三、信息与决策

（一）决策

所谓决策，是指为了达到一定的目标，采用一定的科学方法和手段，从两个以上的可行方案中选择一个合理方案的分析判断过程。对于企业来说，企业经营管理的各个环节、各个层次，都有决策问题。决策的目的是企业如何使未来的发展更符合决策者的意愿和要求，并作为行动的导向，因此决策是企业管理的首要问题。

传统决策一般凭借决策者的经验和个人意志来进行，决策者的成功往往依凭个人的聪明才智和经验判断。

随着决策环境的变化速度加快，现代决策主体由个人向群体转变，决策群体需要利用一定的决策技术，掌握充分的信息，通过科学的决策程序，才能做出正确的决策。可见，现代决策需要科学的决策理论和决策技术的支持。

（二）信息与决策

现代决策具有决策客体复杂、环境多变、主体群体化、决策迅速等特点，由于这些方面的要求，信息在现代决策中的作用将越来越重要，主要体现在：

1. 生产柔性加强。由于信息技术的发展改变了人类生产和生活的环境，通过计算机网络，信息、广告和新闻等媒介大大影响了人们的消费观念，人们日益追求以人为主体的个性化和多样化的产品和服务。对制造厂商而言，如何满足人们的这种要求，按订制生产商质量要求、多品种、小批量的产品就是其主要决策目标。决策者必须加强信息的搜集、储存和分析，才能了解市场需求，并据此作出正确的生产经营决策。

2. 从决策到实施的决策链变得更短。多变和竞争市场环境要求决策的速度更快和决策实施更及时，这就要求信息的搜集、加工和传递速度更快。现代信息技术为实现这一目标提供了物质保证，如网络的发展使每个人都能及时获得所需信息，使信息能得到及时的传递和反馈。

3. 决策更趋于团队化。由于决策客体及信息复杂程度的迅速增加，信息处理工作已非少数几个人所能完成，决策也需要一个决策团体来完成，团体的工作建立在畅通的信息交流和传递基础上，没有团体成员间的信息交流和传递，决策就无法完成。

4. 组织决策权向上层集中，中间管理层人员缩减。根据组织设计的原则，如何定位组织中的信息系统和群体决策支持系统，使得信息从原始持有者向决策代理者之间传递和转换成本降低，使得决策权向上移动。由于决策权向上移动，中间管理层存在的必要性就降低，作为中间管理层是大工业化生产社会的产物，它的存在既减缓了信息传递的速度，又易造成信息失真和代理成本增加，而现代信息技术将加强执行层与高层决策的直接沟通，随着信息系统的决策系统完善，中间管理层将逐步缩减甚至消亡。

第二节　物流系统中的物流信息

物流活动是由其中的各个要素相互联系、相互配合才得以完成的，这些具有自身独立功能的要素通过相互协作，形成一个有序的物流系统，从而发挥更高的总体效率。而系统中各要素之间的协作配合是建立在信息沟通基础上的，只有准确畅通的信息交流，才能使物流系统正常运行，并推动整个系统运行效率的提高。可见，物流系统与物流信息是相互依存、相互促进的关系。

一、物流系统

要认识物流系统，我们首先要了解系统的一般规律。

(一)系统

1. 系统的概念

系统是指由相互依赖的若干组成部分结合而成的，具有特定功能的有机整体。这些组成部分称为系统的要素。由于要素本身也可以分解为若干更小的、具有特定功能的组成部分，所以要素自身便构成了一个级别较低的系统，这个级别较低的系统称为该系统的子系统。而这个系统整体可以是更大部分整体的组成部分，以形成规模更大、层次更高的系统。可见，系统是普遍性，广泛存在于社会各领域中，同时系统又是复杂和高度抽象的。一个系统通常具备以下特点：

(1)整体性。系统的整体功能不是各组成要素的简单叠加，而是呈现出各要素所不具备的综合性的强大的功能。

(2)相关性。组成系统的各要素之间是相互联系、相互作用、相互影响的，有可能相互促进，也可相互制约。

(3)目的性。系统的特定目的是系统各要素聚集在一起的关键要素，是它们共同动作的出发点。

(4)环境的适应性。系统存在于环境之中，必须与外部环境相适应，能与环境保持最佳的适应状态，系统才具备生存能力和发展能力。

人们在研究自然现象和社会事务时，总是把与之相关的方方面面，进行分析、综合，以寻求它们之间内在的、本质的、必然的关系，最终形成对研究对象的发展规律的认识。这一过程称为系统分析。

2. 系统的形式

系统从不同的角度认识，有不同的类别，通常有以下形式：

(1)自然系统与人工系统。自然系统是一种在形成过程中可以完全不信赖于人为活动的参与而形成的系统，如海洋系统、生态系统等。人工系统是人类为了达到某种特定的目标而设计、建立的系统，如信息管理系统、计算机系统等。人们日常生活中所面对的系统，多数是自然和人工系统相结合的复杂系统，随着科学技术的进步，人工系统将会越来越多。

(2)实体系统与概念系统。实体系统是由具有物质实体的要素组成的系统。如机械系统、计算机硬件系统等；概念系统是由概念、原理、方法、制度、程序等观念性的非物质实体所组成的系统。如法律系统、计算机软件系统等。

(3)封闭系统与开放系统。封闭系统是指与外部环境不发生任何形式的物质、能量和信息交换的系统;开放系统是指与外部环境不断进行的物质、能量和信息交换的系统。日常生活中所接触和运用的系统,多为开放式系统。

(4)静态系统与动态系统。静态系统是指系统固有的状态参数不随时间而变化的系统。如建筑布局系统、车间设备安置系统等;动态系统是指系统状态随时间的变化而改变的系统。如生态系统、企业资源管理系统等。

(二)物流系统

1. 物流系统的概念

物流系统是物流活动中各要素组成的有机集合体。是指在一定的时间和空间内,由所需位移的物资、包装设备、装卸搬运机械、运输工具、仓储设施、人员和通讯联系等若干相互制约的动态要素所构成的具有特定功能的有机整体。

与其他系统一样,物流系统也具有输入、转换、输出三大基本功能。如图 2.2.1 所示。

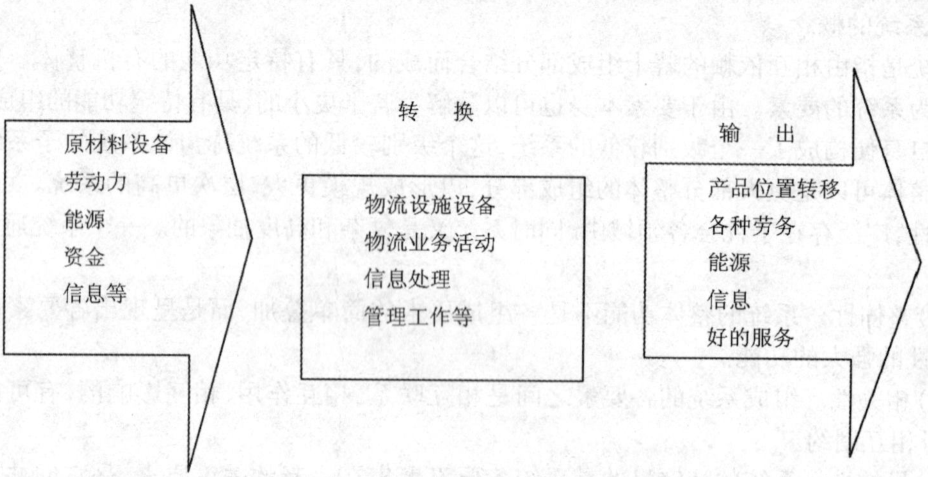

图 2.2.1 **物流系统基本构成及功能**

2. 物流系统的要素

物流系统是由系统中各要素组成的,通过各要素的相互关联和配合,才能发挥系统的功能,完成系统的特定目标。物流系统要素主要包括以下几个方面:

(1)物流系统的功能要素。物流系统的功能要素是指形成物流系统所具备的基本功能环节。这些功能在实现各自功能的基础上,通过有效组合、联结而实现物流的总体功能。物流功能要素主要包括运输、储存、保管、包装、装卸搬运、流通加工、配送、物流信息等。功能要素是物流系统最基本的要素。

(2)物流系统的流动要素。主要有流体、载体、流向、流程等要素,系统流动要素构成了物流渠道。

(3)物流系统的结构要素。主要有物流平台(包括物流设施平台、物流信息平台、物流政策平台等)和物流动作企业。

(4)物流系统的物质基础要素。物质基础要素主要有:

第一,物流设施。包括物流站、货场、物流中心、仓库、港口等。

第二,物流装备。包括仓库货架、进出库设备、加工设备、运输设备、装卸机械等。

第三,物流工具。包括包装工具、维护保养工具、办公设备等。

第四,信息设备。包括通讯设备及线路、计算机及网络等。

(5)物流系统的系统化要素。系统化要素主要有:

第一,信息和信息处理。物流系统的运行是以信息为导向的,因此系统必须拥有完备的信息,这些信息又需及时收集、处理和传递,在这个过程中,还需要合理的协调和反馈,使信息在各要素之间能顺利沟通。

第二,标准化。物流系统各要素间及与系统外的交流和沟通是系统运行的重要条件,而"标准化"是信息交流和沟通的基础,并能大大提高系统运行的效率,可见,它是物流系统的技术支撑和运行效率的保证。物流标准化可概括为技术标准、工作标准和作业标准。

(6)物流系统的支持要素。系统的建立需要有许多支撑手段,尤其是处于复杂的社会经济系统中,要确立物流系统的地位,要协调与其他系统关系,这些要素必不可少。支持要素主要有体制制度、法律法规、行政命令、标准规范等。

二、物流系统中的物流信息

物流过程是一个由多个子系统构成的复杂系统,物流系统中各个子系统通过实体的运动联结在一起,一个子系统的输出就是另一个子系统的输入。合理顺畅的物流活动,就是使各子系统相互协调,根据系统总目标的需要,适时、适量地调度系统内的资源,通过合作来发挥总体效能。物流系统中的相互衔接是通过信息予以沟通的,资源的调度也是通过信息的传递来实现的。因此物流系统的控制与管理必须以信息为基础,要保证物流活动的有序进行,必须保证物流信息的畅通。

(一)物流信息对物流信息的要求

信息是物流系统运行和控制的基础,物流系统对信息的质量有很高的要求,主要表现在以下三个方面:

1. 信息充足

有效的物流系统需要充足的信息,提供的信息是否充足、是否能满足物流管理的需要至关重要。企业物流经理应了解信息系统,并懂得如何管理信息系统。而主管信息系统的管理者如果懂得商业管理、物流管理的需要,就能更好地开展工作,提供更有价值的信息。因此,这两方面的管理者应该扩大知识面,了解对方的工作情况,对对方的需要和能力水平做出迅速的反应。

2. 信息准确

信息必须准确,只有准确的信息才能为物流系统提供帮助。许多企业的可用信息非常少,并且模棱两可,导致物流决策不当。其原因主要是这些企业仍在使用过时的成本会计方法、管理控制系统,在当今竞争异常激烈的市场上,这些方法早已不适用了。这些老方法严重扭曲了生产成本,提供的信息不能满足物流经理的决策需要。

3. 通信顺畅

管理需要及时准确的信息,这就要求企业通信顺畅。通信的方式必须使人容易接受,否则就会产生误解,导致决策失误。信息的发出者应该清楚地知道接收者需要什么样的信息、最适合哪种通信方式及信息用途。

(二)物流信息对物流系统的作用

物流信息不仅是物流系统运行的需要和保障,还能为物流系统的管理服务。利用物流信息可以控制人员、资金、设备、原材料和技术资源的有效使用,提高物流的劳动生产率、降低成本、提高企业的经济效益。物流信息对物流过程控制的作用主要通过它的几项基本功能来实现的,包括:

1. 市场交易活动功能。物流信息的交易作用就是记录物流活动的基本内容,包括接货内容、安排储存任务、作业程序选择、制定价格及相关人员查询等。主要特征是:程序化、规范化、交互式,强调整个信息系统的效率性和集成性。

2. 业务控制功能。完善的考核指标体系对物流作业计划和绩效进行评价和鉴别,是物流服务的水平和质量的重要保证。只有对物流作业计划和绩效不断进行评价和鉴别,才能有效地控制物流业务。

3. 工作协调功能。在物流运作中,只有加强信息的集成与流通,才能有利于物流作业的时效性,提高物流作业的质量与效率,降低劳动强度系数。

4. 支持决策和战略功能。只有以物流信息为基础和依据,物流信息管理协调人员和管理层才能对物流作业进行有效的评估和成本收益分析,从而更好地进行决策。

(三)物流信息的主要内容

物流联结着物品的供应与需求方,在物流活动过程中,又与各交通运输、金融保险、工商质检等社会部门有着广泛的联系,因此记载和反映物流活动的物流信息不仅内容和范围广、数量大,而且来源分散。随着物流规模的不断扩大,管理水平不断提高,物流信息的内涵也将不断扩展,从物流信息在物流活动中的作用来看,可分为以下三类:

1. 战略型物流信息

战略型物流信息主要用于制定企业经营战略时参考。企业的经营战略影响企业经营活动的方向,是企业经营的导向,因此,企业的战略型物流信息在企业经营占有重要地位,特别是在商品销售竞争激烈,消费者需求个性化、多样化时代,物流信息显得更为重要。甚至关系到企业的生存和发展。企业的战略型物流信息主要包括:

(1)国际政治经济形势和环境。近二十多年来世界一直基本处于"和平与发展"时期,跨国经济大发展,经济全球化趋势愈发明显,中国加入 WTO 后,企业正面临发展机遇和严峻挑战,外国知名生产企业、物流企业大量涌入,外国物流企业带来了先进的物流管理模式和技术方法,对中国的物流企业和生产企业的冲击和考验是不可避免的。

(2)国家的法律、法规、国民经济发展计划、产业政策、财政支出、资金投向、国家领导讲话、新法律法规颁布、新政策出台等信息。这些因素对企业的经营战略都会产生影响。

(3)行业发展状况。近几年我国出现了物流"热"不断升温的现象,各大中城市都在搞物流发展规划,建设物流园区。物流理论界各种研讨会、高峰会、论坛、交流会不断,物流机械设备展览、展示一个接着一个。在这种国内物流发展的大环境中,企业对物流的认识和理解程度,采取什么样的态度,自然关系到企业的经营与发展。

(4)竞争者状况。同行业企业的经营及发展战略等信息是每个企业都十分关心的问题,"知己知彼,百战不殆"的道理几乎是人人皆知。实践证明,掌握竞争对手的相关信息是一项挑战性的工作,竞争对手有意隐瞒信息和散布虚假信息,常常会使对方的深入分析陷入困境。

2. 经营决策型物流信息

企业的战略型物流信息侧重于宏观性和经营理念性，企业经营决策型物流信息是根据企业的总体发展战略和经营理念，制定企业的经营决策模式，并按照经营决策模式，确定企业物流计划、收集与企业有关物流信息。企业的经营决策型物流信息的内容有：企业物流发展规划、企业物流机构设置、企业物流人员配备、企业物流投资比重、企业物流网络构筑、企业物流设施建设、企业物流经营策略、企业物流合理化措施等。

3. 管理型物流信息

与战略型物流信息和经营决策型物流信息相比，管理型物流信息更具体、更细致一些。管理型物流信息的运用目的是更好地提高物流作业效率，最大限度地发挥物流系统的整体功能。其侧重点在于通过管理，使所有相关环节协调化、整合化、最优化。同时，使物流、商流、资金流和信息流同步。

管理型物流信息，关联因素很多，牵涉的面也很广，信息量相当大。主要包括：货源信息、订货发货收货信息、流通渠道信息、价格信息、运输储存信息等。

第三节　物流系统的功能、分类和评价指标

物流系统是通过其功能的发挥来实现其系统目标的。通过物流系统的分类，可以认识不同类别物流性质和过程，进一步理解其功能特点，有利于我们更好地进行物流系统的规划、设计、运营组织与管理，针对不同物流系统的实际，制定相应的功能评价指标体系，以全面、正确认识物流系统的运行状况，为改善和提高物流系统的效率提供科学的依据。

一、物流系统的功能

系统（特别是人工系统）存在的最基本的条件是有其特定的目标，实现其特定社会使命，否则，系统就没有存在的必要。系统目标的实现有赖于系统各要素的协作配合，在整合要素功能的基础上，形成系统的整体功能，通过要素功能和整体功能的发挥，实现系统的子目标和总体目标。

（一）物流系统的目标

物流系统的目标，从总体上可概括为“5S”：

1. 优质服务（service）：通过优化系统结构，采用先进的物流技术，如近年来出现的“准时供货方式”、“柔性供货方式”等，为客户提供优质服务，做到无缺货、无损伤和丢失现象，且费用便宜。

2. 迅速及时（speed）：在物流领域采用的诸如直达物流、联合运输、高速公路、时间表系统等管理和技术，按用户指定的时间和地点迅速送达。

3. 节约空间（space saving）：节约是经济领域的重要规律，在物流领域中，除流通时间的节约外，由于流通过程中成本消耗大而又基本上不增加商品使用价值，所以节约物流过程中人、财、物要素的投入是提高相对产出，是物流经营的重要手段。同时，通过对现代化技术和设备的运用来节约土地，如物流立体仓库通过空间延伸，可以提高既定面积仓库的储存能力，减少土地占用。

4. 规模适当（scale optimization）：以物流规模作为物流系统的目标，并以此来追求规模效

益。生产领域规模生产的先进性早已为社会所承认，由于物流系统比生产系统的稳定性差，因而难以形成标准的规模化格式。随着物流技术的不断进步，在物流领域以分散或集中等不同方式建立物流系统，使物流集约化的程度得以提升，通过规模来增加效益，就是规模优化这一目标的体现。

5. 合理库存(stock control)：库存调节是服务性的延伸，也是宏观调控的要求，同时涉及到物流系统本身的效益。物流系统是通过本身的库存，起到对需求保证作用，通过确定库存方式、库存数量、库存结构、库存分布，努力协调仓库、物流设施、物流中心或运输枢纽中的仓储功能与库存控制功能等，来压低库存，又可以降低成本。以降低库存为目标的物流系统，无论工业化时期还是网络经济时期，都是主要的物流系统构筑方式。

(二)物流系统的功能

物流系统的功能指的是物流系统所具有的基本能力，这些基本能力有效地组合、联结在一起，构成了物流系统的总体功能，通过系统功能的运用和发挥，从而实现物流系统的总体目标。

物流系统的功能一般认为有运输、储存保管、包装、装卸、搬运、流通加工、配送、物流信息等，如果从物流活动的实际工作环节来考查，物流由下述七项具体工作构成。

1. 包装功能。包括产品的出厂包装、生产过程中在制品、半成品的包装以及在物流过程中换装、分装、再包装等活动。对包装活动的管理，一般根据物流方式和销售要求来确定。以商业包装为主，还是以工业包装为主，要全面考虑包装对产品的保护作用、促进销售作用、提高装运率的作用、包拆装的便利性以及废包装的回收及处理等因素。包装管理还要根据全物流过程的经济效果，具体决定包装材料、强度、尺寸及包装方式。

2. 装卸功能。包括对输送、保管、包装、流通加工等物流活动进行衔接活动，以及在保管等活动中为进行检验、维护、保养所进行的装卸活动。伴随装卸活动的小搬运，一般也包括在这一活动中。在全物流活动中，装卸活动是频繁发生的，因而是产品损坏的重要原因。对装卸活动的管理，主要是确定最恰当的装卸方式，力求减少装卸次数，合理配置及使用装卸机具，以做到节能、省力、减少损失、加快速度，获得较好的经济效果。

3. 运输功能。包括供应及销售物流中的车、船、飞机等方式的运输，生产物流中的管道、传送带等方式的运输。对运输活动的管理，要求选择技术经济效果最好的运输方式及联运方式，合理确定运输路线，以实现安全、迅速、准时、价廉的要求。

4. 保管功能。包括堆存、保管、保养、维护等活动。对保管活动的管理，要求正确确定库存数量，明确仓库以流通为主还是以储备为主，合理确定保管制度和流程，对库存物品采取有区别的管理方式，力求提高保管效率，降低损耗，加速物资和资金的周转。

5. 流通加工功能。又称流通过程的辅助加工活动。这种加工活动不仅存在于社会流通过程，也存在于企业内部的流通过程中。所以，实际上是在物流过程中进行的辅助加工活动。企业、物资部门、商业部门为了弥补生产过程中加工程度的不足，更有效地满足用户或本企业的需求，更好地衔接产需，往往需要进行这种加工活动。

6. 配送功能。是物流进入最终阶段，以配送、送货形式最终完成社会物流并最终实现资源配置的活动。配送活动一直被看成运输活动中的一个组成部分，看成是一种运输形式。所以，过去未将其独立作为物流系统实现的功能，未看成是独立的功能要素，而是将其作为运输中的末端运输对待。但是，配送作为一种现代流通方式，集经营、服务、社会集中库存、分拣、装卸搬运于一身，已不是单单一种送货运输能包含的，而成为独立功能要素。

7. 物流情报功能。包括进行与上述各项活动有关的计划、预测、动态(运量、收、发、存数)的情报及有关的费用情报、生产情报、市场情报活动。对物流情报活动的管理,要求建立情报系统和情报渠道,正确选定情报科目和情报的收集、汇总、统计、使用方式,以保证其可靠性和及时性。

二、物流系统的分类

物流系统存在于不同的社会经济领域,发挥著不同的作用。通过对物流系统进行分类划分,可以加深我们对物流性质、过程的理解和认识,有利于我们更好地进行物流系统的规划、设计、运营组织与管理。我们可以按照不同的标准对物流系统进行分类。

(一)物流发生的位置

按物流发生的位置,物流系统可划分为企业内部物流系统和企业外部物流系统。

1. 企业内部物流系统。例如,制造企业所需原材料、能源、配套协作件的购进、储存、加工直至形成半成品、成品最终进入成品库的物料、产品流动的全过程。

2. 企业外部物流系统。例如,对于制造企业,物料、协作件从供应商所在地到本制造企业仓库为止的物流过程,从成品库到各级经销商,最后送达最终用户的物流过程,都属于企业的外部物流系统。

(二)物流运行的性质

根据物流运行的性质,物流系统可以划分为供应物流系统、生产物流系统、销售物流系统、回收物流系统和废弃物流系统。

1. 供应物流系统。指从原材料、燃料、辅助材料、机械设备、外协件、工具等从供应商处的订货、购买开始,通过运输等中间环节,直到收货人收货入库为止的物流过程。供应物流系统通过采购行为使物资从供货单位转移到用户单位,一般是生产企业进行生产所需要的物资供应活动。

2. 生产物流系统。指从原材料投入生产起,经过下料、加工、装配、检验、包装等作业直至成品入库为止的物流过程。生产物流的运作过程基本上是在企业(工厂)内部完成。流动的物品主要包括原材料、在制品、半成品、产成品等,物品在企业(工厂)范围内的仓库、车间、车间内各工序之间流动,贯穿于企业的基本生产、辅助生产、附属生产等生产工艺流程的全过程,是保证生产正常进行的必要条件。生产物流的运作主体是生产经营者,部分生产物流业务可以延伸到流通领域。

3. 销售物流系统。指成品由成品库(或企业)向外部用户直接出售,或经过各级经销商直到最终消费者为止的物流过程。从事销售物流运作的经营主体可以是销售者、生产者,也可以是第三方物流经营者。

4. 回收物流系统。指物品运输、配送、安装等过程中所使用的包装容器、装载器具、工具及其他可以再利用的废旧物资的回收过程中发生的物流。回收物流主要包括边角余料,金属屑,报废的设备、工具形成的废金属和失去价值的辅助材料等等。

5. 废弃物流系统。是指对废弃杂物的收集、运输、分类、处理等过程中产生的物流。废弃杂物一般包括伴随产品生产过程产生的副产品、废弃物,以及生活消费过程中产生的废弃物等等。废弃物流通常由专门的经营者经营,国外亦有第三方物流经营者参与废弃物流作业过程的实例。

(三)物流活动的范围

以物流活动的范围进行分类,物流系统可以划分为企业物流系统、区域物流系统和国际物流系统。

1. 企业物流系统。指围绕某一企业或企业集团产生的物流活动。它包括企业或企业集团内部物流活动,也涉及相关的外部物流活动,如原材料供应市场和产品销售市场。企业物流活动往往需要考虑供应物流、生产物流和销售物流之间的协调,及相应的一体化规划、运作和经营。

2. 区域物流系统。指以某一经济区或特定地域为主要活动范围的社会物流活动。区域物流一般表现为通过一定地域范围内的多个企业间的合作、协作,共同组织大范围专项或综合物流活动的过程,以实现区域物流的合理化。区域物流通常需要地方政府的规划、协调、服务和监督,在促进物流基础设施的科学规划、合理布局与建设发展等方面给予支持。在规划某区域物流系统时,例如,省域、城市物流系统、公路运输站场规划与布局等,一般需要考虑区域物流设施与企业物流设施的兼容和运行方式。

全国物流系统可以看作是扩大的区域物流系统。在全国范围进行物流系统化运作时,需要考虑综合运输及运网体系、物流主干网、区域物流及运作等。

3. 国际物流系统。指在国家(或地区)与国家(或地区)之间的国际贸易活动中发生的商品从一个国家(或地区)流转到另一国家(或地区)的物流活动。国际物流涉及国际贸易、多式联运和通关方式等多种问题。它需要国际间的合作,国内各方的重视和积极配合参与,一般比国内物流复杂得多。

在拥有较大作用范围(诸如区域、全国、国际)的物流系统中,第三方物流经营者的功能及服务质量往往显得十分重要。

(四)物流构成的内容

我们还可以根据物流构成的内容,把物流系统划分为专项物流系统和综合物流系统。

1. 专项物流系统。是以某种单一产品或物料为核心内容的物流活动系统。常见的有粮食、煤炭、木材、水泥、石油和天然气等的物流过程。专项物流往往需要专用设施、专用设备与相应物流过程的配套运作才能完成。

2. 综合物流系统。是包括社会多方经营主体及多种类产品、物料构成的复合物流系统。

三、物流系统的评价指标

物流系统投入运行后,其运行效率如何,功能发挥到什么程度,是否实现预定目标,具有哪些优势和不足,这些都是物流管理者需要明确的问题。为此,就必须根据物流系统的特点设计全面的系统评价指标,从多个方面对物流系统进行评估,并通过与设计指标、同业指标或历史指标的对比,找出优势和差距,为进一步改善和提高物流系统运行质量及完善物流系统的管理提供有价值的依据。

(一)物流系统评价内容

物流系统的评价,主要体现在其运行质量的评价上,通过对物流各环节及物流总体的运行质量的考核,来衡量系统功能的发挥和系统目标的实现程度。物流系统质量,既包含物流对象

质量,又包含物流手段、物流方法的质量,还包含工作质量,因而是一种全面的质量观。物流系统质量具体包括以下内容:

1. 商品的质量保证及改善。物流的对象是具有一定质量的实体,即有合乎要求的等级、尺寸、规格、性质、外观。这些质量是在生产过程中形成的,物流过程在于转移和保护这些质量,最后实现对用户的质量保证。因此,对用户的质量保证既依赖于生产,又依赖于流通。

现代物流过程不单是消极地保护和转移物流对象,还可以采用流通加工等手段改善和提高商品的质量,由此,物流过程在一定意义上说也是商品质量的"形成过程"。

2. 物流服务质量。物流业有极强的服务性质,可以说,整个物流的质量目标就是其服务质量。服务质量因不同用户而要求各异,要掌握和了解用户要求:商品狭义质量的保持程度;流通加工对商品质量的提高程度;物流数量的满足程度;相关服务(如信息提供、索赔及纠纷处理)的满足程度。

3. 物流工作质量。工作质量指的是物流各环节、各工种、各岗位如运输、储存等的具体工作质量。工作质量和物流服务质量是两个有关联但又不大相同的概念,物流服务质量水平取决于各个工作质量的总和。所以,工作质量是物流服务质量的某种保证和基础。重点抓好工作质量,物流服务质量也就有了一定程度的保证。

4. 物流工程质量。物流质量不但取决于工作质量,而且取决于工程质量,在物流过程中,将对产品质量发生影响的各因素(人的因素、体制的因素、设备因素、工艺方法因素、计量与测试因素、环境因素等)统称为"工程"。很明显,提高工程质量是进行物流质量管理的基础工作,能提高工程质量,就能做到"预防为主"的质量管理。

(二)物流系统的具体评价指标

物流系统的具体评价指标,是根据物流服务目标及管理要求确定的,围绕物流系统的各个环节进行考评,制定出各环节的评价指标及总体目标的评价指标,形成了一个综合全面的物流系统评价指标体系。主要有以下几方面:

1. 物流目标质量指标

(1)服务水平指标 F

$$F=\frac{满足用户要求次数}{用户要求次数}\times 100\%$$

或者以缺货率 Q 来表示

$$Q=\frac{缺货次数}{用户要求次数}\times 100\%$$

(2)满足程度指标 M

$$M=\frac{满足用户要求数量}{用户要求次数}\times 100\%$$

(3)交货水平指标 J_1

$$J_1=\frac{按时交货次数}{总交货次数}\times 100\%$$

(4)交货期质量指标 J_2

$$J_2=规定交货期-实际交货期$$

以实际交货期与规定交货期相差日(时)数表示。正号为提前交货,负号为延迟交货。

(5)商品完好率指标 W

$$W=\frac{\text{交货时完好的商品量}}{\text{物流商品量}}\times 100\%$$

或者以缺损率 Q'表示

$$Q'=\frac{\text{缺损商品量}}{\text{物流商品量}}\times 100\%$$

也可以用货损货差赔偿费率 P 表示

$$P=\frac{\text{货损货差赔偿费总额}}{\text{同期业期收入}}\times 100\%$$

(6)物流吨费用指标 C

$$C=\frac{\text{物流费流}}{\text{物流总流}}(\text{元/吨})$$

2. 仓库质量指标

(1)仓库吞吐能力实现率 T

$$T=\frac{\text{期内实际吞吐量}}{\text{仓库设计吞吐量}}\times 100\%$$

(2)商品收发正确率 S

$$S=\frac{\text{某批吞吐量}-\text{出现差错总量}}{\text{同批吞吐量}}\times 100\%$$

(3)商品完好率 $W_{\text{库}}$

$$W_{\text{库}}=\frac{\text{某批商品库存量}-\text{出现缺损的商品量}}{\text{某批商品库存量}}\times 100\%$$

(4)库存商品缺损率 $Q_{\text{库}}$

$$Q_{\text{库}}=\frac{\text{某批商品缺损量}}{\text{该批商品总量}}\times 100\%$$

也可以用“货损货差赔偿率”表示。

以上是以用户为对象,确定每批商品的质量指标。如果是对仓库总工作质量评定,其指标的计算应将“某批次”的数量改换成“期内”的数量。

(5)仓库面积利用率 $M_{\text{总}}$

$$M_{\text{总}}=\frac{\text{库房、货棚、货场占地面积之和}}{\text{仓库总面积}}\times 100\%$$

(6)仓容利用率 R

$$R=\frac{\text{存储商品的实际数量或容积}}{\text{库存数量或容积}}\times 100\%$$

(7)设备完好率 $W_{\text{设}}$

$$W_{\text{设}}=\frac{\text{期内设备完好台数}}{\text{同期设备总台数}}\times 100\%$$

(8)设备利用率 L

$$L=\frac{\text{全部设备实际工作时数}}{\text{设备总工作能力(时数)}}\times 100\%$$

(9)仓储吨日成本 $C_{\text{仓}}$

$$C_{仓}=\frac{仓储费用}{库存量}[元/(吨\times天)]$$

这几项指标主要是反映工作质量及工程质量的指标。

3. 运输环节质量指标

有许多指标和仓库有类似之处，这里只讲具有特殊意义的质量指标。

（1）正点运输率 Z

$$Z=\frac{正点运输次数}{运输总次数}\times100\%$$

（2）满载率 $M_{运}$

$$M_{运}=\frac{车辆实际装载量}{车辆装载能力}\times100\%$$

（3）运力利用率 Y

$$Y=\frac{实际吨公数}{运力往返运输总能力(t\cdot km)}\times100\%$$

以上评价指标体系，从物流系统的多个环节对物流系统进行分析、评价，但各物流系统的要素多少不一，流程也不尽相同，各系统又有各自的特点，因而物流系统的评价指标需要根据系统的要素和流程及物流管理的需要进行设计，才能对物流系统作出恰如其分的评价，从而具备实际的参考价值。

学习资料：我国物流信息系统使用状况及作业质量资料

（1）商贸企业订单处理方式分析

商贸企业门店与供货商、仓库的订单处理方式中，有73%的企业采用了现代化的订单处理方式，由信息系统产生和接收订单，31%的企业采用电话接受订单，37%的企业采用传真的方式接收订单，其中因为部分企业订单处理方式并不是惟一的，而是同时采用两种或三种方式处理订单，所以总比例大于100%。具体调查结果如下图所示：

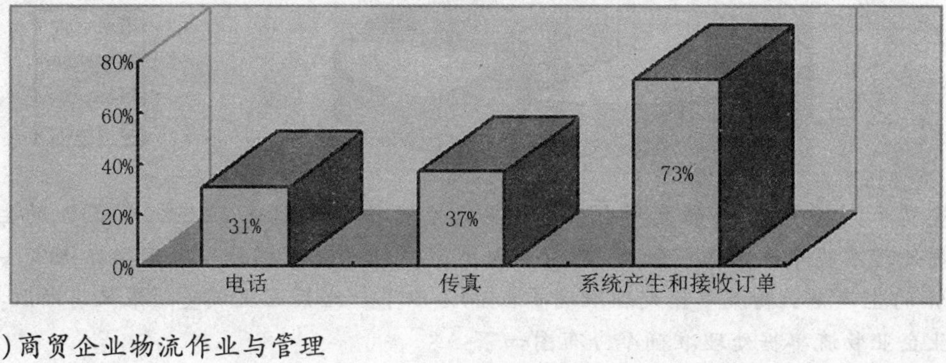

（2）商贸企业物流作业与管理

调查表明：商贸企业物流管理中，采用EDI交换技术与供应商进行信息交换的企业占47%；实施JIT配送的占7%；采用供应商管理库存（VMI）的企业比例占30%；实施CROSS－DOCKING（越库配送）的企业占4%。如下图所示：

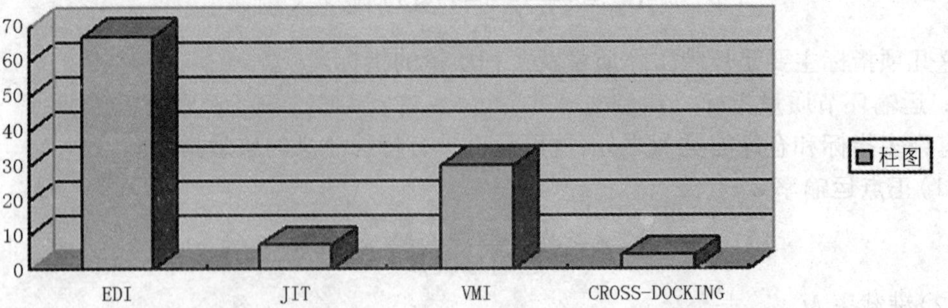

(3)工商企业物流作业指标分析

根据问卷调查结果，对商贸企业与生产制造企业的物流作业指标估算的结果如下图所示：

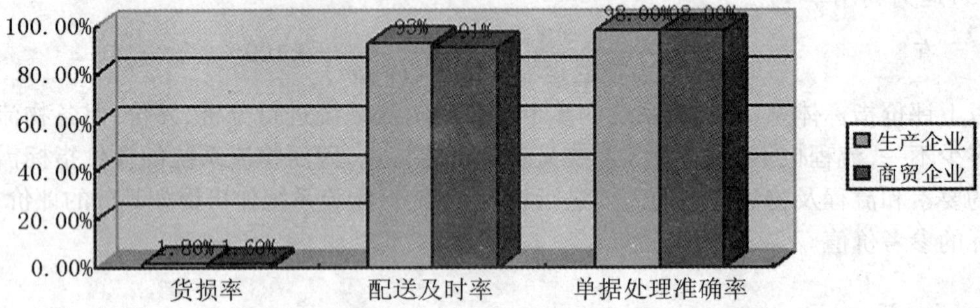

从上图中可以看出：生产制造企业、商贸企业在物流运营过程中的平均货损率都在2%以下；配送的及时性和一致性是客户创造服务价值中的主要因素，调查结果表明目前工商企业的配送及时率都达到了90%以上；单据处理准确率都高于96%，相对第五次调查而言又有一定改善。其中回答订单处理准确率高于98%的企业比例都基本达到或略超过55%。

具体分析，生产制造企业物流单据处理准确率分布图如下图所示：

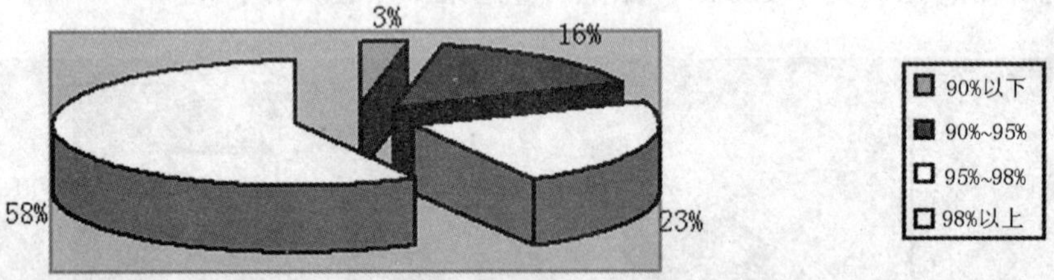

调查显示：大约有58%的生产企业物流单据处理准确率在98%以上，有23%的生产企业物流单据处理准确率在95%～98%，有16%的生产企业物流单据处理准确率在90%～95%左右，有3%的生产企业物流单据处理准确率在90%以下。比第五次调查结果又有所改善。

商业企业物流单据处理准确率分布图如下：

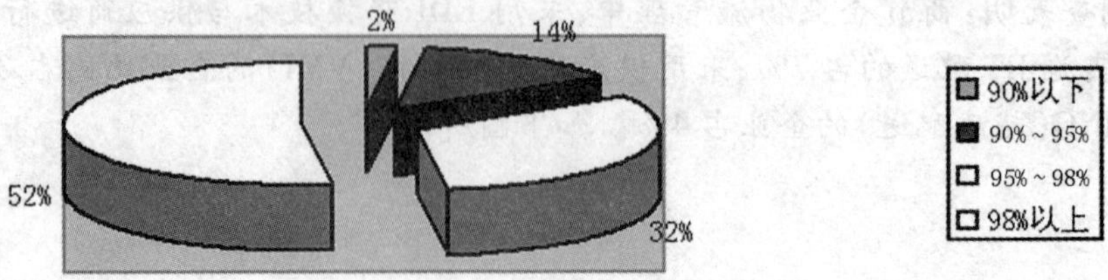

调查显示商业企业大约有52%的企业订单处理准确率在98%以上，有32%的企业订单处理准确率在95%～98%之间，有14%企业订单处理准确率在90%～95%之间，有2%的企业订单处理准确率在90%以下。与第五次调查相比略有改善。

生产企业物流运输配送及时率的分布如下图所示：

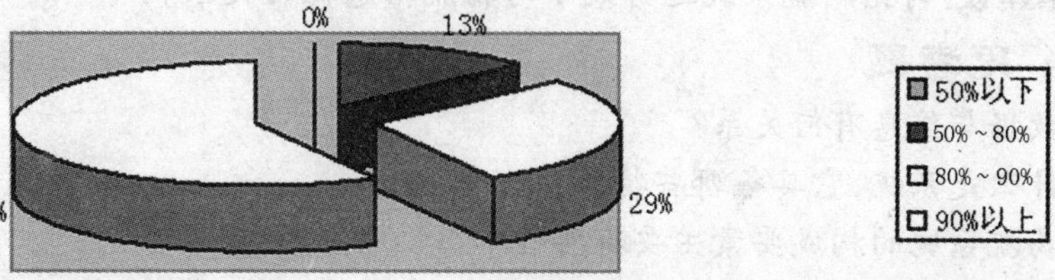

调查结果表明：58%的生产企业物流运输配送及时率在90%以上，29%的生产企业物流配送得及时率在80%～90%，大约13%的生产企业物流配送及时率在80%。与第五次调查结果相比有所改善。

商业企业物流配送及时率的分布如下图所示：

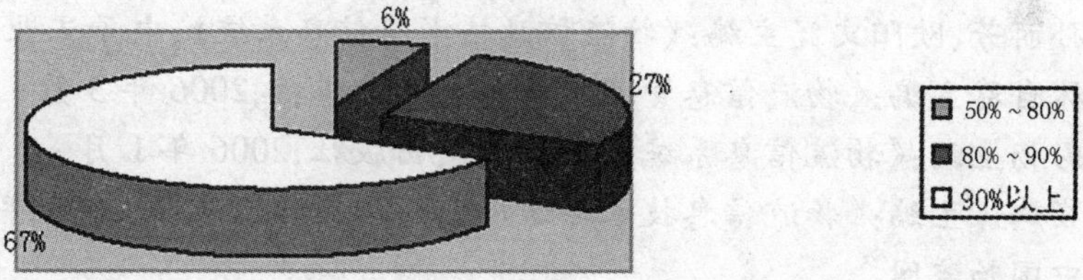

调查显示：有67%的商业企业物流配送及时率在90%以上，有27%的企业物流配送及时率在80～90%之间。有6%的企业物流配送及时率在50%～80%。与第五次调查相比有所改善。

生产企业物流作业货损率分析如下图所示：

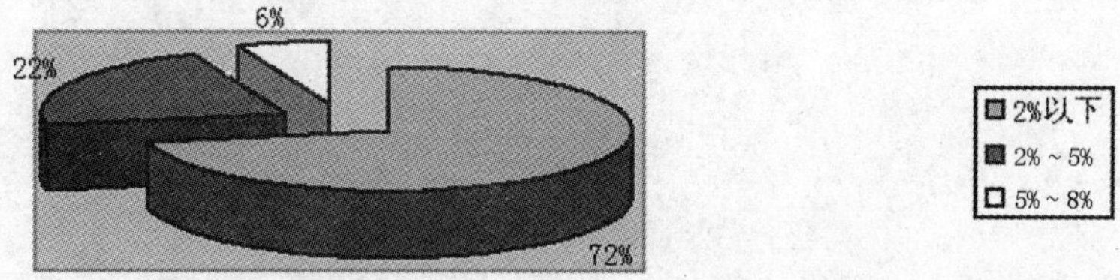

调查显示：有72%的生产企业物流作业货损率在2%以下，有22%的企业物流作业货损率在2%～5%之间，有6%的企业物流货损率在5%以上。

商业企业物流作业货损率调查结果如下图所示：

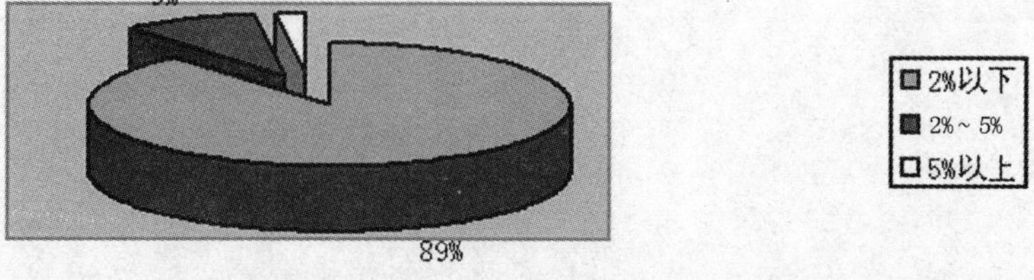

调查结果显示：有89%的商业企业物流作业货损率在2%以下，有9%的商业企业物流作

业货损率在2%～5%，有2%的商业企业物流货损率在5%以上。与第五次调查结果相比有较大改善。（资源来源：《第六次中国物流市场供需状况调查报告》2005年10月）

实验实训：根据本地实际设计物流系统评价指标，到物流企业进行实地调查，了解本地企业物流系统运行效率状况。

教学建议：讨论物流系统运行效率与物流信息化的关系。

※ 思考题

1. 数据与信息有何关系？
2. 什么是系统，它具备哪些特点？
3. 物流系统的构成要素主要有哪些？
4. 物流系统对信息有何要求，需要哪些信息？
5. 物流系统具有哪些具体的功能？
6. 物流系统评价总体上包括哪几项内容？
7. 物流系统的评价指标主要有哪几项，每项包括哪些具体要求指标？

参考资料：

1. 孙丽芳、欧阳文霞主编：《物流信息技术与信息系统》，电子工业出版社，2004年8月
2. 林自葵主编：《物流信息管理》，清华大学出版社，2006年3月
3. 彭扬主编：《物流信息系统》，中国物质出版社，2006年1月
4. 崔炳谋主编：《物流信息技术与运用》，清华大学出版社，2005年10月
5. 中国物流网
6. 中国物流设备网
7.《第六次中国物流市场供需状况调查报告》，2005年10月，调查主持：中国仓储协会，承办单位：《物流技术与应用》编辑部

◆——第三章 物流管理信息系统

* 本章主要内容

- 信息系统与管理信息系统
- 物流管理信息系统的功能模块
- 物流专家系统
- 物流决策支持系统

* **导入案例**

西南图书物流中心

近年来,物流业在我国得到迅速发展。在我国大力发展信息化的新形势下,物流的信息化已步入了新的发展阶段,以信息技术为支撑的现代物流被引入到各行各业中。伴随我国图书出版与流通体制的不断完善,图书市场需求的逐步扩大,图书物流的信息化管理得到越来越广泛的重视,众多从事图书物流业务的企业对图书产品及相关图书信息的流转与存储效益提出了更高的要求。在这种情况下,现代图书物流管理的理念得以迅速推广,现代化的图书物流管理信息系统得以在图书物流业充分发挥效力,得到了普遍的应用。

时力科技通过多年对图书市场的调查了解,分析各类客户的特定需求,在其拥有的成熟的物流信息系统的开发经验及各行业广泛实践经验基础上,通过对现代图书物流理论与技术的应用,并结合图书供应模式的特点,设计开发出针对图书物流业的专业的图书物流管理信息系统。该系统是集仓储、配送、调度、货运、计费等功能于一体的图书物流综合管理软件,除了具备业内的专业功能外,同时支持物流技术设备的应用。更为重要的是,该系统规范了图书物流的各业务环节,在业务流程上实现用户定制。另外,该系统具备的数据交换功能,大大提高了图书物流企业和出版社的信息沟通,从而极大地满足了图书物流企业及从事相关行业企业的管理需求,在很大程度上降低了企业的运作成本,提高了图书物流绩效。

1. 项目背景

北京西南物流中心是北京市规划局批准成立的专业性物流企业,也是北京市重点发展项目。该中心是全国最大的图书物流中心,专业从事图书仓储、分拣、配送服务。随着北京西南物流中心业务的不断发展,其库区在不断落成,仓储面积在不断扩大,并且还将在此基础上陆续开展相关增值和拓展业务。该中心的综合物流部作为第三方物流业务部门,目前已经承揽蒙牛、太子奶等大型企业的物流业务,并将发展成为拥有110辆运输车辆的专业化第三方物流企业。

经营范围与空间的不断扩大,使图书物流业务的管理日益复杂化、多样化,运用科学、先进的图书物流业务的信息化管理方法提高企业的运营效率,成为北京西南物流中心发展的必经环节。经过多方位评测论证与比较,北京西南物流中心选择时力科技作为其合作伙伴,决定运用时力科技的图书物流管理信息系统来提高其图书物流业务的综合管理水平，使其图书物流业务在从传统管理向现代信息化管理过渡中迈出关键一步。

2. 系统功能及特点

时力科技针对北京西南物流中心业务特点构建的图书物流管理信息系统，主要包括三大项功能：系统基础功能，实现了对权限管理、标准化的管理及合同的管理；核心业务功能包括仓储入库管理、仓储库存管理及配送出库管理等；服务管理功能即实现权限管理和运输合同、保险合同等的管理。

该系统集仓储、配送、加工等业务功能一体化，业务流程可灵活定制，功能模块可灵活选择，且适用面广泛，并可同时实现企业成本分析与业务量预测等业务功能。该系统数据接口丰富，扩展性强，且运作安全稳定，是快速帮助企业轻松实现智能化管理的利器。

3. 项目特点

(1)业务类型多

新书入库、调拨入库、退货入库；

新书批销、调拨出库、残书处理；

配送委托、车辆调度、自动配载；

中途监控、货物投保、客户签收；

工作量统计、成本核算。

(2)数据量大

客户总数:200 多；

每日发货票数:6000；

每日退货票数:1000；

每日配送票数:10000；

每月记录表数量:20 万条；

各种报表总数:80。

(3)速度要求高

单据处理速度 >1000 条/秒；

月报生成账速度 1 小时打印完成；

服务项目实施成效。

时力科技承建的图书物流管理信息系统为北京西南物流中心建立了客户服务中心，组建了财务结算中心，并提供客户网上查询服务及邮件、手机短信服务等。结合现代物流的业务需求，该系统集成 GIS，开展动态派送服务，并启用条码设备。该系统的应用，满足了 12 种物流盈利模式，同时通过对 60 多家物流公司的整合，完成了对北京西南物流中心图书物流业务的规范建设。

该项目的实施为北京西南物流中心逐步建设起业务整合平台，更好地支持业务的发展与融合，为企业的管理人员和业务人员的日常工作提供了更大便利，实现了工作效率和服务水平的全面提升。运用现代信息技术实现科学化管理，使北京西南物流中心的业务量已提前突破 200 亿，率先成为图书市场物流信息化的标杆企业。

第一节　信息系统与管理信息系统

随着以计算机技术、通信技术、网络技术为代表的现代信息技术的飞速发展，人类社会正从工业时代阔步迈向信息时代，人们越来越重视信息技术对传统产业的改造以及对信息资源的开发和利用，“信息化”已成为一个国家经济和社会发展的关键环节。目前信息系统在管理中的应用已从单项业务的信息管理，迅速向综合的管理层和决策层的信息管理发展，应用水平日趋提高。

一、信息的概念

信息(information)一词对我们来说已并不陌生，在人们的实际生活和工作中，每个人随时随刻都在与信息打交道，都在不断地接收信息、加工信息、利用信息。管理学家将人类与信息的关系比喻为人与空气的关系一样重要。随着社会经济和科学技术的迅速发展，信息在管理中的地位越来越重要。

何谓信息，信息是一个内容丰富、运用普遍、含义又相当模糊的概念，要对信息一词做出确切的定义是很困难的。另一方面，信息概念广泛地渗透到各门学科之中，人们可以根据各学科自身的特点为信息做出各种各样的定义。在日常生活中，人们常把信息与消息和信号等同起来，其实这样的认识并不确切。信息、消息和信号之间有密切联系，信息常以消息形式表现出来，并通过信号来传递，但是三者之间是有区别的，消息有可能包含甚为丰富的信息，但也可能信息甚少，若这种信息并未给人们带来新的知识的话，那么这种消息所包含的信息实际等于零。所以信息是给人们带来新知识的消息，消息是外壳，信息是消息的内核。信息与信号也是有区别的，信号是携带信息的载体，信息则是这个载体所携带的内容，同一种信息可用多种信号来表示，一种信号也可能用来传递多种信息。此外，信息和数据(data)也是有区别的，数据是对某种情况的记录，包括数值数据(例如各种统计资料数据)以及非数值数据两种，后者如各种图像、表格、文字和特殊符号等；而信息则是经过加工处理后对管理决策和实现管理目标或任务具有参考价值的数据，它是一种资源。

我们认为，信息(information)是关于客观事实的可通讯的知识。

首先，信息是客观世界各种事物的特征反映。客观世界中任何事物都在不停地运动和变化，呈现出不同的特征。这些特征包括事物的有关属性状态，如时间、地点、程度和方式等等。信息的范围极广，比如气温变化属于自然信息，遗传密码属于生物信息，企业报表属于管理信息，等等。

其次，信息是可以通讯的。信息是构成事物联系的基础。由于人们通过感官直接获得周围的信息极为有限，因此，大量的信息需要通过传输工具获得。

最后，信息形成知识。所谓知识，就是反映各种事物的信息进入人们大脑，对神经细胞产生作用后留下的痕迹。人们正是通过获得信息来认识事物、区别事物和改造世界的。

作为资源的信息具有如下特点：

1. 信息是和决策密切相关的，正确的决策有赖于足够的可靠的信息，信息又是通过决策来体现其自身的价值的；

2. 信息可影响甚至决定组织的生存，能够给组织带来收益；

3. 获取和利用信息时往往要花费一定的费用成本，正因为如此，信息利用者就必然会考虑到他们的花费对改进管理带来的功效是否合算，来决定要否获取和利用该信息；

4. 信息往往具有很强的时效性，延迟的信息可使其功效减少或全部消失，甚至可能起到截然相反的作用。

二、管理信息的概念

（一）管理信息的定义

所谓管理信息（management information）是指在整个管理过程中人们收集、加工和输入、输出的信息的总称，是反映与控制管理活动的经过加工的数据，具体地说，它包括两方面的内容：一是指为了达到管理目的和形成管理行为所收集或加工的信息，主要是指能够反映管理客体运行状态和可能影响管理客体运行状态的各种信息；二是指经过加工并在管理过程中得以运用的和反映管理者管理行为的信息。

（二）管理信息的分类

对于管理信息可从各种不同的角度并按照信息的不同特征和作用进行分类：

1. 从总体来分，信息可分为自然信息和社会信息两大类；

2. 从信息的来源来分，可分为内部信息（院内信息）和外部信息（院外信息）；

3. 从管理层次来分，可分为计划信息、控制信息、作业信息（例如物流管理中的物流业务统计信息、财会信息、经营信息、物资信息、设备信息、质量信息等）；

4. 从信息的稳定性来分，可分为常规信息（固定信息）和变动信息（流动信息），以物流管理而言，各种业务质量标准、工作量定额标准、消耗定额标准以及人事、设备、固定资产等档案都属于常规信息，而反映物流管理活动和物流企业经营管理活动的进程和变化的各种业务统计信息均属于变动信息；

5. 从信息的期待性来分，可分为预知信息和突发信息；

6. 从信息的不同业务领域来分，可分为政治信息、经济信息、军事信息、科技信息、教育信息、体育信息、卫生信息、文化信息、人口信息、金融信息、商业信息等；

7. 从信息获取渠道的不同来分，可分为正规渠道信息、非正规渠道信息以及官方信息、民间社团信息等；

8. 从信息的精确性来分，可分为精确性信息（可靠信息）和不太精确信息（非可靠信息）。

（三）管理信息的特征

管理信息是专门为某种管理目的和管理活动服务的，它具有以下特征：

1. 有效性。有效性是管理信息的首要特征，它对于管理目的和管理活动的需要来说必须有效，对管理过程中的调查预测、计划目标、战略决策、组织结构、人员配备、监督控制等都要有用，包括信息的时间上要及时，数量上要适当，质量上要准确，内容上要适用。有效性也是信息的中心价值，如果信息在时间上不及时、数量上不足够、质量上不准确、内容上不适用的话，那么这种信息不仅无益，反而有害。

2. 共享性。这就是现在通常所说的资源共享的重要内容。从管理信息角度来说，它的共享性主要表现在不同领域、不同层次、不同部门、不同单位往往都可共同使用某种信息资源。正确认识和顺应这一特征，对于建立管理信息系统并发挥其重要作用具有重要的意义，也可充分发挥信息的共同作用，避免在信息的收集、加工、传输、储存等方面的重复劳动。在现代社会中，信息资源的国际共享，Internet 国际互联网的建立，信息高速公路的诞生，使信息的共享性达到前所未有的程度。

3. 等级性。信息既有有效性和共享性，但是管理信息又是分级的，同时处在不同级的管理者对同一事物所需要的信息也不同，就是同一单位不同层次的管理者对信息的需要也有明显差异，从信息需要的重要性上可分为战略级、战术级和作业级。战略级主要指高层管理者需要的关系到全局和长期利益的信息，例如决定企业的新建、改建、扩建或停止等；战术级为部门负责人需要的关系局部和中期利益的信息，例如物流公司对每月业务工作情况的计划和运行情况结果比较分析、控制质量标准等；作业级是关系基本物流业务的信息，例如每天受理物流业务人次和各种统计数据等。

4. 不完全性。对于某种客观事实的真实情况往往是不可能完全得到的，数据的收集或信息的转换与主观思路关系甚大，所以只有舍弃无用的和次要的信息才能正确地使用信息，这也就是信息的综合性，管理必须全面地收集信息并进行综合分析、加工，才能充分认识和考虑各种内外因素引起的积极的或消极的影响程度，才能保证信息在决策、计划、控制等做到科学管理上发挥重要作用，做到统筹兼顾、综合平衡、协调发展。

5. 经济性。所谓信息的经济性就是信息同样存在着投入产出的问题，对于信息的投入是必要的，但也要重视费用效益的分析，要求花费成本尽可能少而获取的信息数量多、质量尽可能的高，这就要求管理者既要重视对信息部门的经济投入，强调它们对于管理的重要性，健全信息管理组织和人员配备，又要注意信息的经济性和实用性。

6. 滞后性。信息是由数据转换而来的，因此它不可避免地落后于数据，而且信息的使用价值必须经过转换才能得到，这种转换也必须从数据到信息再到决策，最后取得效果，它们在时间关系上是：

数据→信息→决策→效果（$t1 < t2 < t3 < t4$）。

从前一个状态转换为后一个状态的时间间隔总不会是零，这就是信息的滞后性。同时又由于信息是有寿命的，许多信息的寿命衰老很快，因此要重视及时转换，否则信息难以转换，不转换就失去信息的价值。

三、系统的概念

（一）系统的定义

近半个世纪以来，系统作为一个研究对象在国际上引起了很多人的注意。“系统”（System）一词源自古希腊语，有“共同”和“给以位置”的含义。根据 Webster 辞典的说明，“System”是“有组织的和被组织化了的全体”。当今，我们把极其复杂的对象称为“系统”，即由相互作用和相互依赖的若干组成部分结合成的具有特定功能的有机整体，而且这个“系统”本身又是它所从属的一个更大系统的组成部分。系统具有输出某种产物的目的，但它不能无中生有。也就是说，输出必有输入，经过处理才能得到。输出是处理的结果，代表系统的目的；处理是使输入变为输出的一种活动，一般由人与设备分别或联合担任。输入、处理、输出是组成系统的三个基本要素，加上反馈就构成一个完备的系统。其框图如图 3.1.1 所示。

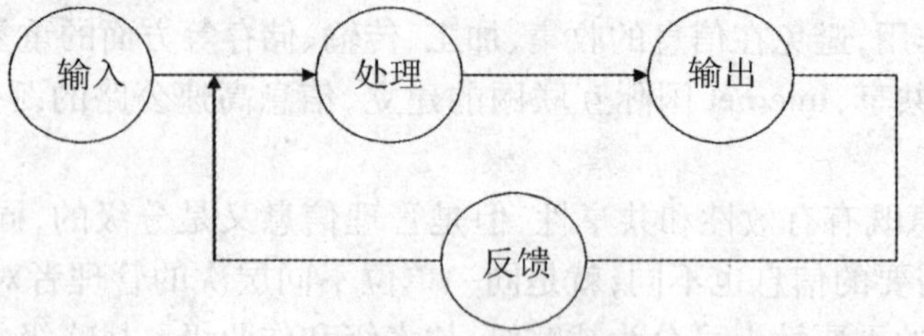

图 3.1.1　系统框图

(二)系统的特征(略)

(三)系统的分类

1. 人造系统。指由人类设计和改造的系统。它包括人们从加工自然物中获得的工程系统(如工具、设备、武器)和由一定的制度、组织、程序构成的社会系统及科学体系等系统。

2. 自然系统。指由自然物形成的系统,如太阳系、生态系统。

3. 复合系统。指由人造系统和自然系统相结合的系统,如农业系统、企业系统和武器系统。

4. 开放系统。指系统内部与外界环境有交换的系统,如企业系统就与社会有物质、能量、信息的交换。

5. 封闭系统。指与外界环境无任何形式交换的系统。

按物质运动发展阶段分,每个阶段就是一个系统,每个系统又具有自己的特点,它们是:无机系统、有机系统、人类社会系统。这三大系统中又有若干小系统,每个小系统也有自己的特点。系统还可以按其形式分为大型系统、中型系统和小型系统,按所处环境的性质分为封闭系统和开放系统,按系统的变化状态分为稳定系统和不稳定系统,按规律性的性质分为必然系统和随机系统。系统分类表举例如图 3.1.2。

- 系统
  - 按物质发展阶段分
    - 无机系统
      - 力学系统
      - 物理系统
      - 化学系统
    - 有机系统　生物系统
      - 微生物系统
      - 植物系统
      - 动物系统
    - 人类社会系统
      - 微生物系统
      - 植物系统
  - 按系统的形成分
    - 大型系统　工程系统
    - 中型系统　车间系统
    - 小型系统　班组系统
  - 按所处环境的性质分
    - 封闭系统　静态系统
    - 开放系统
      - 生产系统
      - 销售系统
      - 技术系统
  - 按系统变化状态分
    - 稳定系统
    - 不稳定系统
  - 按规律性的性质分
    - 必然性系统
    - 随机性系统

图 3.1.2　系统分类图

四、信息系统的概念

(一)什么是信息系统

信息系统是一个人造系统,它由人、硬件、软件和数据资源组成,目的是及时、正确地收集、加工、存储、传递和提供信息,实现组织中各项活动的管理、调节和控制。

组织中各项活动表现为物流、资金流、事务流和信息流的流动。“物流”是实物的流动过程。物资的运输,产品从原材料采购、加工直至销售都是物流的表现形式。“资金流”指的是伴随物流而发生的资金的流动过程。“事务流”是各项管理活动的工作流程,例如原材料进厂进行的验收、登记、开票、付款等流程;厂长做出决策时进行的调查研究、协商、讨论等流程。“信息流”伴随以上各种流的流动而流动,它既是其他各种流的表现和描述,又是用于掌握、指挥和控制其他流运行的软资源。在一个组织的全部活动中,存在着各式各样的信息流,而且不同的信息流用于控制不同的活动。若几个信息流联系组织在一起,服务于同类的控制和管理目的,就形成信息流的网,称之为信息系统。一个组织的信息系统可以是企业的产、供、销、库存、计划、管理、预测、控制的综合系统,也可以是机关的事务处理、战略规划、管理决策、信息服务等等的综合系统。

信息系统包括信息处理系统和信息传输系统两个方面。信息处理系统对数据进行处理,使它获得新的结构与形态或者产生新的数据。比如计算机系统就是一种信息处理系统,通过它对输入数据的处理可获得不同形态的新的数据。信息传输系统不改变信息本身的内容,作用是把信息从一处传到另一处。由于信息的作用只有在广泛交流中才能充分发挥出来,因此,通信技术的进步极大地促进了信息系统的发展。广义的信息系统概念已经延伸到与通信系统相等同。这里的“通信”不仅指通讯,而且意味着人际交流和人际沟通,其中包括思想的沟通、价值观的沟通和文化的沟通。“广义的资讯(沟通)系统强调‘人’本身不但是一个重要的沟通工具,还是资讯意义的阐释者:所有的沟通媒介均需使资讯最终可为人类五官察觉(sense)与阐释(interpret),方算是资讯沟通媒介。”这里资讯就是信息。

(二)信息系统的类型

按照处理的对象,可把组织的信息系统分为作业信息系统和管理信息系统两大类。

1. 作业信息系统

作业信息系统的任务是处理组织的业务、控制生产过程和支持办公事务,并更新有关的数据库。通常由以下三部分组成:

(1)业务处理系统。业务处理系统的目标是迅速、及时、正确地处理大量信息,提高管理工作的效率和水平。如产量统计、成本计算和库存记录等。

(2)过程控制系统。主要指用计算机控制正在进行的生产过程。例如炼油厂通过敏感元件对生产数据进行监测,并予以实时调整。

(3)办公自动化系统。这是以先进技术和自动化办公设备(如文字处理设备、电子邮件、轻印刷系统等)支持人的部分办公业务活动。这种系统较少涉及管理模型和管理方法。

2. 管理信息系统

管理信息系统是对一个组织(单位、企业或部门)进行全面管理的人和计算机相结合的系统,它综合运用计算机技术、信息技术、管理技术和决策技术,与现代化的管理思想、方法和手段结合起来,辅助管理人员进行管理和决策。

管理信息系统不仅是一个技术系统,而且同时又是一个社会系统。

(三)信息系统的发展

计算机在管理中应用的发展与计算机技术、通讯技术和管理科学的发展紧密相关。虽然,信息系统和信息处理在人类文明开始就已存在,但直到电子计算机问世、信息技术的飞跃以及现代社会对信息需求的增长,才迅速发展起来。第一台电子计算机创始于1946年,50多年来,信息系统经历了由单机到网络,由低级到高级,由电子数据处理到管理信息系统、再到决策支持系统,由数据处理到智能处理的过程。这个发展过程大致经历了以下几个阶段:

1. 电子数据处理系统(Electronic Data Processing Systems,简称EDPS)

电子数据处理系统的特点是数据处理的计算机化,目的是提高数据处理的效率。从发展阶段来看,它可分为单项数据处理和综合数据处理两个阶段:

(1)单项数据处理阶段(20世纪50年代中期到60年代中期)。这一阶段是电子数据处理的初级阶段。主要是用计算机部分地代替手工劳动,进行一些简单的单项数据处理工作,如工资计算、统计产量等。

(2)综合数据处理阶段(20世纪60年代中期到70年代初期)。这一时期的计算机技术有了很大发展,出现了大容量直接存取的外存储器。此外,一台计算机能够带动若干终端,可以对多个过程的有关业务数据进行综合处理,这时各类信息报告系统应运而生。

2. 管理信息系统(Management Information Systems,简称MIS)

20世纪70年代初,随着数据库技术、网络技术和科学管理方法的发展,计算机在管理上的应用日益广泛,管理信息系统逐渐成熟起来。

管理信息系统最大的特点是高度集中,能将组织中的数据和信息集中起来,进行快速处理,统一使用。有一个中心数据库和计算机网络系统是MIS的重要标志。MIS的处理方式是在数据库和网络基础上的分布式处理。随着计算机网络和通讯技术的发展,不仅能把组织内部的各级管理联结起来,而且能够克服地理界限,把分散在不同地区的计算机网互联,形成跨地区的各种业务信息系统和管理信息系统。

管理信息系统的另一特点是利用定量化的科学管理方法,通过预测、计划优化、管理、调节和控制等手段来支持决策。

3. 决策支持系统(Decision Support Systems,简称DSS)

20世纪70年代国际上展开了MIS为什么失败的讨论。人们认为,早期MIS的失败并非由于系统不能提供信息。实际上MIS能够提供大量报告,但经理很少去看,大部分被丢进废纸堆,原因是这些信息并非经理决策所需。当时,美国的Michael S. Scott Marton在《管理决策系统》一书中首次提出了"决策支持系统"的概念。决策支持系统不同于传统的管理信息系统。早期的MIS主要为管理者提供预定的报告,而DSS则是在人和计算机交互的过程中帮助决策者探索可能的方案,为管理者提供决策所需的信息。

由于支持决策是MIS的一项重要内容,DSS无疑是MIS重要组成部分;同时,DSS以MIS管理的信息为基础,是MIS功能上的延伸。从这个意义上,可以认为DSS是MIS发展的新阶段,而DSS是把数据库处理与经济管理数学模型的优化计算结合起来,具有管理、辅助决策和预测功能的管理信息系统。

综上所述,EDPS、MIS和DSS各自代表了信息系统发展过程中的某一阶段,但至今它们仍各自不断地发展着,而且是相互交叉的关系。EDPS 是面向业务的信息系统,MIS 是面向管理的信息系统,DSS 则是面向决策的信息系统,DSS 在组织中可能是一个独立的系统,也可能作为 MIS 的一个高层子系统而存在。

管理信息系统是一个不断发展的概念。20 世纪 90 年代以来,DSS 与人工智能、计算机网络技术等结合形成了智能决策支持系统(Intelligent Decision Support Systems,简称 IDSS)和群体决策支持系统(Group Decision Support Systems 简称 GDSS)。又如,EDPS、MIS 和 OA 技术在商贸中的应用已发展成为电子商贸系统(Electronic Business Processing System,简称 EBPS)。这种系统以通讯网络上的电子数据交换(Electronic Data Interchange,简称 EDI)标准为基础,实现了集订货、发货、运输、报关、保险、商检和银行结算为一体的商贸业务,大大方便了商贸业务和进出口贸易。

五、管理信息系统的概念

(一)管理信息系统的定义

管理信息系统是 20 世纪 80 年代才逐渐形成的一门新学科,其概念至今尚无统一的定义,其理论基础尚不完善,其定义方法尚未明确统一。但从国内外学者给 MIS 所下的定义来看,人们对 MIS 的认识在逐步加深,MIS 的定义也在逐渐发展和成熟。MIS 的定义有很多种,研究者们从各自的角度出发给出了不同的定义。

1. 就其功能来说,管理信息系统是组织理论、会计学、统计学、数学模型及经济学的混合物,这许多方面都同时展示在先进的计算机硬件和软件系统中。这个领域的中心问题是扩展视野,综合政府部门和民间组织的决策,这些组织必须控制其内部活动和由该组织的规模与复杂程度所引起的种种功能要求。

2. 一个管理信息系统是能够提供过去、现在和将来预期信息的一种有条理的方法,这些信息涉及到内部业务和外部情报。它按适当的时间间隔供给格式相同的信息,支持一个组织的计划、控制和操作功能,以便辅助决策制定过程。

3. MIS 是一个具有高度复杂性、多元性和综合性的人机系统,它全面使用现代计算机技术、网络通讯技术、数据库技术以及管理科学、运筹学、统计学、模型论和各种最优化技术,为经营管理和决策服务。

4. 管理信息系统是一个由人、计算机等组成的能进行管理信息收集、传递、存储、加工、维护和使用的系统。管理信息系统能实测企业的各种运行情况,利用过去的数据预测未来,从全局出发辅助企业进行决策,利用信息控制企业的行为,帮助企业实现其规划目标。

5. MIS 是为决策科学化提供应用技术和基本工具,为管理决策服务的信息系统。

6. 不仅仅把信息系统看作是一个能对管理者提供帮助的基于计算机的人机系统,而且把它看作一个社会技术系统,将信息系统放在组织与社会这个大背景中去考察,并把考察的重点,从科学理论转向社会实践,从技术方法转向使用这些技术的组织与人,从系统本身转向系统与组织、环境的交互作用。

我们认为,管理信息系统可以定义为:管理信息系统是用系统思想建立起来的,以电子计算机为基本信息处理手段,以现代通讯设备为基本传输工具,且能为管理决策提供信息服务的人机系统。即,管理信息系统是一个由人和计算机等组成的,能进行管理信息的收集、传输、存储、加工、维护和使用的系统。其概念结构图如图 3.1.3 所示。

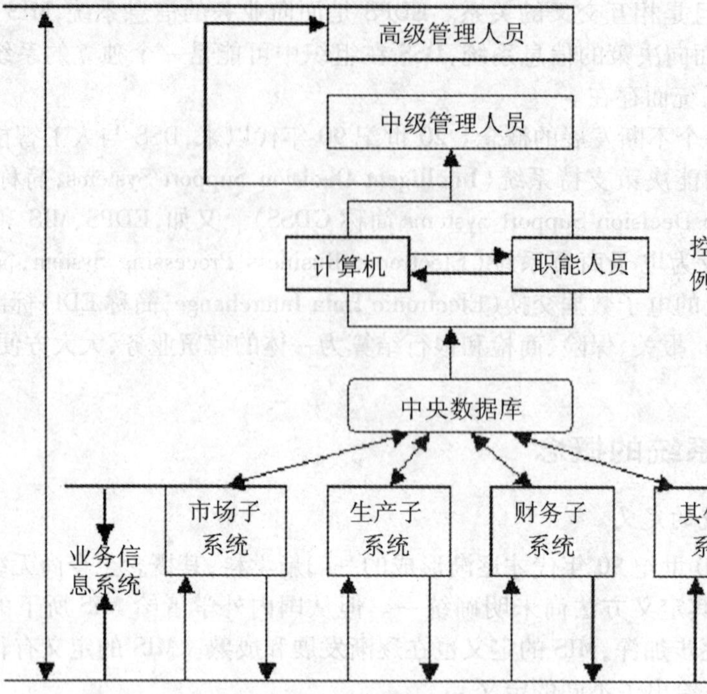

图 3.1.3 管理信息系统概念图

(二)管理信息系统的特点

1. 面向管理决策

管理信息系统是继管理学的思想方法、管理与决策的行为理论之后的一个重要发展,它是一个为管理决策服务的信息系统,它必须能够根据管理的需要,及时提供所需要的信息,帮助决策者做出决策。

2. 综合性

从广义上说,管理信息系统是一个对组织进行全面管理的综合系统。一个组织在建设管理信息系统时,可根据需要逐步应用个别领域的子系统,然后进行综合,最终达到应用管理信息系统进行综合管理的目标,管理信息系统综合的意义在于产生更高层次的管理信息,为管理决策服务。

3. 人机系统

管理信息系统的目的在于辅助决策,而决策只能由人来做,因而管理信息系统必然是一个人机结合的系统。在管理信息系统中,各级管理人员既是系统的使用者,又是系统的组成部分,因而,在管理信息系统开发过程中,要根据这一特点,正确界定人和计算机在系统中的地位和作用,充分发挥人和计算机各自的长处,使系统整体性能达到最优。

4. 现代管理方法和手段相结合的系统

人们在管理信息系统应用的实践中发现,只简单地采用计算机技术提高处理速度,而不采用先进的管理方法,管理信息系统的应用仅仅是用计算机系统仿真原手工管理系统,充其量只是减轻了管理人员的劳动,其作用的发挥十分有限。管理信息系统要发挥其在管理中的作用,就必须与先进的管理手段和方法结合起来,在开发管理信息系统时,融进现代化的管理思想和方法。

5. 多学科交叉的边缘学科

管理信息系统作为一门新的学科,产生较晚,其理论体系尚处于发展和完善的过程中。早期的研究者从计算机学科与技术、应用数学、管理理论、决策理论、运筹学等相关学科中抽取相应的理论,构成管理信息系统的理论基础,从而形成一个有着鲜明特色的边缘学科。

第二节　物流管理信息系统的功能模块

物流业务是企业的根基业务之一。为了打好根基,建立强固的基础,物流信息系统起着重要的作用。为了得到正确的判断,就要以计算机系统处理得到的信息为基础,再通过人进行判断,建立起可提高物流业务效率的信息系统。

一、正确掌握订货信息并进行传送的功能

正确地掌握订货信息是物流信息系统的入口。订货信息是企业从外部得到的重要信息,根据订货信息能够掌握畅销商品和滞销商品,灵活地应用和分析订货信息,能够使企业得到大的发展。

(一)掌握订货信息的出库业务

首先是承担出库业务部门的人员获取从客户传来的订货信息,根据订货信息进行库存确认,并知道什么商品在什么时候出库较为合适。根据订货信息可以完全地进行出库业务的处理。

如果事先能够得到订货信息,就能够有计划地安排各阶段人员的调度、车的调度等出库业务。例如,像服装行业带有季节性的情况,事前召开订货会,提前接受预约订货并进行出库业务的负荷调整,就能够有准备地对应高峰时的业务。

(二)掌握订货信息的市场业务

有必要掌握订货信息的还有市场部门。市场部门承担着销售任务和销售目标,在掌握完成了多少任务的情况下,需要经常确认到目前为止接受订货的情况。为了掌握畅销商品和滞销商品,有必要了解接受订货情况的时间序列信息,为今后的商品计划提供参考。

(三)掌握订货信息的制造商和销售商

制造业订货信息是生产计划的基础信息。掌握了每种商品的订货状况就可以掌握市场的动向,在制定生产计划时作为主要的因素加以考虑。

在通信销售公司,应对顾客的订单全部输入之后进行库存情况的确认,当该商品的库存数量不能够满足订货数量时,就要作为缺货的状态进行处理。要对能够出库的订单和因缺货取消的订单全部进行记录,并反映在进货计划中。

二、正确掌握物的移动并进行传送的功能

物流信息系统的最基本的功能是正确掌握物的移动的功能。登录了订单、对库存进行了确认后,在仓库业务、配送业务中必须正确地掌握物品在什么地方。

(一)仓库业务中正确掌握物的移动

在仓库业务中,如果不是自动仓库的话,确认物品位置的方法是不一样的。在自动仓库的

场合,从计算机系统得到配货的指示,按照指示进行配货,首先要根据传票自动分拣,自动地进行捆包作业。在作业过程中,订单所对应的物品始终能够知道在什么位置。不是自动化仓库的情况,事先将订单采用清单一览表的形式做出配货指示书,按照配货指示书一边配货,一边在指示书上进行标记加以确认。当配货完成后,向计算机系统登录。完全像生产管理的工程管理一样,在每一个时点对物品进行确认。

根据掌握的实际情况,如订货的商品放置在仓库的什么位置,以及掌握每一个作业的进度,能够灵活地对应订货的变更和取消。方便灵活地进行订货的变更,是提高顾客服务水平的一部分。

(二)运输业务中正确掌握物的移动

最近的配送形态中,利用住宅配送、路线配送的情况越来越多。这里的问题是用什么方法能够知道订货的物品在什么地方。住宅配送、路线配送在到达目的地之前会经过若干个中继地,因此有必要用简单明了的方法表示目的地和显示住宅配送、路线配送承担着的到站名称,能够在发生误配送或不知道货物在什么地方时进行查询。

掌握物品在运送承担者内部位置的组织和管理非常重要。通常,在运送的单据上载有运送方管理用的"货物追踪号",当将货物交给承运方进行查询,就可以知道委托运送的货物到了哪里。

(三)出库业务中正确掌握物的移动

再分析以出库业务为中心的物的移动的信息。这里的问题是获取货物的管理水平和获取位置的管理水平。需要正确地掌握物的移动的信息,而没有必要掌握超过必要管理水平的物的详细移动信息。具体来讲,在仓库内的某个区域,如果没有必要管理货物移动的位置,获取这些信息反而增加了信息量,增加了数据输入的人员和时间,没有任何意义。建立系统结构的时候,非常重要的是了解现状,明确将来需要管理的内容和水平,在什么阶段的信息是有必要的,以及这些信息如何应用等,企业要根据商品的特性进行考虑并进行详细的调查和分析。

三、对顾客提供信息的功能

信息不仅是在企业内部的应用,对顾客提供信息是商业行为中最有力的武器。在信息化社会的今天,建立企业间结合的信息网络非常盛行。SIS 一词经常被引用,这一概念是作为与顾客进行信息交换的企业战略而来的,它考虑的是如何与顾客间的联系更加紧密以及建立什么样的战略结构等。对顾客所提供的信息包括到货信息、订货信息、货物追踪信息等。

(一)对零售店提供信息

明确顾客订单的到货时间,是对顾客重要的支援行动。由于零售店不存储大量库存,为了防止零售店不发生缺货,在经常掌握商品状况的情况下,对零售店提供什么时候将快销售完的商品进行供货,是对零售店的信息服务。对于消费者,零售店明确到货期,可以防止机会损失,这是供货商对其进行支持的重要因素。在消费者购物而零售店缺货的情况下,零售商就会向消费者推荐其他类似的商品。供货商建立对零售商进行到货询问的系统,就可以防止销售机会损失。

如今,大量的量贩店日益增多。量贩店的业务基本上实现了计算机系统化,继而要求与量贩店有供货业务来往的供货商能够通过计算机系统自动地接收和传送相关的业务信息。对于供货商来说,不得不建立对量贩店事前进行准备商品并随时供货的体制,这对库存的运用提出了较为困难的问题。

有必要事前对量贩店传达到货预定信息,掌握量贩店的需求。根据量贩店的订货信息进行到货信息处理,不能够马上提供的商品要明确答复到货的期限。

(二)对消费者提供信息

掌握现在的订单趋势和回答的询问是非常重要的服务,例如,在接受订货时,到货状况如果发生变化,事先就将情况进行联络,会提高与顾客的信赖关系。对顾客的询问马上能够回答也很重要。应该建立在正确地掌握订货状态及物的移动基础上的查询回答系统。在订单商品全部出库的状态时,只回答已经出库,或利用现在的货物追踪信息系统回答已经到了哪里,显然后者的服务水平更高。

(三)信息的共享

当前,信息被广泛重视,厂家和零售店共有市场信息,在特定的地区或更加广泛的地区开展了将信息进行汇总分析的销售战略。厂家从外部获得的市场信息与自身的出库信息进行汇总并进行独自的市场分析,与地区的销售状况再进行比较,明确该地区的特性,将这些信息提供给零售店,厂家和零售店共同决定对市场的战略。这样做的结果是,零售店掌握了外部和地区的状况,厂家则拉近了与零售店的距离,强化了自己的销售网络。

四、控制各计划和实施的功能

(一)计划指标的制定

企业非常希望按照计划完成预期的业务,但现实往往不能如愿。对于物流系统,管理周期的计划、执行、监督和评价同样是必要的。计划是基于企业的物流战略,以及明确阶段的实现目标,用具体的手段制定及提出明确的计划指标,并加以实施。对于销售来说,要有销售的目标和预算,为了实现预算,要制定具体的销售计划。作为衡量物流效率的标准,要设定运输、库存、搬运、捆包的指标。例如,运输方面,对专用运输的场合要设定装载率,对路线运输要设定集约率等;考察库存要决定其回转率、缺货率指标;搬运要制定平均每人的生产率;捆包要制定单位时间每人的生产率指标。这些指标的制定与实际情况作对比,是进行指标改善的重要要素。但是,为了实际制定这些指标,而没有掌握基础的资料,对物流业务制定指标则是非常困难的。

(二)基础数据的收集

对计算机系统而言,要建立对基础数据自然进行收集的机制。计划指标的制定要加入人的意志,但实际的状况还是进行日常作业进行自然的收集。例如,基本项目的出库要构筑获取“什么时候、是谁、在哪里、是什么、如何做的”作业数据的系统,在系统的设计阶段,要进行获得各个处理过程信息的设计,对系统的说明和教育培训要阐明这些信息在以后处理过程中的作用,要让操作者充分理解获取数据的重要性。

对于输入的实际信息在信息系统中储存,并做出与管理周期相吻合的分析表,物流业务人员对其进行解析后可作为下一个分析的基础。在各管理周期中,对这个周期的实际情况进行评价可能是片面的,有可能只解决了表面上的问题。另外,与过去的同周期相比较也是非常重要的,在同序列的各指标和实际情况相比较的同时,可用分析全体的发展趋势的手法进行评价。

(三)要注意二律背反的因素

物流业务是由各种各样的二律背反要素组成的,如果重点改善了某一方面,另外一方面就会不尽如人意。在计划阶段,具有二律背反关系的指标用公式表示,不是只评价其中的单一项目,而是应用二律背反的公式评价具有二律背反关系的指标。其结果是在下个过程中也要在考虑二律背反的情况下平衡各个指标。

在以上所论述的物流信息系统的功能中,要正确地掌握基本功能的订货和物的移动功能,充分认识顾客服务、物流业务的控制功能。物流信息系统是企业系统的信息入口,甚至可以说,以物流信息为基础就可以决定企业运作的方向。

第三节 物流专家系统

一、什么是物流专家系统

(一)专家系统

专家系统(expert system)是人工智能学科领域的一个重要分支,它作为典型的“知识工程”系统,既是知识表达、知识存储、知识推理、知识获取、知识管理技术的综合应用对象,也是研究和开发知识工程技术的工具。近年来,专家系统在理论研究和实际应用方面取得了令人瞩目的成就。尤其是在物流管理决策方面,取得了巨大的发展。

(二)物流专家系统

物流专家系统是一个能在物流领域内解决复杂问题并达到专家水平的计算机程序系统。它是一种具有智能特征的软件,能够处理现实世界中需要由具有物流领域专门知识和经验的专家来分析和解决的复杂问题;它利用包含有专家推理方法在内的计算模型来求解问题,其结果可以达到物流专家的工作水平。它一般是在物流专家的帮助下开发的,系统中的专门知识包括这些专家个人的经验成分。专家系统是一门综合性很强的边缘学科,它综合了计算机程序设计、人工智能、心理学、数学等多学科的研究成果。

(三)物流专家系统的构成

一个物流专家系统至少由四部分构成:知识库、推理机制、知识获取工具和人机接口。在物流专家系统中,知识库和推理机制是关键部件。

二、物流专家系统的特点

1. 知识处理。物流专家系统针对物流领域中的问题,通过对知识的解释、推理过程来行使专家的职能,完成类似专家的推理过程。虽然物流专家系统也会涉及数学计算,但更重要的是通过符号处理来解决决策过程中十分困难的问题。

2. 定性分析。物流专家系统可以同时处理不同精度的数据,解决的办法是状态概率等。运行的结果是以定性为主,辅以定量,这个结果不是一个简单的答案,而且还附有关于这个答案的解释和建议。

3. What - if 逻辑。物流专家系统求解问题时的步骤和方法并不具有确定性,但是最终能取得结果。

4. 自学习功能。物流专家系统可以把新的知识不断地加入到现有知识库,修改原有知识,具有自学习功能。

5. 数据驱动。物流专家系统是以数据驱动,而不是控制指令驱动,操作是以搜索为主而不是以计算为主。

三、物流专家系统的现实意义

从系统的特征分析看,物流专家系统重要的现实意义是:

1. 由于物流专家系统汇集了相关领域的众多专家的知识和经验,因而可以由非专家利用专家系统去完成过去只有专家才能完成的工作。

2. 物流专家系统解决的问题可以不受周围环境、时间和空间的影响。能够提高工作效率,带来巨大的经济效益。

四、物流专家系统存在的问题

目前专家系统还不能广为普及,主要是因为其存在以下一些问题:

1. 寻找好的专家、获取专家的知识较难,难以开发出令人满意的物流专家系统。

2. 开发费用昂贵,一般企业难以承受;技术条件的限制,如适用于一般用途的计算机硬、软件系统有待进一步提高。

3. 物流专家系统的可靠性、适用性要经过长时间的实践,才能做出判断。

第四节 物流决策支持系统

一、决策支持系统简介

(一)决策支持系统的定义

决策是人们在改造客观世界中为实现主观目的而进行策略或方案选择的一种行为,它必然带有决策者的大量主观因素。方案代价与后果能定量计算或方案的优劣有明确的分析比较,规则的结构化决策可较容易地借助计算机来实现,但这种情况毕竟是少数。现实世界中更多的决策问题,例如维系企业生存与发展的战略规划的制定、投资方向的选择等是无法用明确表达的规则来解决的。

有些半结构化或非结构化决策问题的解决主要依赖于决策者经验的分析与判断。因此所选的方案往往因人而异,难免不反映个人的风格和意志。DSS 的目标就是要在人的分析与判断能力的基础上借助计算机与科学方法支持决策者对半结构化和非结构化问题进行有序的决策,以获得尽可能令人满意的客观的解决方案。DSS 目标要通过所提供的功能来实现,系统的功能由系统结构所决定,不同结构的 DSS 功能不尽相同。在总体上,DSS 的功能可归纳为:

1. 管理并随时提供与决策问题有关的组织内部信息,如订单要求、库存状况、生产能力与财务报表等。

2. 收集、管理并提供与决策问题有关的组织外部信息,如政策法规、经济统计、市场行情、同行动态与科技进展等。

3. 收集、管理并提供各项决策方案执行情况的反馈信息,如订单或合同执行进程、物料供应计划落实情况、生产计划完成情况等。

4. 能以一定的方式存储和管理与决策问题有关的各种数学模型，如定价模型、库存控制模型与生产调度模型等。

5. 能够存储并提供常用的数学方法及算法，如回归分析方法、线性规划、最短路径算法等。

6. 上述数据、模型与方法能容易地修改和添加，如数据模式的变更、模型的连接或修改、各种方法的修改等。

7. 能灵活地运用模型与方法对数据进行加工、汇总、分析、预测，得出所需的综合信息与预测信息。

8. 具有方便的人机对话和图像输出功能，能满足随机的数据查询要求，回答“如果……则……”之类的问题。

9. 提供良好的数据通信功能，以保证及时收集所需数据并将加工结果传送给使用者。

10. 具有使用者能忍受的加工速度与响应时间，不影响使用者的情绪。

DSS 发展至今已有 20 多年了，有关它的定义始终存在着不同的观点，一种观点认为对一个迅速发展尚未完全成熟的领域过早地追求一个完善的定义并非明智之举，因此只要把握住这个领域的基本特征和基本构成就可以了，这样做的好处是能给该领域的扩充和改变方向提供足够的灵活性；另一种观点认为事物都处于不断发展变化之中，定义，尤其是描述性的定义也同样是可以不断修改完善的。为使从事 DSS 研究与开发人员的工作有一个大致的方向与范围，为使要了解 DSS 的人能简捷清晰地明确 DSS 到底是什么，应给出 DSS 的定义。

实际上，上述两种观点也有共同之处，那就是定义必须建立在对象基本特征与结构特征之上。

DSS 的基本特征一般可归纳为五个方面：

(1) 对准上层管理人员经常面临的结构化程度不高、说明不够充分的问题；

(2) 把模型或分析技术与传统的数据存取技术及检索技术结合起来；

(3) 易于为非计算机专业人员以交互会话的方式使用；

(4) 强调对环境及用户决策方法改变的灵活性及适应性；

(5) 支持但不是代替高层决策者制定决策。

DSS 的结构特征应包括以下五个方面：

(1) 模型库及其管理系统；

(2) 数据库及其管理系统；

(3) 方法库及其管理系统；

(4) 交互式计算机硬件及软件；

(5) 对用户友好的建模语言。

根据 DSS 应具备的功能及特征，有关的专家学者先后为 DSS 给出了多种定义，这些定义可综合为：DSS 是一种以计算机为工具，应用决策科学及有关学科的理论与方法，以人机交互方式辅助决策者解决半结构化和非结构化决策问题的信息系统。

从以上关于 DSS 功能及特征的描述及定义中，我们能较全面地认识到，DSS 就是要组织与管理好所有能供决策使用的数据或信息、计算模型、分析方法与判断规则，在决策者与机器的交互过程中针对不同的问题通过各种数据、模型与方法的组合作用来引导决策者完成一系列的判断而获得问题的解决。以下的例子简单地说明了 DSS 的运作过程。

有一制造厂为决定它的生产规模和合适的库存量,建立一个决策支持系统,它的模型库由生产计划、库存模拟模型(如预测、库存控制模型)等组成。在数据库中存有历年销售量、资金流动情况、成本等原始数。决策者通过计算机终端屏幕,根据 DSS 提供最佳订货量和重新订货时间,以及相应的生产成本、库存成本等信息,进行"如果……将会怎样?"的询问,对所提方案进行灵敏度分析,或者以新的参数进行模拟而得到一个新的方案。决策支持系统并不强调寻找最优解,也不意味着提供最后结果,而是为决策者做出自己的判断提供支持,由决策者在一系列选择中,综合其他不适宜进入模型的因素,得出最后的合理的决策方案。

(二)决策支持系统的构成和结构

DSS 的概念结构由会话系统、控制系统、运行及操作系统、数据库系统、模型库系统、规则库系统和用户共同构成。最简单和实用的三库 DSS 逻辑结构(数据库、模型库、规则库)如图 3.4.1 所示。

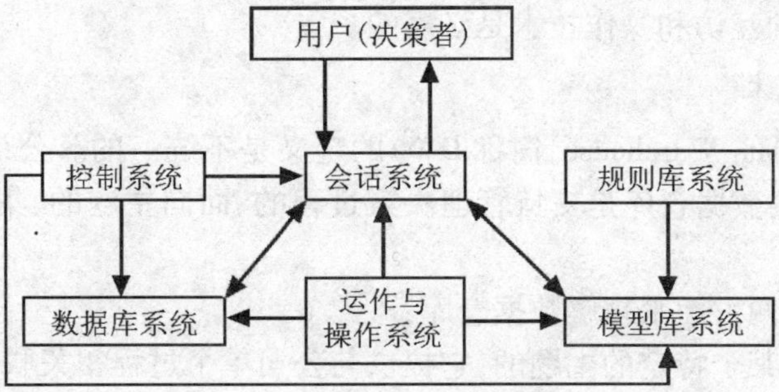

图 3.4.1　DSS 三库逻辑结构图

DSS 运行过程可以简单描述为:用户通过会话系统输入要解决的决策问题,会话系统把输入的问题信息传递给问题处理系统,然后问题处理系统开始收集数据信息,并根据知识机中已有的知识,来判断和识别问题,如果出现问题,系统即通过会话系统与用户进行交互对话,直到问题得到明确;然后系统开始搜寻问题解决的模型,通过计算推理得出方案可行性的分析结果,最终将决策信息提供给用户。

DSS 的技术构成包括:

1. 接口部分,也就是输入输出的界面,是人机进行交互的窗口。

2. 模型管理部分,系统要根据用户提出的问题调出系统中已有的基本模型,模型管理部分应当具有存储、动态建模的功能。目前模型管理的实现是通过模型库系统来完成的。

3. 知识管理部分,集中管理决策问题领域的知识(规则和事实),包括知识的获取、表达、管理等功能。

4. 数据库部分,管理和存储与决策问题领域有关的数据。

5. 推理部分,识别并解答用户提出的问题,分为确定性推理和不确定性推理两大类。

6. 分析比较部分,对方案、模型和运行结果进行综合分析比较,得出用户最满意的方案。

7. 问题处理部分,根据交互式会话识别用户提出的问题,构造出求解问题的模型和方案,并匹配算法、变量和数据等,运行求解系统。

8. 控制部分,连接协调系统各个部分,规定和控制各部分的运行程序,维护和保护系统。此外,技术构成还包括咨询部分、模拟部分、优化部分等。

二、决策支持系统实现的技术支撑

DSS 的解决方案需要以数据库(DB)和数据仓库(DW)为基础,但还需要相应的技术和工具的支持,这就是联机分析(OLAP)技术和数据挖掘(DM)技术。从目前的技术发展而言,DB + DW + OLAP + DM 是最佳的可行方案。DB 用来存储和管理事务级的原始数据;DW 用于数据的抽取、转换、集成、综合和重新组织,并以其全局数据视图的形式存入数据仓库中;OLAP 集中于数据的分析;DM 则致力于知识的自动发现。下面将详细介绍这些技术。

(一)数据库技术

对于所采用的数据库,首先要保证有高性能的数据库引擎,优良的查询优化机制,以满足联机分析的需要。其次,由于数据仓库中的数据量通常较大,而并行数据库技术提供了存储和管理超大型数据库,并对其进行复杂查询处理的有效技术,因此需要采用并行数据库技术。再者,数据仓库中的数据来自多种渠道的多个数据库,而这些数据库不可能都是同一种类型。因此,异构数据源之间的互访和操作技术是必需的。

(二)数据仓库技术

目前数据仓库(Data Warehouse,简称 DW)的定义是不统一的。公认的数据仓库之父 W. H. Inmon 将其定义为:数据仓库是支持管理决策过程的、面向主题的、集成的、随时间而变的、持久的数据集合。

我们重点可以从两方面来理解数据仓库:

数据仓库是面向某个特定的主题的,它提供与公司单个过程相关联的数据,如通信公司客户主题的构造将为客户提供关于该客户所购买的全部服务的信息,使得通信公司可以根据客户的统计资料和以前的消费趋势,对当前客户推销新的产品,否则针对客户的多个不同服务都由来自不同部门分别负责进行,每个部门具有自己的运行系统,记录客户应付款、应收款和服务条款,而没有一个数据包含关于客户的所有信息。

数据仓库具有一定的集成性,它可以将来源广泛的数据(如来自于普通文件、关系数据库、网络数据库、各个网络站点的信息)进行移植,去掉原系统的编码、数据类型和其他特征存储到数据仓库中。同时,数据仓库中记录了企业从过去某一时点到目前的各个阶段的信息,通过这些信息可以对企业的发展历程和未来趋势做出定量的分析和预测。

由于数据仓库的工作范围和成本常常是巨大的,信息技术部门必须针对所有的用户并以整个企业的视角对待任何一次决策分析,这样就形成了代价很高、时间较长的大项目。因此,更具有紧凑集成特点的、拥有完整图形接口而且价格更具吸引力的工具——数据集市(Data Marts)应运而生。目前全世界对数据仓库总投资的一半以上均集中在数据集市上。数据集市是一种更小、更集中的数据仓库,它主要是针对某个具有战略意义的应用或具体部门级的应用,它支持客户利用已有的数据获得重要的竞争优势或找到进入新市场的解决方案,是为企业提供商业数据分析的一条廉价途径。

(三)联机分析技术

联机分析技术(Online Analytical Process,OLAP)是一种在线数据分析技术。OLAP 力图处理数据仓库中浩如烟海的数据,并将之转化为用户所理解的有用的信息,从而实现对数据的归纳、分析和处理,帮助企业满足决策支持或对多位环境特定的查询和报表需求。OLAP 是一种验证型的分析工具，自上而下不断深入，对于用户提出的问题和假设，OLAP 将进行反复递归的多维分析，提取可视化的详细信息。它就像一个透镜，分析人员和决策人员可通过它来看数据仓库，而无需具备计算机专业知识，更不必是数据库方面的专家。

基于数据仓库中的数据模型，使用 OLAP 可以方便地对数据进行多维分析，具体采用的分析方法主要有以下几种：

逐层细化分析方法（drill - down），是从一般到特殊的分析过程。例如，从时间的“月”属性所反映的访问次数数据分析而得到按“日”属性进一步细分的访问次数。

汇总分析方法（drill - up），是从特殊到一般的分析过程。例如，用户维的域属性中包含有域类型信息，取出每天访问的次数数据，便可分析出每天有哪些国家、有多少用户访问。

切片分析方法（slice），是在多维数组的某一维上选定一维成员，得到一个多维数组的子集，然后再统计。如令域类型为. edu，然后进行切片，所得到的变量值反映了教育系统访问的次数。

切块分析方法（dice），是在多维数组的某一维上选定某一区间的维成员后所得到的结果。例如，将时间维上的取值设定为“2001 年 1 月至 2001 年 7 月的七个切片”。

（四）数据挖掘技术

数据挖掘技术（Data Mining，简称 DM），比较公认的定义是由 W. J. Frawley、G. Piatetsky - Shapiro 等人提出的：数据挖掘是从大型数据库的数据中提取人们感兴趣知识的过程。更广义来说，数据挖掘意味着在一些事实或观察数据的集合中寻找内在联系的决策支持过程。数据挖掘过程一般由数据准备、挖掘、结果表达和解释等三个主要阶段组成。

数据准备，主要是合并处理数据库或其他文件中数据，解释数据的语义模糊性、处理数据中的遗漏和清理数据等，为下一步操作做准备。

数据挖掘，主要是依靠各种数据挖掘技术将数据库中的数据进行智能处理，使其转化为有用的知识。数据挖掘技术基础是人工智能等已经成熟的算法和技术，具体包括人工神经网络、遗传算法、决策树、邻近探索方法、规则推理、模糊算法等。数据挖掘技术一般分为关联分析规则、分类分析规则、聚类分析规则、序列模式分析、趋势分析、异常分析等。其中关联分析是常用的方法，它是指挖掘出隐藏在数据间的相互关系；序列模式分析则侧重于挖掘数据的前后时间顺序关系；聚类分析，根据一定的规则合理地划分数据；分类分析，是聚类的逆过程。

结果表达和解释，主要是根据最终用户的决策目的对提取的知识进行分析、过滤，得出最有价值的知识内容供决策者使用。

数据挖掘的典型例子就是啤酒与尿布的故事。故事说有个叫 WalMart 的业主开办了好几个商店，为便于管理决策，它建立了一个 WalMart 数据仓库，里面集中了各个商店一年多详细的原始交易数据。在这些原始交易数据的基础上，WalMart 利用自动数据挖掘工具（模式识别软件）进行分析和挖掘，具体对商品进行市场购买分析（Marketing Basket Analysis），即分析哪些商品顾客最有可能一起购买。一个意外的发现就是：跟尿布一起购买最多的商品竟是啤酒！按常规思维，尿布与啤酒风马牛不相及，若不是借助于数据仓库系统，商家决不可能发现隐藏在背后的事实：原来美国的太太们常叮嘱她们的丈夫下班后为小孩买尿布，而丈夫们在买尿布后又随手带回了两瓶啤酒。既然尿布与啤酒一起购买的机会最多，WalMart 就在它的一个个商店里将它们并排摆放在一起，结果是尿布与啤酒的销售量双双增长。由于这个故事的传奇性和出人意料，所以它一直被业界和商界所传诵。

长期来,信息系统的研究者以及技术人员不断研究和构建,使决策支持系统(DSS)不断得以发展。DSS 的大致发展历程是:20 世纪 60 年代后期,面向模型的 DSS 的诞生,标志着决策支持系统这门学科的开端;70 年代,DSS 的理论得到长足发展;80 年代前期和中期,实现了金融规划系统 以及群体决策支持系统(Group DSS)。80 年代中期,通过将 DDS 与知识系统相结合,人们提出并实现了 智能决策支持系统(IDSS)(参考:史忠植: 知识工程)。文献表明,在那以后开始出现了主管信息系统, 联机分析处理(OLAP)以及商业智能。90 年代中期,发展基于 Web 的 DSS 成为了活跃的研究领域,并产生 了广泛的影响。

三、决策支持系统的分类

(一)数据驱动的 DSS

数据驱动的 DSS 是 DSS 的一种,强调以时间序列访问和操纵公司的内部数据,也有时是外部数据。通过查询和检索进行访问的简单的文件系统提供了最基本的功能。数据仓库系统提供另外一些功能。数据仓库系统允许采用应用于特定任务或设置的特制的计算工具或者较为通用的工具来对数据进行操纵。结合了联机分析处理(OLAP)的数据驱动 DSS 提供最高级的功能和决策支持,并且此类决策支持是基于大规模历史数据分析的。主管信息系统(EIS)以及地理信息系统(GIS)属于专用的数据驱动 DSS。

(二)模型驱动的 DSS

模型驱动的 DSS 强调对于模型的访问和操纵,比如, 统计模型、金融模型、优化模型和/或仿真模型。简单的统计和分析工具提供最基本的功能。一些允许复杂的数据分析的联机分析处理系统(OLAP)可以分类为混合 DSS 系统,并且提供模型和数据的检索, 以及数据摘要功能。一般来说,模型驱动的 DSS 综合运用金融模型、仿真模型、优化模型或者多规格模型来提供决策支持。模型驱动的 DSS 利用决策者提供的数据和参数来辅助决策者对于某种状况进行分析。模型驱动的 DSS 通常不是数据密集型的,也就是说,模型驱动的 DSS 通常不需要很大规模的数据库。模型驱动的 DSS 的早期版本被称作面向计算的 DSS, Bonczek, Holsapple 以及 Whinston (1981)。这类系统也称为面向模型或基于模型的决策支持系统。

(三)知识驱动的 DSS

知识驱动的 DSS 可以就采取何种行动向管理者提出建议或推荐。这类 DSS 是具有解决问题的专门知识的人—机系统。“专门知识”包括理解特定领域问题的“知识”,以及解决这些问题的“技能”。与之相关的一个概念是数据挖掘———一类在数据库中搜寻隐藏模式的用于分析的应用程序。数据挖掘通过对大量数据进行筛选,以产生数据内容之间的关联。构建知识驱动的 DSS 的工具有时也称为智能决策支持方法(参见,史忠植,1988,Dhar 和 Stein, 1997)。

(四)基于 Web 的 DSS

基于 Web 的 DSS 通过“瘦客户端”Web 浏览器向管理者或商情分析者提供决策支持信息或者决策支持工具,浏览器包括可以访问全球网或公司内部网的诸如 Netscape Navigator 或者 Internet Explorer。运行 DSS 应用程序的服务器通过 TCP/IP 协议与用户计算机建立网络连接。基于 Web 的 DSS 可以是通讯驱动、数据驱动、文件驱动、知识驱动、模型驱动, 或者混合类型。Web 技术可用以实现任何种类和类型的 DSS。“基于 Web”意味着全部的应用均采用 Web 技术实现。“Web 启动”意味着应用程序的关键部分,比如数据库,保存在遗留系统中,而应用程序可以通过基于 Web 的组件 进行访问,并通过浏览器显示。

(五)基于仿真的 DSS

基于仿真的 DSS 可以提供决策支持信息和决策支持工具,以帮助管理者分析通过仿真形成的半结构化问题。这些种类的系统全部称为决策支持系统。DSS 可以支持行动,金融管理,以及战略决策。包括优化以及仿真等许多种类的模型均可应用于 DSS。

(六)基于 GIS 的 DSS

基于 GIS(地理信息系统)的 DSS 通过 GIS 向管理者或商情分析者提供决策支持信息或决策支持工具。通用目标 GIS 工具是诸如 ARC/INFO, MAPInfo 以及 ArcView 这样一些程序,具有广泛的功能,但对于那些不熟悉 GIS 以及地图概念的用户来说,比较难于掌握。特殊目标 GIS 工具是由 GIS 程序设计者编写的程序,以易用程序包的形式向用户组提供特殊功能。以前,特殊目标 GIS 工具主要采用宏语言编写。这种提供特殊目标 GIS 工具的方法要求每个用户都拥有一份主程序(ARC/INFO 或者 ArcView)的拷贝用以运行宏语言应用程序。现在,GIS 程序设计者拥有较从前丰富得多的工具集来进行应用程序开发。程序设计库拥有交互映射以及空间分析功能的类,从而使得采用工业标准程序设计语言来开发特殊目标 GIS 工具成为可能,这类程序设计语言可以独立于主程序进行编译和运行(单机)。同时,Internet 开发工具已经走向成熟,能够开发出相当复杂的基于 GIS 的程序让用户通过 World Wide Web 进行使用。

(七)通信驱动的 DSS

通信驱动 DSS 强调通信、协作以及共享决策支持。简单的公告板或者线程电子邮件就是最基本的功能。组件比较 FAQ (常见问题解答)定义诸如"构建共享交互式环境的软、硬件",目的是支撑和扩大群体的行为。组件是一个更广泛的概念——协作计算的子集。通信驱动 DSS 能够使两个或者更多的人互相通讯,共享信息,以及协调他们的行为。群体决策支持系统或称 GDSS 是一种混合型的 DSS,允许多个用户使用不同的软件工具在工作组内协调工作。群体支持工具的例子有:音频会议、公告板和网络会议、文件共享、电子邮件、计算机支持的面对面会议软件,以及交互电视。

实验实训:实际操作某物流管理信息系统平台。

教学建议:结合具体的物流关系信息系统平台进行教学。

※ 思考题

1. 什么是信息?什么是信息系统?
2. 什么是管理信息系统?
3. 简述管理信息系统的特点。
4. 物流管理信息系统的功能有哪些?
5. 什么是专家系统?其特点有哪些?
6. 什么是决策支持系统?
7. 决策支持系统的分类有哪些?

案例讨论：

某公司的 BPCS 系统结构

BPCS(Business Planning & Control System)软件是集制造、购销、财务和决策支持于一体的集成化软件系统，在 IBM AS/400 小型机系统上运行，近年来也有微机版本面世。BPCS 采纳了当今最先进的软件设计思想，如关系数据库理论等，具有典型的集成化系统的特征。BPCS 灵活的用户化功能可以允许用户自行定义各种不同的报表和事务处理方式，其特点为：

(1)柔性——可适用于各种生产方式。

(2)易用——新颖的软件设计思想，用户易于掌握和使用。

(3)第四代语言——使用户对数据库的操作有很大灵活性。

(4)完整性——几乎可满足企业全部业务需求。

BPCS 充分运用计算机集成制造技术支持整个企业的集成，包括从车间生产计划到 CAD 等，还支持 JIT 等先进的制造和管理技术。BPCS 主要功能模块有：

· 主生产计划
· 客户订单管理
· 制造数据管理
· 成本会计
· 物料需求计划
· CIMS 接口
· 能力需求计划
· 分销资源计划
· 库存管理
· 对账及销售分析
· 采购管理
· 总账
· 车间作业控制
· 应收账
· 预测
· 应付账

各模块之间的联系如下图所示：

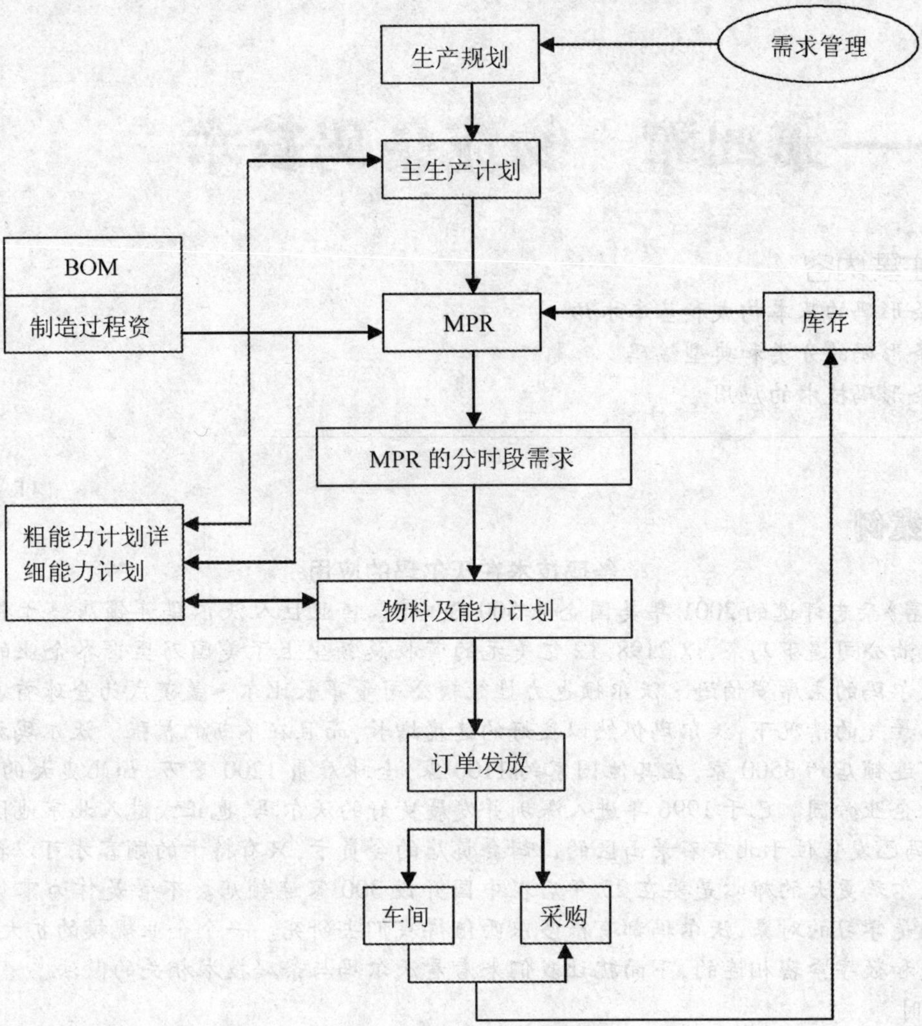

BPCS/MPR Ⅱ的系统结构图

案例讨论问题：

1. 试结合本章知识分析 BPCS 软件的功能特点。
2. 讨论该软件的功能是否具有需要完善之处。

参考资料：

1. 牛东来编著:《现代物流信息系统》,清华大学出版社,2004 年 9 月
2. 林自葵编著:《物流信息管理》,清华大学出版社,2006 年 3 月
3. 苏春玲编著:《现代物流信息技术》,机械工业出版社,2006 年 6 月
4. 刘小卉主编:《物流管理信息系统》,清华大学出版社,2000 年 3 月

◆——第四章 物流条码技术

＊本章主要内容

- 条形码的基本构成和基本术语
- 条形码的分类和典型编码
- 条形码技术的应用

＊导入案例

条码技术在沃尔玛的应用

《财富》杂志评选的2001年美国企业500强中，零售业巨人沃尔玛连锁店终于将埃克森·美孚石油公司逼下马来，以2198.12亿美元的营收总额坐上了美国乃至世界企业的龙头宝座。而沃尔玛的主席罗伯逊·沃尔顿也力挫微软公司董事长比尔·盖茨成为全球首富。在全球经济不景气的情况下，沃尔玛仍然以良好的速度增长，而且在不断的扩张。沃尔玛旗下在美国已拥有连锁店约3500家，在其他国家约1100家，全球雇员1200多万，如此庞大的队伍，确实称得上企业帝国。已于1996年进入深圳并发展良好的沃尔玛，也正式进入北京地区。据报道，沃尔玛已发售位于北京石景山区的山姆会员店的会员卡，只有持卡的顾客才可以在这里购物。而沃尔玛更大的雄心是要在25年后在中国开设300家连锁店。不管是作为零售业的竞争对手还是学习的对象，沃尔玛都有很多东西值得我们去研究。一个企业规模的扩大、利润的增长都是和数字紧密相连的，下面就让我们来看看沃尔玛与条码技术相关的做法。

1小时

沃尔玛在全球的4000多家门店通过它的网络可在1小时之内对每种商品的库存、上架、销售量全部盘点一遍。

整个公司的计算机网络配置在1977年完成，可处理工资发放、顾客信息和订货——发货——送货，并达成了公司总部与各分店及配送中心之间的快速直接通信。1979年，位于本顿威尔总部的第一个数据处理和通信中心建成，虽然面积只有1500平方米，但在整个公司实现了计算机网络化和24小时连续通信。先进的电子通信系统也让沃尔玛占尽了先机。曾有一个说法是，沃尔玛的电子信息系统是全美最大的民用系统，甚至超过了电信业巨头美国电报电话公司。在沃尔玛本顿威尔总部的信息中心，1.2万平方米的空间装满了电脑，仅服务器就有200多个。在公司的卫星通信室里看上一两分钟，就可以了解一天的销售情况，可以查到当天信用卡入账的总金额，可以查到任何区域或任何商店、任何商品的销售数量，并为每一商品保存长达65周的库存记录。1981年，沃尔玛开始试验利用商品条码和电子扫描器实现存货自动控制。在利用商品条码上，沃尔玛凭借自己的计算机网络通信系统又走在了其他零售商前面。采用商品条码可代替大量手工劳动，不仅缩短了顾客结账时间，更便于利用计算机跟踪商品从进货到库存、配货、送货、上架、售出的全过程。据沃尔玛方面说，在对商品的整个处置过程中总计节约了60%的人工。

7 亿美元

到20世纪90年代初，沃尔玛在电脑和卫星通信系统上就已经投资了7亿美元，而它不过是一家纯利润只有2% ~3%的折扣百货零售公司。

1983年，沃尔玛与休斯公司合作的花费2400万美元的人造卫星发射升空。

到20世纪80年代末期，沃尔玛配送中心的运行完全实现了自动化。每个配送中心约10万平方米。每种商品都有条码，由十几公里长的传送带传送商品，由激光扫描器和电脑追踪每件商品的储存位置及运送情况。到90年代，整个公司销售8万种商品，85%由这些配送中心供应，而竞争对手只有大约50% ~65%的商品集中配送。沃尔玛的送货车队也可能是美国最大的，沃尔玛通常为每家分店的送货频率是每天一次，而凯玛特平均5天一次。

沃尔玛成为零售业典范，其中条形码技术功不可没。

第一节　条码技术概述

物流的快速发展，敦促物流技术不断更新，成千上万的商品信息输入和识别成为物流过程中不得不面对的难题，而传统的人工录入方式严重制约了物流环节效率的提高，人工录入有着诸多的缺点，输入速度慢、容易产生错误，而且工作强度大，人极易产生疲劳。于是人们想方设法去改变这一困境，这就促使自动识别技术成为物流过程中不可缺少的一项技术。

所谓自动识别技术就是信息数据自动识别、自动输入计算机的重要方法和手段，它是以计算机技术和通信技术的发展为基础的综合性科学技术。自动识别技术近几十年在全球范围内得到了迅猛发展，初步形成了一个包括条码技术、磁条（卡）技术、光学字符识别、系统集成化、射频技术、声音识别及视觉识别等集计算机、光、机电、通信技术为一体的高新技术学科。

而众多的自动识别技术中首推条码技术，不但大幅度提高了物流中处理信息的能力，而且它同时具备很多优点，如：输入速度快、准确率高、成本低、可靠性强等。目前条形码技术已经在物流行业里广泛应用，并且其自身也在朝着大信息量、多维化、高译码率方向发展。

一、条码技术的产生和发展

条形码最早出现在20世纪40年代，但是得到实际应用和发展还是在70年代左右。现在世界上的各个国家和地区都已经普遍使用条形码技术，而且它正在快速地向世界各地推广，其应用领域越来越广泛，并逐步渗透到许多技术领域。早在20世纪40年代，美国乔·伍德兰德（Joe Wood Land）和伯尼·西尔沃（Berny Silver）两位工程师就开始研究用代码表示食品项目及相应的自动识别设备，于1949年获得了美国专利。该种代码的图案如图4.1.1中（A）所示。

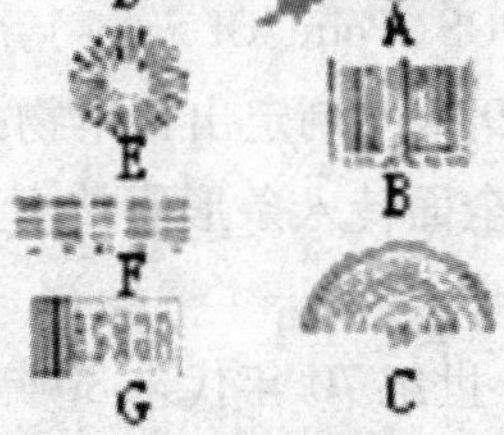

图4.1.1　早期的条码

该图案很像微型射箭靶，被叫做“公牛眼”代码。靶式的同心圆是由圆条和空绘成圆环形。在原理上，“公牛眼”代码与后来的条形码很相近，遗憾的是当时的工艺和商品经济还没有能力印制出这种码。然而，20 年后乔·伍德兰德作为 IBM 公司的工程师成为北美统一代码 UPC 码(Universal Product Code：通用产品代码)的奠基人。以吉拉德·费伊塞尔(Girard Fessel)为代表的几名发明家，于 1959 年提请了一项专利，描述了数字 0～9 中每个数字可由七段平行条组成。但是这种码使机器难以识读，使人读起来也不方便。不过这一构想的确促进了后来条形码的产生与发展。不久，E. F. 布宁克(E. F. Brinker)申请了另一项专利，该专利是将条形码标识在有轨电车上。60 年代后期西尔沃尼亚(Sylvania)发明的一个系统，被北美铁路系统采纳。这两项可以说是条形码技术最早期的应用。

1970 年美国超级市场 Ad Hoc 委员会制定出通用商品代码 UPC 码，许多团体也提出了各种条形码符号方案，如图 4.1.1 中(B)、(C)、(D)、(E)、(F)、(G)。UPC 码首先在杂货零售业中试用，这为以后条形码的统一和广泛采用奠定了基础。次年布莱西公司研制出布莱西码及相应的自动识别系统，用以库存验算。这是条形码技术第一次在仓库管理系统中的实际应用。1972 年蒙那奇·马金(Monarch Marking)等人研制出库德巴(Code bar)码，到此美国的条形码技术进入新的发展阶段。

1973 年美国统一编码协会(简称 UCC：Uniform Code Council)建立了 UPC 条形码系统，实现了该码制标准化。同年，食品杂货业把 UPC 码作为该行业的通用标准码制，为条形码技术在商业流通销售领域里的广泛应用，起到了积极的推动作用。

1974 年 Intermec 公司的戴维·阿利尔(Davide Allair)博士研制出 39 码，很快被美国国防部所采纳，作为军用条形码码制。39 码是第一个字母、数字式的条形码，后来广泛应用于工业领域。

1976 年在美国和加拿大超级市场上，UPC 码的成功应用给人们以很大的鼓舞，尤其是欧洲人对此产生了极大兴趣。次年，欧洲共同体在 UPC－A 码基础上制定出欧洲物品编码 EAN－13 和 EAN－8 码，签署了“欧洲物品编码”协议备忘录，并正式成立了欧洲物品编码协会(简称 EAN)。到了 1981 年由于 EAN 已经发展成为一个国际性组织，故改名为“国际物品编码协会”，简称 IAN。但由于历史原因和习惯，至今仍称为 EAN。EAN 为世界各国提供了一个惟一的编码体系和标识方法，为世界各国贸易交换统一了形式，从而大大促进了各国之间的贸易往来，为电子订货 EOS(Electronic Ordering System)和电子数据交换 EDI(Electronic Data Interchange)提供了标准化、国际通用的统一标识。

在亚洲，几乎所有国家和地区都成立了物品编码协会(或物品编码中心)，并参加了 EAN 国际物品编码协会，加入了 EAN 系统。

日本从 1974 年开始着手建立 POS(Point Of Sales)系统，研究标准化以及信息输入方式、印制技术等，并在 EAN 基础上，于 1978 年制定出日本物品编码 JAN。同年加入了国际物品编码协会，开始进行厂家登记注册，并全面转入条形码技术及其系列产品的开发工作，10 年之后成为 EAN 最大的用户。

中国条形码技术的研究始于 20 世纪 70 年代末 80 年代初，到 80 年代中期，一些行业如图书、邮电、物资管理部门和外贸部门已开始使用条码技术。条形码应用系统是 80 年代末建立的，1988 年 12 月 28 日，经国务院批准，国家技术监督局成立了“中国物品编码中心”，并于 1991 年 4 月 19 日正式加入国际物品编码协会，国际物品编码协会分配给中国的前缀码为“690，691，692”。许多企业因此获得了条形码标记的使用权，使中国的大量商品打入了国际市场，给企业带了丰厚的经济效益，缓解了因中国商品没有条码而导致外商拒绝订货、外商以商品上没有条码为由要求更换包装肆意压价引起的纠纷。

此外，中国香港 1989 年 11 月成立了货品编码协会，加入了 EAN，有会员 300 家；韩国 1988 年 7 月成立协会，加入 EAN，有会员企业 170 多家；马来西亚 1988 年成立协会，有会员 140 多家；新加坡有会员 200 多家；泰国有会员 70 多家。

如今经济全球化、信息网络化、贸易自由化，以及大型电子商务的崛起已经成为必然趋势，条码技术已经是世界流通领域里的必不可少的应用手段之一。有未来学家更愿意把条码当为一种可印制的计算机语言，并称之为“计算机文化”。商品在贸易和物流中，要想顺利而快速地完成运输、装载、配送、库存，有效的方法之一就是使用条形码，不仅能使商品信息快速完成录入也能使商品货物信息快速地被检索出来，大大提高了物流效率，节约了物流的成本。于是印刷在商品外包装上的条码，像一条条经济信息纽带将世界各地的生产制造商、出口商、批发商、零售商和顾客有机地联系在一起。这一条条纽带，一经与计算机网络系统相联，便形成高效而便捷的信息网，各种商品的相关信息从而顺利地进入各个物流环节，因此加速了经济的全球化发展。

二、条码的基本构成和基本术语

根据我国物品编码中心制定的中国条码标准《GB/T12905－2001：条码术语》，条码是“由一组规则排列的条、空及其对应字符组成的标记，用以表示一定的信息。”

“条”指在条形码中，对光线发射率较低的元素；“空”指在条形码中，对光线反射率较高的元素。这些条和空组成的标记表达物品的各种信息，如名称、单价、厂商和规格等，并能通过条形码阅读器进行识别，通过其转换成计算机可以处理的二进制和十进制信息。

（一）基本构成

一个完整的条形码符号是由两侧静区、起始字符、数据字符、校验字符（可选）和终止字符组成。图 4.1.2 给出了一个条形码符号的完整构成。

图 4.1.2 条形码的基本构成

静区:没有任何印刷符号或条形码信息,它通常是白的(即反射率较高的部分,有的条形码为了美观可以是其他颜色,但反射率必须较高),位于条形码符号的两侧。静区的作用是提示阅读器即扫描器准备扫描条形码符号。

起始字符:条形码符号的第一位字符是起始字符,它的特殊条、空结构用于识别一个条形码符号的开始。阅读器首先确认此字符的存在,然后处理由扫描器获得的一系列脉冲。

数据字符:由条形码字符组成,用于代表一定的原始数据信息。

终止字符:条形码符号的最后一位字符是终止字符,它的特殊条、空结构用于识别一个条形码符号的结束。阅读器识别终止字符,便可知道条形码符号已扫描完毕。若条形码符号有效,阅读器就向计算机传送数据字符并向操作者提供"有效读入"的反馈。终止字符的使用,避免了不完整信息的输入。在采集条码信息遇到校验字符时,终止字符还指示阅读器对数据字符实施校验计算。

起始字符、终止字符的条、空结构通常是不对称的二进制序列。这一非对称允许扫描器进行双向扫描。当条形码符号被反向扫描时,阅读器会在进行校验计算和传送信息前把条形码各字符重新排列成正确的顺序。

校验字符:在条形码制中定义了校验字符。有些码制的校验字符是必需的,有些码制的校验字符则是可选的。校验字符是通过对数据字符进行一种算术运算而确定的。当符号中的各字符被解码时,译码器将对其进行同一种算术运算,并将结果与校验字符比较。若两者一致时,提示读入的信息正确有效。

(二)基本术语

条码常用的基本术语通常有下列这些,现一一说明:

条形码的符号:由静区和一组条形码按符号组合起来,用以表示一个完整数据的符号。通常,将人可识别的字符注在条形码符号的下面。

条形码元素:用以表示条形码的条和空,简称为元素。

条形码字符:用以表示一个数字、字母及特殊符号的一组条形码元素。

条形码字符间隔:相邻条码字符间不表示特定信息且与空的反射率相同的区域。

条高:垂直于条形码宽度方向的条的高度尺寸。

条宽:在条形码符号中,条的宽度尺寸。

单位元素宽度:在条形码符号中,窄元素的标准宽度为单位元素宽度,用字母"X"表示,若为一倍单位元素宽度则表示为1X,若为3倍,则表示为3X。

两种元素宽条形码:在条形码字符中,如果元素的宽度只有两种,即宽元素和窄元素,则称此种码制为两种元素宽条形码。

多种元素宽条形码:在条形码字符中,如果元素的宽度有三种或三种以上,则称此种码制为多种元素宽条形码。

条形码逻辑值:对于两种元素宽条形码,宽元素的逻辑值为1,窄元素的逻辑值为0;对于多种元素的宽条形码,若单位元素宽度上是条,则逻辑值为1,若单位元素宽度上是空,则逻辑值为0。

连续码型、离散型条形码:在条形码符号中,如果两个相邻条形码字符之间存在条形码字符间隔,则称此种码制为离散型条形码,否则称为连续型条形码。

长度固定、长度可变条形码,在条形码符号中,如果符号所包含的条形码字符的个数是固定的,则称此种码制是长度固定条形码,否则称为长度可变条形码。

自校验条形码:如果一个印刷错误不引起一个字符被译成此码制中另一个字符,则称此种码制为自校验条形码。

(n,k)码:具有多种元素宽度的连续型条形码,又叫做(n,k)码。n指条形码字符中所含单位元素宽度的个数,k指一个字符中条或空的个数。

条形码符号密度:是指单位长度中所能表示的条形码字符的个数。

条形码字符集:条形码字符集是指条形码制中所给定的数据字符的范围。在各种条形码码制中,字符集主要有两种,一种是数字式字符集,它包含数字0~9及一些特殊字符;另一种是字母、数字式字符集,它包含数字0~9、字母A~z及一些特殊字符。

污点:空、静区以及条形码字符间隔中出现的与条的反射率相近的点。

疵点:条中出现的与空的反射率相近的点。

对比度:条形码符号空的反射率和条的反射率之差与空的反射率的比值,用符号PCS表示,通常这个值在印刷时是控制在75%以上。

三、条码自动识别技术

(一)含义

条码技术是在计算机的应用实践中产生和发展起来的一种自动识别技术。它通常是研究如何将计算机所需要的数据用条码符号表示出来,即条码的符号技术、印制技术;如何将条码符号所表示的数据转变成计算机可自动采集的数据,即条码识别技术。要制作条码符号,首先要有编码规则,然后采用多种印刷方法或专用的条码印刷机印刷出条码。要阅读条码符号所含的数据,需要一个扫描装置和译码装置。当扫描器扫过条码符号时,根据光电转换原理,条和空的宽度就变成了电流波,被译码器译出,转换成计算机可读数据。

1. 符号技术

符号技术主要研究各种码制条码的编码规则、特点及应用范围;条码符号的设计及制作;条码符号印刷质量的控制等。只有按规则编码,符合质量要求的条码符号才能最终被识读器识别。

2. 识别技术

识别技术主要由条码扫描和译码两部分构成:扫描是利用光束扫读条码符号,将光信号转换为电信号,这部分功能由扫描器完成。译码是将扫描器获得的电信号按一定的规则翻译成相应的数据代码,然后输入计算机(或存储器),这个过程由译码器完成。

3. 条码应用系统设计

条码应用系统由条码、识读设备、计算机及通信系统组成。应用范围不同,条码应用系统的配置不同。一般来讲,条码应用系统的应用效果主要取决于系统的设计。系统设计主要考虑条码设计、符号印制和识读设备选择3个因素。

由此可见,条码技术是光电技术、通信技术、计算机技术和印刷技术相结合的产物。条码技术是实现快速、准确而可靠地采集数据的有效手段,为高效的物流管理提供了有力的技术保障。

(二)特点

1. 输入速度快。与键盘输入相比,条码输入的速度是键盘输入的5倍,并且能实现“即时数据输入”。

2. 可靠性高。键盘输入数据出错率为三百分之一,利用光学字符识别技术出错率为万分之一,而采用条码技术误码率低于百万分之一。

3. 采集信息量大。利用传统的一维条码一次可采集几十位字符的信息,二维条码可以携带数千个字符的信息,并有一定的自动纠错能力。

4. 灵活实用。条码标识既可以作为一种识别手段单独使用,也可以与有关识别设备组成一个系统实现自动化识别,还可以和其他控制设备连接起来实现自动化管理。

5. 条码标签易于制作,对设备和材料没有特殊要求。

6. 识读设备操作简便,不需要特殊培训,且设备也相对便宜。

7. 缺点是数据不能更改,不可用肉眼直接阅读。

(三)与其他自动识别技术对比

在信息输入技术中,采用的自动识别技术种类很多,如磁条(卡)技术、声音识别技术、视觉识别、射频识别技术(RF/ID)、便携式数据终端和射频通信(RF/DC)、智能卡(Smart Card)等。我们可以把条码与其他自动识别技术做个简单比较:

条码、OCR(光学字符识别)和MICR(磁性墨水)都是一种与印刷相关的自动识别技术。OCR的优点是人眼可读、可扫描,但输入速度和可靠性不如条码,数据格式有限,通常要用接触式扫描器;MICR是银行界用于支票的专用技术,在特定的领域中应用,成本高,接触识读,可靠性高。

磁条技术是接触识读,它与条码有三点不同:一个是其数据可做部分读写操作,另一是给定面积编码容量比条码大,还有就是对于物品逐一标识成本比条码高,而且接触性识读最大缺点就是灵活性太差。

射频识别和条码一样是非接触式识别技术,由于无线电波能“扫描”数据,所以RF挂牌可做成隐形的,有些RF识别技术可读数公里外的标签,RF标签可做成可读写的。RF识别的缺点是挂签成本相当高,而且一般不能随意扔掉,而多数条码扫描寿命结束时可扔掉。视觉和声音识别目前还没有被很好地推广应用,机器视觉还可OCR或条码结合应用,声音识别输入可解放人的手。

RF、声音、视觉等识别技术目前不如条码技术成熟,其技术和应用的标准也还不够健全。表4.1.1是条码技术与其他自动识别技术的一个简单的比较表。

表 4.1.1　　条码技术与其他自动识别技术的比较

名称 / 项目	键　盘	OCR(光学字符识别)	磁条(卡)	条　码	射　频
输入 2 位数据速度	6s	4s	0.3～2s	0.3～2s	0.3～0.5s
误码率	1/300 字符	1/1 万字符		1/1.5 万字符至 11 亿字符	
印刷密度		10～12 字符/in	48 字符/in	最大 20 字符/in	4～8000 字符
基材价格	无	低	中	低	高
扫描器价格	无	高	中	低	高
能否接触识读		接触	接触	接触至 2 米	接触至几十米
优点	操作简单；可用眼阅读；键盘本身便宜	可用眼阅读	数据密度高；输入速度快	输入速度快，误读率低；设备便宜；设备种类多；可非接触式阅读	可在灰尘、油污等恶劣环境下使用；可非接触式识读
缺点	误码率高；输入速度低；输入受个人因素影响	输入速度低；不能非接触式识读；设备价格高	不能直接用眼阅读；不能非接触式阅读；数据可变更	数据不能更改；不可用眼直接阅读	发射、接收装置价格昂贵；发射装置寿命短；数据可改写

四、商品单元的基本术语

(一)商品单元的基本术语

消费单元：通过零售渠道直接销售给最终用户的商品包装单元。一般采用 EAN －13、UPC－A 代码。

定量消费单元：按商品件数计价销售的消费单元，如成箱的牙膏、瓶装酒、药品、服装、烟等。

变量消费单元：基本计量单位计价，以随机数量销售的消费单元，如布匹、农产品、鲜肉类等。

储运单元：指由若干消费单元组成的稳定和标准的产品集合，是装卸、仓储、收发货、运输等项业务所必需的一种产品单元。

定量储运单元：由定量消费单元组成的储运单元。

变量储运单元：由变量消费单元组成的储运单元。

货运单元：在供应链上用于运输目的的所有商品单元。

消费、储运、货运三种单元在特定情况下代表相同的单元。

(二)物流编码的内容

通用商品编码是由国际物品编码协会(EAN)和美国统一代码委员会(UCC)规定的、用于标识商品的一组数字,也称为商品标识代码。一般来说,物流活动应用的编码包括:与商品有关的编码、与发货人和收货人有关的编码、与货物包装形式有关的编码、与物流业有关的编码以及与货物发送地和收货地有关的编码。

物流编码的内容可分为:项目标识、动态项目标识、日期、度量、参考项目、位置码、特殊应用以及内部使用等几个方面。

1. 项目标识

项目标识指对商品项目和货运单元的标识,其编码一般为13位或14位,如EAN/UCC-13、EAN/UCC-8和UCC-12代码。商品项目是按商品的基本特征划分的群类,商品的基本特征包括商品名称、商标、种类、规格、数量及包装类型等。

2. 动态项目标识

动态项目标识指对商品项目中每一个具体单元的标识,它是对系列货运箱的标识,其本身为系列号,即每一个货运包装箱具有不同的编码,其编码为18位。

3. 日期

对日期的标识为6位编码,依次表示年、月、日。主要有生产日期、包装日期、保质期、有效期等。

4. 度量

度量的内容比较多,不同度量的编码位数也不同。主要包括数量、重量、长、宽、高以及面积和体积等内容。

5. 参考项目

参考项目的内容也较多,包括客户购货订单代码、收货方邮政编码、卷状产品的长、宽、内径、方向、叠压层数等各种信息。

6. 位置码

位置码是对法律实体、功能实体及物流实体进行标识的代码。其中:法律实体是指合法存在的机构;功能实体是指法律实体内的具体部门;物理实体是指具体的地址,如建筑物的某个房间、交货地点等。

(三)物流常用条码

以条码符号的形式表示编码,使编码可以自动、快速、准确地采集、识别和处理。表示物流标识编码的条码符号有不同的码制,其中,有的码制只能标识一个内容,而有的码制则能标识更多的内容,用于表示物流标识编码的条码码制主要有商品条码、储运单元条码以及贸易单元条码EAN、UCC系统128条码等。

1. 商品条码

商品条码是用于标识国际通用的商品代码的条码。包括EAN商品条码(EAN-13商品条码和EAN-8商品条码)和UPC商品条码。物流条码应用的是EAN码制中的EAN -13条码。商品条码可以做到不同商品的标识不同,同种商品有统一的标识,严格遵循在国际及国内范围内商品与标识的一一对应关系,确保了商品标识的统一性、规范性、通用性和国际性。

2. 储运单元条码

(1)定量储运单元编码

单个大件商品的储运单元又是消费单元时,其代码就是通用商品代码,如冰箱、彩电等大件消费单元需按GBl2904——1998《商品条码》的编码方法赋予一个13位的代码。当定量储运单元内含有不同种的定量消费单元时，给储运单元分配一个区别于消费单元的13位数字代码，条码标识可用EAN－13码，也可用14位交插二五码（即ITF－14，在13位数学代码前加一位"0"变成14位数学代码，然后用ITF－14条码标识），具体如图4.1.3所示。

0 6 9 0 1 2 3 4 5 6 7 8 9 2

图4.1.3　ITF－14条码符号

当定量储运单元内含同一种类的定量消费单元时，定量储运单元可用14位数字代码标识，用IFT－14条码或EAN－128码标识。

（2）变量储运单元编码

变量储运单元编码是由14位数字的主代码和6位数字的附加代码组成的，都用交叉二五码表示。附加代码是指包含在变量储运单元内按确定的基本计量单位计量取得的商品数量。变量储运单元主代码用ITF－14条码标识；附加代码用ITF－6条码标识。

运输和仓储是物流过程的重要环节，《储运单元条码》国家标准起到了对货物储运过程中物流条码的规范作用，在实际应用中具有标识货运单元的功能，是物流条码标准体系中一个重要的应用标准。

3. 贸易单元条码

商品条码与储运条码都属于不携带信息的标识码，在物流配送过程中，如果需要将生产日期、有效期、运输包装序号、重量、体积、尺寸、送出地址、送达地址等重要信息条码化，以便扫描输入，这时就可应用EAN－128码。

EAN－128码可携带大量的信息，所以其应用领域非常广泛，包括制造业的生产流程控制、批发物流业或运输业的仓储管理、车辆调配、货物追踪、医院血液样本的管理、政府对管制药品的控制追踪等。

应用EAN－128码的主要优点有：自动输入信息，节省信息传递及输入的成本；保证信息传输的正确性和及时性；生产、配送、零售等各环节都能掌握商品动态；降低配送过程所造成的损耗。

我国制定的GB/T15425－94《贸易单元128条码》国家标准等效采用了UCC/EAN－128条条码。UCC/EAN－128条码是由国际物品编码协会、美国统一代码委员会和自动识别制造商协会共同设计而成的。它是一种连续型，非定长、有含义的高密度代码。贸易单元128条码是物流条码实施的关键。其外型如图4.1.4所示。

(01)1 6901234 60004 6 (17) 050101 (10)ABC

图4.1.4　UCC/EAN－128条码标识

第二节　条形码的分类和几种典型的编码

一、按码制分类

（一）UPC码

1973年，美国率先在国内的商业系统中应用UPC码，之后加拿大也在商业系统中采用UPC码。UPC码是一种长度固定的连续型数字式码制，其字符集为数字0～9。它采用四种元素宽度，每个条或空是1、2、3或4倍单位元素宽度。UPC码有两种类型，即UPC－A码和UPC－E码。如图4.2.1。

图4.2.1　UPC－A码和UPC－E码

（二）EAN码

1977年，欧洲经济共同体各国按照UPC码的标准，制定了欧洲物品编码EAN码，与UPC码兼容，而且两者具有相同的符号体系。EAN码的字符编号结构与UPC码相同，也是长度固定的、连续型的数字式码制，其字符集是数字0～9。它采用四种元素宽度，每个条或空是1、2、3或4倍单位元素宽度。EAN码有两种类型，即EAN－13码和EAN－8码。如图4.2.2。

图4.2.2　EAN—13码和EAN—8码

（三）交叉25码

交叉25码是一种条和空都表示信息的条码，交叉25码有两种单元宽度，每一个条码字符由五个单元组成，其中二个宽单元，三个窄单元。在一个交叉25码符号中，组成条码符号的字符个数为偶数，当字符是奇数个时，应在左侧补0变为偶数。条码字符从左到右，奇数位置字符用条表示，偶数位字符用空表示。交叉25码的字符集包括数字0到9。其结构见图4.2.3所示。

图4.2.3　交叉25码

（四）39 码

39 码是 Intermec 公司于 1975 年推出的一种一维条码，编码规则简单、误码率低。39 码仅有两种单元宽度——分别为宽单元和窄单元。宽单元的宽度为窄单元的 1 到 3 倍，一般多选用 2 倍、2.5 倍或 3 倍。39 码的每一个条码字符由 9 个单元组成，其中有 3 个宽单元，其余是窄单元，因此称为 39 码。它是长度可变的离散型自校验字母数字式码制。39 码字符集包含有：0～9 的 10 个数字，大写 A～Z 的 26 个英文字母，“ - ”、“. ”、“/”、“ + ”、“%”、“$”、“ ”（空格）和“ * ”共 44 个符号，其中“ * ”仅作为起始符和终止符。39 码在读取方面，允许读码机进行双向的扫瞄读取；也就是说，如果使用者把 39 码倒着读取也是得到相同的结果。其结构图如图 4.2.4 所示：

* 1 2 3 4 A B C D *

图 4.2.4　39 码

（五）库德巴码

库德巴码（Code Bar）出现于 1972 年，是一种长度可变的连续型自校验数字式码制。其字符集为 0 到 9 十个数字、“ABCD”四个字母和“ $、–、:、/、。、. + ”六个特殊字符，其中“ABCD”仅作为启始符和终止符，并可任意组合。它是一种广泛应用在医疗、图书、航空快递包裹等领域。其结构图如图 4.2.5 所示：

a000800a

图 4.2.5　库德巴码

（六）128 码

128 码开始于 1981 年推出，是一种长度可变、连续性的字母数字条码。Code 128 码可表示从 ASCII 0 到 ASCII 127 共 128 个字符，故称 128 码。与其他一维条码比较起来，128 码是较为复杂的条码系统，而其所包含的字符也相对地比其他一维条码来得多，又有不同的编码方式可供交互运用，因此其应用领域非常广泛，包括制造业的生产流程控制、批发物流业或运输业的仓储管理、车辆调配、货物追踪、医院血液样本的管理、政府对管制药品的控制追踪等。128 码由起始符、数据符、校验符、终止符及左右静空区组成。图 4.2.6 是 128 条码结构图。

Aux(124)-TR

图 4.2.6　128 码

(七)93 码

93 码是一种长度可变的连续字母数字式码制。其字符集为数字 0～9，26 个大写字母和 7 个特殊字符（－、。、空、／、＋、%、$）以及 4 个控制字符。每个字符由 3 个条和 3 个空，共 9 个元素宽度。Code 93 码与 39 码具有相同的字符集，但它的密度要比 39 码高，所以在面积不足的情况下，可以用 93 码代替 39 码。CODE－93 码主要应用于除超市、零售业外的几乎所有领域。其结构如图 4.2.7 所示：

BJ100080

图 4.2.7　93 码

二、按维数分类

(一)一维条形码

普通的一维条形码自问世以来，很快得到了普及并广泛应用。但是由于一维条形码的信息容量很小，如商品上的条形码仅能容纳 13 位的阿拉伯数字，更多的描述商品的信息只能依赖数据库的支持，离开了预先建立的数据库，这种条形码就变成了无源之水、无本之木，因而条形码的应用范围受到了一定的限制。

(二)二维条形码

二维条码的诞生解决了一维条码不能解决的问题，它能够从横向和纵向两个方位同时表达信息，不仅能在很小的面积内表达大量的信息，而且能够表达多种文字和处理多媒体信息。

美国 Symbol 公司于 1991 年推出的 PDF 417 二维条码，是一种堆叠式二维条码，目前应用最为广泛。PDF（Portable Data File）意思是“便携数据文件”。组成条码的每一个条码条符由 4 个条和 4 个空共 17 个模块构成，故称为 PDF 417 条码。它可容纳 1848 个字母字符或 2729 个数字字符，约 500 个汉字信息，比普通条码信息容量高几十倍。并将可数字化的信息（照片、指纹、掌纹、签字、声音、文字等）进行编码，已广泛用于国防、公共安全、交通运输、医疗保健、工业、商业、金融、海关及政府管理等领域。

二维条码具有以下特点：

1. 信息容量大，不依赖数据库和计算机网络

一维条码一般只能容纳 20 个文字信息，故仅作为一种标识数据，不能对产品进行描述。我们要知道产品的有关信息，必须建立计算机数据库通过联机识读，这样在没有联机条件的储运现场就无法直接获取信息。此外，一维条码为表示多种信息，需要在一个包装上贴多张条码，粘贴面积大，数据输入费时。而二维条码可以容纳 2000 个文字左右的信息，这样就可以把产品信息全部存储在一个二维条码中，它本身就相当于一个小型数据库。要查看产品信息，只

要用识读设备扫描二维条码即可,真正实现了用条码对“物品”的描述。

2. 纠错能力强,可靠性高

当条码受到损坏(如污染、脱墨等)时,一维条码只能拒读而需通过键盘录入代替扫描条码,没有纠错功能。二维条码可以表示数以千计字节的数据,并引入了错误纠正机制。这种纠错机制使二维条码因穿孔或污损等引起局部损坏时,可以自动复原,正确识读。普通条码的译码错误率为百万分之二左右,而 PDF 417 二维条码的误码率则不超过千万分之一。

3. 编码范围广,信息种类多样化

多数一维条码所能表示的字符集不过是 10 个数字、26 个英语字母及一些特殊字符。条码字符集最大的 128 条码,所能表示的字符个数也不过 128 个 ASCII 字符。PDF 417 二维条码可为多种语言文字和可数字化的信息(照片、指纹、掌纹、签字、声音等)进行编码。

4. 保密、防伪性能好

PDF 417 条码具有多重防伪特性,它可以采用密码防伪、软件加密及利用所包含的照片、指纹等进行防伪。

5. 识读扫描便利多样

一维条码只可在横向读取,而二维条码可以 360 度全方位读取数据;可以应用在无线电波远距离自动扫描识别等。

6. 容易制作且成本很低

利用现有的点阵、激光、喷墨、热敏等打印技术,即可在纸张、卡片、PVC 甚至金属表面上印出 PDF 417 二维条码。由此所增加的费用仅是油墨的成本,因此人们称 PDF 417 是“零成本”技术。

(三)常用的二维条码

常用的码制有:Data Matrix、Maxi Code、Aztec、QR Code、Vericode、PDF417、Ultra code、Code 49、Code 16K 等,见图 4.2.8。

图 4.2.8 常用二维条码码制

三、EAN 码的编码

(一)标准版商品条码 EAN-13 的结构简介

它是由 13 位数字组成,所使用字符仅为 0~9 共 10 个字符。其代码结构如表 4.2.1。

表 4.2.1　　EAN-13 的代码结构

结构种类	前缀码	厂商识别代码	商品项目代码	效验码
结构一	$X_{13}X_{12}X_{11}$	$X_{10}X_9X_8X_7$	$X_6X_5X_4X_3X_2$	X_1
结构二	$X_{13}X_{12}X_{11}$	$X_{10}X_9X_8X_7X_6$	$X_5X_4X_3X_2$	X_1
结构三	$X_{13}X_{12}X_{11}$	$X_{10}X_9X_8X_7X_6X_5$	$X_4X_3X_2$	X_1

注:表中 X_i($i=1\sim13$)表示从右至左的第 i 位数字代码

EAN 码由前缀码、厂商识别代码、商品项目代码和校验码组成。前缀码是用来标识各编码组织所在国家或地区的代码,由国际物品编码协会统一分配,确保了其在国际范围内的惟一性,已分配的前缀码如表 4.2.2 所示;厂商识别代码是 EAN 编码组织在 EAN 分配的前缀($X_{13}X_{12}X_{11}$)的基础上分配给厂商的代码;商品项目代码由厂商自行编码;校验码为了校验代码的正确性。在编制商品项目代码时,厂商必须遵守商品编码的基本原则:对同一商品项目的商品必须编制相同的商品项目代码;对不同的商品项目必须编制不同的商品项目代码。保证商品项目与其标识代码一一对应,即一个商品项目只有一个代码,一个代码只标识一个商品项目。例如听装健力宝饮料的条码为 6901010101098,其中 690 代表我国 EAN 组织,1010 代表广东健力宝公司,10109 是听装饮料的商品代码,8 是校验码。这样的编码方式就保证了无论在何时何地,6901010101098 就是唯一对应该商品的编码。

表 4.2.2　　商品条码 EAN 系统各会员国和地区前缀码一览表

前缀码	国家或地区	前缀码	国家或地区	前缀码	国家或地区
00-13	美国,加拿大	569	冰岛	775	秘鲁
30-37	法国	57	丹麦	777	玻利维亚
380	保加利亚	590	波兰	779	阿根廷
383385	斯洛文尼亚	594	罗马尼亚	780	智利
385	克罗地亚	599	匈牙利	784	巴拉圭
387	波黑	600-601	南非	786	厄瓜多尔
400-440	德国	609	毛里求斯	789	巴西
45-49	日本	611	摩洛哥	80-83	意大利
460-469	俄罗斯	613	阿尔及利亚	84	西班牙
471	中国台湾	616	肯尼亚	850	古巴
474	爱沙尼亚	619	突尼斯	858	斯洛伐克
475	拉脱维亚	621	叙利亚	859	捷克
476	阿塞拜疆	622	埃及	860	南斯拉夫
477	立陶宛	625	约旦	867	朝鲜
478	乌兹别克斯坦	626	伊朗	869	土尔其
479	斯里兰卡	628	沙特阿拉伯	87	荷兰
480	菲律宾	64	芬兰	880	韩国
481	白俄罗斯	690-692	中国	885	泰国

续表

482	乌克兰	70	挪威	888	新加坡
484	摩尔多瓦	729	以色列	890	印度
485	亚美尼亚	73	瑞典	893	越南
486	格鲁吉亚	740	危地马拉	899	印度尼西亚
487	哈萨克斯坦	741	萨尔瓦多	90 – 91	奥地利
489	中国香港	742	洪都拉斯	93	澳大利亚
50	英国	743	尼加拉瓜	94	新西兰
520	希腊	744	哥斯达黎加	955	马来西亚
528	黎巴嫩	745	巴拿马	958	中国澳门
529	塞浦路斯	746	多米尼加	200 – 299	店内码
531	马其顿	750	墨西哥	977	连续出版物
535	马耳他	759	委瑞内拉	978、979	图书
539	爱尔兰	76	瑞士	980	应收票据
54	比利时、卢森堡	770	哥伦比亚	981 – 982	各种流通票据
560	葡萄牙	773	乌拉圭	99	赠券

(二)EAN – 13 条码符号的结构

其符号结构如图 4.2.9 所示，由左侧静区、起始字符、左侧数据符、中间分隔符、右侧数据符、校验符、终止符、右侧静区及导入值构成。

图 4.2.9　EAN – 13 条码符号的结构

一般的条码编码方法有两种：模块组合法和宽度调节法。模块组合法是指条码符号中，条与空分别由若干个模块组合而成。一个模块的条表示二进制的“1”，一个模块的空表示二进制的“0”。宽度调节法是指条码中，条(空)的宽窄设置不同，宽单元表示二进制的“1”，窄单元表示二进制的“0”，宽单元的宽度通常是窄单元宽度的 2 ~ 3 倍。而 EAN – 13 是采用模块组合法进行编码的。每一个模块对应一个二进制：一个模块宽度的条(深色)表示“1”，一个模块宽的空(浅色)表示“0”；数据符中的每个字符用一个 7 位的二进制表示，共有两个条两个空，所以 EAN – 13 是一个(7,2)码，每一个条和空分别由 1 ~ 4 个标准宽度的模块组成。所以在条码中，每一个条或空只能是基本模块宽的 1 倍到 4 倍。表 4.2.3 明确表示了其符号宽度。

表 4.2.3　　EAN – 13 码符号宽度

左侧静区	起始字符	左侧数据符(共 6 位)	中间分隔符	右侧数据符(共 5 位)	校验符(1 位)	终止字符	右侧静区
9 个模块	3 个模块	42 个模块	5 个模块	35 个模块	7 个模块	3 个模块	9 个模块

注：在 EAN 码中一个模块的宽度为 0.33mm。

在 EAN－13 码中，采用了 A、B、C 三套不同的条、空组合对字符进行编码，其二进制表示如表 4.2.4 所示。A 子集中条码字符所包含的深色模块的个数为奇数，称为奇排列；B、C 子集中条码字符所包含的深色模块的个数为偶数，称为偶排列。

表 4.2.4　　EAN－13 码的编码规则

数字符	A		B		C	
	逻辑值	条码外型	逻辑值	条码外型	逻辑值	条码外型
0	0001101		0100111		1110010	
1	0011001		0110011		1100110	
2	0010011		0011011		1101100	
3	0111101		0100001		1000010	
4	0100011		0011101		1011100	
5	0110001		0111001		1001110	
6	0101111		0000101		1010000	
7	0111011		0010001		1000100	
8	0110111		0001001		1001000	
9	0001011		0010111		1110100	

起始字符与终止字符相同，均为两个细条（101），中间分隔符为（01010）。具体如表 4.2.5。

表 4.2.5　　起始字符、终止字符和中间分隔符条码外型

起始字符或终止字符	条码外型	中间分隔符	条码外型
101		01010	

EAN－13 码所标识的 13 位数字代码中，最左侧的一位数字代码为导入值。它不参与条码符号的条空结构的构成，作用是用来确定条码符号中左侧数据符的编码规则表。表 4.2.6 给出了不同的导入值与左侧数据符的对应编码规则。

表 4.2.6　　导入值与左侧数据符编码规则的对应关系

导入值	左侧数据符对应的子集
0	AAAAAA
1	AABABB
2	AABBAB
3	AABBBA
4	ABAABB
5	ABBAAB
6(中国)	ABBBAA
7	ABABAB
8	ABABBA
9	ABBABA

例:确定 13 位数字代码 6901234567892 的左侧数据符的“二进制”表示。

第一步:根据导入值为“6”可从表 4.2.6 中查出:左侧数据符的排列为 ABBBAA。

第二步:根据表 4.2.4 可得出左侧数据“二进制”形如表 4.2.7 所示。

表 4.2.7　　左侧数据符的二进制表示

左侧数据符	9	0	1	2	3	4
字符集	A	B	B	B	A	A
字符的二进制	0001011	0100111	0110011	0011011	0111101	0100011

当扫描器对 EAN－13 码进行扫描时,光束扫过的只是由 $X_1 \sim X_{12}$ 和一些辅助字符(起始字符、中间分隔符、终止字符)组成的条码符号,经过译码器的译码识读,根据 EAN－13 码左侧数据符的编码规则可自动生成导入值 X_{13},从而还原成 13 位数据代码。右侧数据符和校验码的排列规则不受导入值的限制,全部采用 C 子集。

(三)EAN－13 校验的计算方法

第一步:将 13 个字符从右到左顺序编号,校验字符为第 1 号。

第二步:从第 2 号位置开始,将所有偶数号位置上的字符值相加。然后将结果乘以 3。

第三步:从第 3 号位置开始,将所有奇数号位置上的字符值相加。

第四步:将第二、三步的结果相加之和,用 10 取余,再用 10 减去这个余数,得最终的校验字符值。

例如:某商品的条形码“6920769200111”,对应位参考表 4.2.8。

表 4.2.8　　条形码的校验位计算

	国别号		数据字符										校验字符
数据字符位置编号	13	12	11	10	9	8	7	6	5	4	3	2	1
数据字符值	6	9	2	0	7	6	9	2	0	0	1	1	1
偶数号位置字符		9		0		6		2		0		1	
奇数号位置字符	6		2		7		9		0		1		

其计算校验位的步骤如下：

第一步：将13位从右到左顺序编号，校验字符为第1号。

第二步：(9 +0 +6 +2 +0 +1) ×3 =54

第三步：6 +2 +7 +9 +0 +1 =25

第四步：54 +25 =79，取余为9，10 -9 =1，所以校验字符为1。

四、交叉25条码

交叉25条码在仓储和物流管理中被广泛采用。1983年，交叉25条码完整的规范被编入有关物资储运的条码符号美国国家标准ANSI MH10.8中。1997年，我国制定了GB/T16829 -1997《交叉25条码》国家标准，并于1998年3月开始实施。交叉25码凭借其自身的特点，在很多领域广泛使用。

1. 交叉25码是一种连续、非定长、具有自校验功能，且条、空都表示信息的双向条码。它由左侧静区、起始字符、数据字符、终止字符及右侧静区构成。它的每一个条码数据符由5个单元组成，其中2个是宽单元（用二进制“1”表示），其余是窄单元（用二进制“0”表示）。组成条码符号的条码数据符个数为偶数。条码符号从左到右，表示奇数位字符的条码数据符由条组成，表示偶数位字符的条码数据符由空组成。如图4.2.10所示。条码数据符所表示的字符个数为奇数时，应在字符串左端添加“0”。如图4.2.11所示。

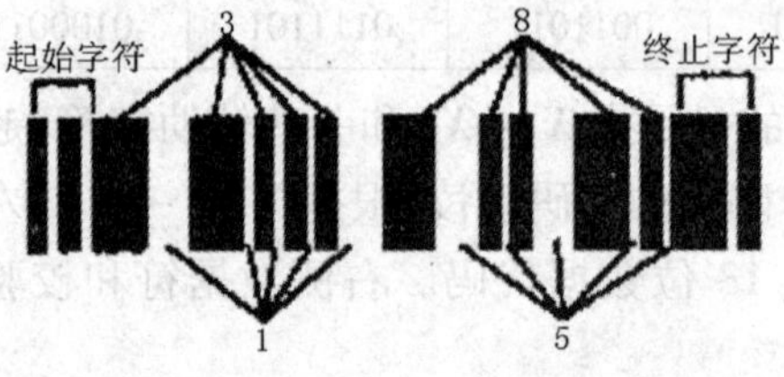

图4.2.10　表示“3158”的条码

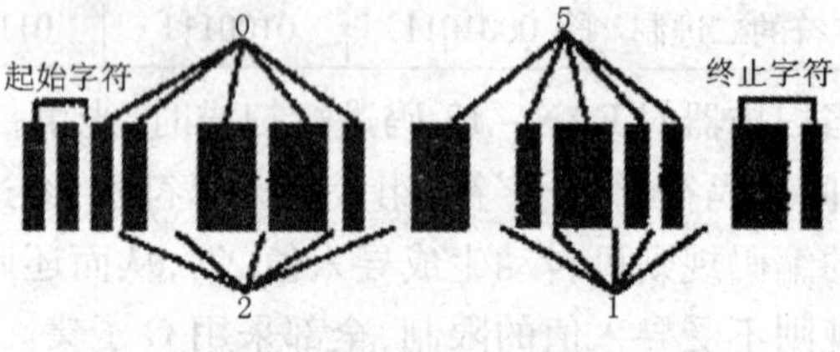

图4.2.11　表示“251”的条码

2. 交叉25码的条、空二进制代码的表示方法相同，宽单元为“1”，窄单元为“0”。

3. 交叉25码的起始符为“0000”。终止符为“100”。

4. 交叉25码的字符集包括字符0 ~9。

字符的二进制表示如表4.2.9所示。

表4.2.9　交叉25码的二进制表示

字符	二进制表示	字符	二进制表示
0	00110	5	10100
1	10001	6	01100
2	01001	7	00011
3	11000	8	10010
4	00101	9	01010

5. 为了防止扫描产生的误差，交叉 25 码的符号经常采用托架条，即在符号数据条的顶部和底部各加一个横条，其宽度和宽条相一致，如图 4.2.12 所示。

图 4.2.12　带有托架的交叉 25 码

第三节　条形码阅读器与印刷设备

一、条形码自动识别系统

条形码自动识别系统一般由条形码自动识别设备、系统软件、应用软件等组成。条形码自动识别设备包括扫描器、译码器、计算机和打印设备，以及显示器。条形码自动识别软件一般包括扫描器输出信号的测量、条形码码制及扫描方向的识别、逻辑值的判断，以及阅读器与计算机之间的数据通信等几部分。

根据需要，一台计算机可配置多台阅读器终端，一台译码器也可以用若干个扫描器联网，形成一个数据采集网络。另外，条形码符号的印制质量好坏也将直接影响识别效果和整个系统的性能，因此必须按照印制标准，选择相应的印刷技术和设备，以便印制出符合规范的条形码符号。条形码符号印制载体、印刷涂料、印制设备、印制工艺和轻印刷系统的软件开发等都属于条形码印刷技术所要研究的内容。

二、条形码阅读器

(一)条形码识别原理

条形码是通过光学阅读设备来辨识的，阅读设备的工作原理是通过条和空对光的不同反射率而将光信号转换成电信号，然后对条形码进行识别的。一般的阅读设备由几个部分组成。

1. 光发射部分，用来使条形码产生对光不同的反射效果。
2. 光接收部分，用来接收条形码光反射信号并将反射信号转换为电信号。
3. 信号前处理部分，将光接收部分的电信号进行放大、比较处理。
4. 信号传输部分，将数据信息传输到计算机中。

其原理如图 4.3.1 所示：

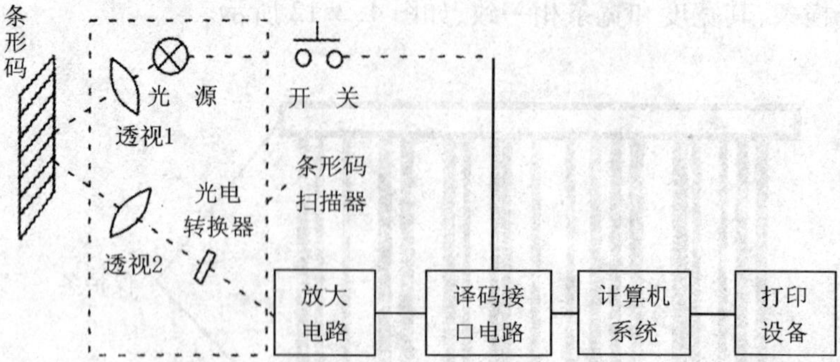

图 4.3.1　条形码识别原理示意图

（二）条形码阅读器的分类

条码识读设备虽然种类繁多，但大体上可分为两大类，即在线式阅读器和便携式阅读器。它们都使用扫描器作为输入装置。

在线式阅读器按其功能和用途，又可分为多功能阅读器和各类在线阅读器。这类阅读器一般直接由交流电源供电，在阅读器与通信装置之间由电缆连接传输数据。多功能阅读器具有识别多种常用码制的功能外，根据不同需要还可增加编程功能、可显示功能以及多机联网通信功能等。

便携式阅读器配有数据存储器，通常由电池供电，适用于脱机使用的场合。数据收集后，先将其存储起来，然后再转储到主机。目前在国际市场上已推出能储存上万个条码信息的便携式阅读器，广泛应用于仓库管理、商品盘点以及各种野外作业。

扫描器作为阅读器的输入装置发展较快，大体上可分为接触式、非接触式、手持式和固定式扫描器等。目前常用的有笔式、CCD（Charge Coupled Device，电荷耦合装置）式和激光式等。

（三）影响条形码阅读器选择的因素

1. 适用范围

条形码技术应用在不同的场合，应选择不同的条形码阅读器。例如开发条形码仓储管理系统，往往需要在仓库内经常清点货物，相应要求条形码阅读器能方便携带，并能把清点的信息暂存下来，而不局限在计算机前使用，故选用便携式条形码阅读器较为合适。在生产线上使用条形码采集时，一般需要在生产线的某些固定位置安装条形码阅读器，而且生产的零部件与条形码阅读器比较合适，如激光枪式、CCD 扫描器等。在会议管理系统和企业考勤系统中，可选用卡式或槽式条形码阅读器，需要签到登记的人员将印有条形码的证件插入阅读器槽内，阅读器便自动扫描并给出阅读成功信号，从而实现实时自动签到。当然，对于一些专用场合，还可以开发专用条形码阅读器装置以满足需要。

2. 译码范围

译码范围是选择条形码阅读器的又一个重要指标。目前，各家生产的条形码阅读器其译码范围有很大差别，有些阅读器可识别几种码制，有些阅读器可识别十几种码制。开发某一条形码应用系统选择对应的码制，同时，在为该系统配置条形码阅读器时，要求阅读器具有正确的译此码制符号的功能。在物流中,往往采用 UPC/EAN 码,因此,开发商场管理系统时,选择的阅读器应能阅读 UPC/EAN 码。在邮电系统内,中国目前使用的是矩阵 25 码,选择阅读器时,应保证阅读器正确阅读该码制的符号。

3. 接口能力

条形码技术的应用领域很多,计算机的种类也很多,开发应用系统时,一般是先确定硬件系统环境,而后选择适合该环境的条形码阅读器。这就要求所选阅读器的接口方式符合该环境的整体要求。通用条形码阅读器的接口方式有如下两种:

串行通信。当使用中小型计算机系统,或者数据采集地点与计算机之间的距离较远时,一般采用这种通信方式。如企业考勤管理系统,计算机一般不放在出入口处,而放在办公室内,以便及时掌握考勤情况。

键盘仿真。键盘仿真是通过计算机的键盘口将阅读器采集到的条形码信息输送给计算机的一种接口方式,也是一种常用的方式。目前,IBM/PC 及其兼容机常用的有 XT、AT 等键盘方式。计算机终端的键盘口也有多种形式。因此,如果选择键盘仿真,应注意应用系统中计算机的类型,同时注意所选阅读器是否能与计算机匹配。

4. 对首读率等参数的要求

首读率是条形码阅读器的一个综合性指标,它与条形码符号印刷质量、译码器的设计和光电扫描器的性能均有一定关系。在某些应用领域可采用手持式条形码阅读器由人来控制条形码符号的重复扫描,这时对首读率的要求不太严格,它只是工作效率量度。而在工业生产、自动化仓库等应用中,要求有更高的首读率。条形码符合载体在自动生产线或传送带上移动,并且只有一次搜集数据的机会,如果首读率不达到百分之百,将会发生丢失数据的现象,造成严重的后果。因此,在这些应用领域中要选择高首读率的条形码阅读器,如 CCD 扫描器等。

5. 分辨率

为正确检测读入的最窄条符的宽度,在选择设备时,应根据具体应用中使用的条形码密度来选取具有相应分辨率的阅读设备。使用中,如果所选设备的分辨率过高,则条符上的污点、脱墨等对系统的影响将更为严重。

6. 扫描属性

扫描属性又可细分为扫描景深、扫描宽度、扫描速度、一次识别率、误码率等。

扫描景深指的是在确保可靠阅读的前提下,扫描头允许离开条形码表面的最远距离与扫描器可以接近条形码表面的最近点距离之差,也就是条形码扫描器的有效工作范围。有的条形码扫描设备在技术指标中未给出扫描景深指标,而是给出扫描距离,即扫描头允许离开条形码表面的最短距离。

扫描宽度指的是在给定扫描距离上扫描光束可以阅读的条形码信息物理长度值。

扫描速度是指在扫描轨迹上的扫描频率。

一次识别率表示的是首次扫描读入的标签数与扫描标签总数的比值。一次识别率这一测试指标只适用于手持式光笔扫描识别方式。如果采用激光扫描方式,光束对条形码标签的扫描频率高达每秒钟数百次,通过扫描获取的信号是重复的。

误码率是反映一个机器可识别标签系统错误识别情况的极其重要的测试指标。误码率等

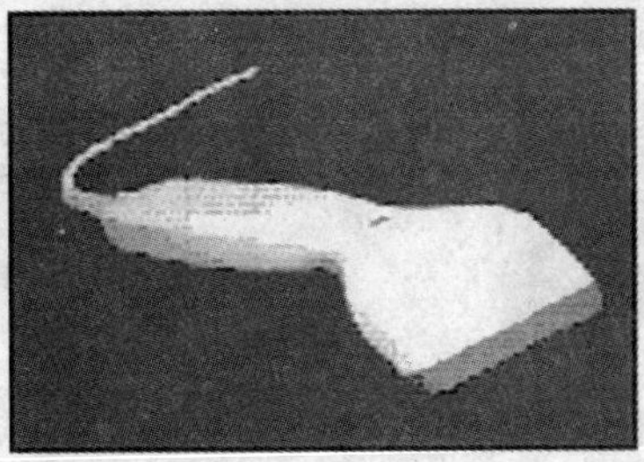

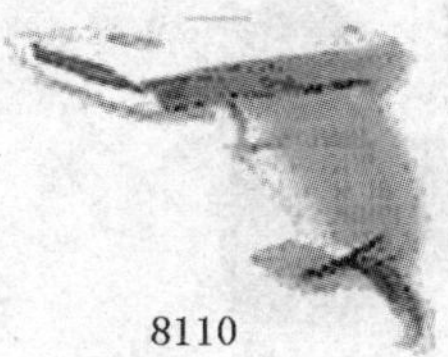

Acan CCD 红光条码扫描器　　AS8110 工商用手持近距红光条码扫描器

图 4.3.2　CCD 条码扫描器

CCD 扫描器是将发光二级管所发出的光照射到被阅读的条码上,通过光的反射,达到读取数据的目的。CCD 扫描器方便,易于使用,只要在有效景深范围内,光源照射到条码符号即可自动完成扫描,对于表面不平的物品、软质的物品也能方便地进行识读。由于无任何运动部件,因此性能可靠,使用寿命长。与其他条码扫描设备比较,具有耗电省、体积小、价格便宜等优点。但其阅读条码符号的长度受扫描的元件尺寸限制,扫描景深长度也不如激光扫描器。目前,已有厂家针对 CCD 的不足,开发出长距离 CCD,扫描距离可达 20cm。

另外,激光手持式条码扫描,又称激光枪,如图 4.3.3 所示。其最大的优点就是扫描光照强,可以远距离扫描且扫描景深长。而且激光扫描器的扫描速度高,有的产品扫描速度可以达到 1200 次/秒,这种扫描器可以在百分之一秒时间内对某一条形码标签扫描阅读多次,而且可以做到每一次扫描不重复上一次的轨迹。扫描器内部光学系统可以由单束光转变为十字光或米字光,从而保证被测条形码从各个不同的角度进入扫描范围时都可以识别。

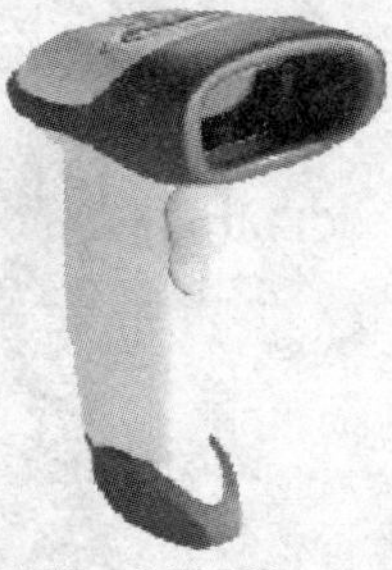

SYMBOL－LS2208　　LS4804 手持激光二维条码扫描器

图 4.3.3　激光条码扫描器

3. 台式条码自动扫描器

台式条码自动扫描器适合于不便使用手持式扫描方式阅读条码信息的场合。如果工作环境不允许操作者一只手处理标附有条码信息的物体,而另一只手操纵手持条码扫描器进行操作,就可以选用台式条码扫描器自动扫描。这种扫描器大都固定安装在某一位置上,用来识讯在某一范围内出现或通过的条码符号。

图 4.3.4 是用于超级市场 POS 系统不同类型的台式激光扫描器,这种扫描器对条码的方向没有要求,又称全方位的扫描器,读取距离为几厘米至几十厘米。

由于台式激光扫描具有稳定、扫描速度快等优点,目前超级市场 POS 系统应用最为普遍。为方便在不同场合的使用,现在台式扫描的形状也多样化,有台灯式扫描及其他各种形状的扫描器。

LS9208 台式条码扫描器　　MS860 全向激光条码扫描器　　LS5800 平台式激光条码扫描器

图 4.3.4　台式激光条码扫描器

4. 卡式条码阅读器

卡式条码阅读器可以用于医院病案管理、身份验证、考勤和生产管理等领域。这种阅读器内部的机械结构能保证标有条形代码的卡式证件或文件在插入滑槽后自动沿轨道做直线运动,在卡片前进过程中,扫描光点将条码信息读入。卡式条码阅读器一般都具有与计算机传送数据的能力,同时具有声光提示以证明识别正确与否。

5. 便携式数据采集器

便携式数据采集是为适应一些现场数据采集,如扫描笨重物体的条码符号而设计的,适合于脱机使用的。它是将扫描器带到物体前对其条码符号进行扫描,因此又称为手持终端机、盘点机。它由电池供电,与计算机之间的通信不和扫描同时进行。它有自己的内部存储器,可以储存一定量的数据,并可在适当的时候将这些数据传输给计算机。几乎所有的便携式数据采集都有一定的编程能力,可以满足不同场合的应用需求。目前已经推出了能储存上万个条码信息的便携式数据采集器,并广泛应用于仓库管理、商品盘存等作业中。常见的几种便携式数据采集器如图 4.3.5 所示。

SPT1550 数据采集　　PDT8100 数据采集器终端　　CASIO DT－X10 数据采集器

图 4.3.5　便携数据采集器

(五)条形码印制设备

目前条码印制设备有以下三种:普通打印机、专用条码打印机和胶板印刷设备,这几种印制条码的技术设备在质量等方面有很大区别。如何根据自己的情况选用合适的技术和设备,使条码符合标准是建立条码系统必须考虑的问题。根据国内外经验看,选用哪种条码印制方式?主要从三个方面考虑,即印制质量(包括精度、尺标)、打印介质、打印速度。

1. 普通打印机

普通打印机又分为击打式机械打印机、喷墨打印机和激光打印机。

击打式机械打印机是通过打印针击打色带将条码字符号打印在标签上,此种方式打印精度低、速度慢、一般不采用。

喷墨打印机的打印精度可以达到0.11mm，打印速度快且可打印彩色条码，但是易产生污点和脱墨现象，此外喷墨打印机对打印介质要求较高。

激光打印机的打印精度可以达到0.08～0.13mm，图形表现能力强，且可打印彩色标签，但是打印的速度比较慢，对介质也有较高要求。

2. 专用条码打印机

专用条码打印机是专门为打印条码而设计的打印机。如图4.3.6所示。打印方式一般有两种：热敏方式和热转印方式。有些打印机可以支持两种打印类型，打印介质可以选择成卷、单张的、连续的或折叠的标签或票据，质地为直接热敏或热转移材料。

热敏方式打印精度可达0.13mm，打印速度高，可达152.4mm/s；打印噪音低，可满足一些特殊的要求，如防潮、防油污等。但热敏方式打印的标签不能长期保存，对光热比较敏感，要避开阳光直射。此外对打印纸的要求比较高，要有对打印头的保护层。

热转印方式打印精度可以达到0.08mm，甚至更高；打印速度快，可以达203.2mm/s，噪声低，对打印纸的要求低，但是色带会有浪费且不能重复使用。

SATO MB200/400 条码打印机　　SATO DR300 条码打印机　　ZEBRA Z4M 条码打印机

图4.3.6　常见热转印/热敏方式专用条码打印机

3. 胶版印刷

胶版印刷印制精度高，速度快，适合大批量包装的条码印制，但是制版一定要经过专业印刷厂，并要经过标准局的认可。

第四节　条形码设计和选择

一、应用系统的类别对条形码码制选择的影响

条形码码制的选择与应用系统相关。应用系统可分为两大类。

(一)开环系统

此类应用系统是具有社会性的，即社会各个不同职能部门(如生产厂家、商业、使用单位等)利用条形码对条形码载体进行管理，这样的条形码系统称为开环系统。如在物资流通管理中，生产厂家生产的某种产品注册后，赋予该产品一个惟一的条形码编号，利用这一编号可对产品的生产经营状况进行跟踪管理，及时掌握该产品的产量、库存情况及质量问题，并根据这些信息，制定生产计划。该产品出厂后参与社会流通，这时商业系统也要用这个条形码编号掌握商品的销售、库存情况，避免造成积压和供货中断。许多部门还将商品出口到其他国家或地区，自始至终需要利用商品上的条形码对其进行跟踪统计。因此，要求商品上所用的条形码具有通用性，符合国际上通用的标准。

(二)闭环系统

此类应用系统是局限于某一单位或某种场合的专用的条形码管理系统,称为闭环系统。如企业考勤,可为企业内每一位工作人员制作一个带有条形码编号的考勤证,工作人员上班时,将考勤证通过条形码扫描器,这样计算机就自动地记录了该人的上班时间。由于是企业内部考勤,与其他企业或社会部门没有什么联系,因此考勤证上的条形码不一定具有通用性(而选择码制的重点在于条形码自身的特性)。

由此可见,条形码的码制选择与应用系统的性质有关。在开环系统中,选择条形码码制的依据是有关的标准。在物品流通领域中,国际上通用的码制有两种:UPC 码和 EAN 码。凡是要进入美国和加拿大的商品,在包装上必须印有 UPC 码;EAN 码作为国际上的通用物品标志系统,已为世界各国所承认。因此,若开发物品管理方面的条形码管理系统,应选用 UPC 或 EAN 码。在汽车工业中,美国"汽车制造业活动组织"(AIAG)规定了 39 码作为汽车行业的标志系统,以适应世界各国汽车工业的交流和发展。

条形码的码制选择是进行条形码技术应用系统开发中首先需要考虑的问题。有些系统可以同时选择几种码制,以适应不同的应用情况。选择合适的码制,可以给系统的开发带来许多方便,降低系统成本。

二、条形码字符集对条形码设计的影响

编码(数据源)大多采用 0 ~ 9 数字、A ~ z 字母等符号表示;有些系统的数据源只包含 0 ~ 9 十个数字;有些系统的数据源则包含更多的符号。由于各种条形码码制的字符集不同,因此在开发条形码应用系统时,应该选择与应用系统所包含的信息相适应的条形码码制。会议签到系统,可将代表团和会议代表用数字进行编码,因此可选用交叉 25 码或其他码制。在图书管理系统中,由于中文图书分类号取英文字母,因此选择码制时,该码制应包含英文字母及数字信息(如 39 码)。

三、条形码密度的影响

各种码制的信息密度有很大差别,开发条形码应用系统时,如果印、贴条形码标签的空间较小,且表示的信息量又较大时,应选用密度较高的码制。在电子元器件、小商品、医药、电路板等生产中,通常将条形码符号用于计数、出厂登记、质量跟踪和生产控制时,由于条形码符号要受产品几何尺寸的限制,必须选择信息密度高的码制,如交叉码等。在交通运输行业中,通常把条形码符号印刷在车体、集装箱和货物外包装上。对于这种有很大尺寸的几何物体,为便于操作,通常采用低密度的码制。

四、条形码安全可靠性的影响

由于各种码制的条形码符号可靠性不同,有些码制具有自校验功能,有些码制没有;而有些码制采用校验字符,有些码制不采用校验字符。

五、条形码编码库的影响

所谓编码库就是表示一定意义的专用词且与条形码之间的对应关系。通过编码库可实现常用信息的输入。

条形码编码库通常可分成两部分，一个是管理目标与条形码之间的联系部分；另一个是应用系统中操作命令等信息与条形码之间的联系部分。

管理目标编码是对所管理的内容，如图书、读者、商品等进行的编码，由于使用条形码输入可以多位混合编码，因此编码可以按一定规则进行。在人事档案管理系统中，所管理的人员的编码可以和中国居民身份证号码相类似，为了查询某一单位的人员情况，可以建立人员单位编码库。建立应用系统操作命令与条形码之间的命令编码库为管理人员使用计算机提供了极大方便。在一人应用系统中，有许多操作命令，为每个操作命令设定一个条形码编号，从而建立和制作一套条形码操作命令及其模板，这就将人与计算机之间通过键盘交互信息用条形码表示出来，同时用词组将条形码表示的信息标示出来。操作人员想进行某种操作时，只要在条形码命令模板上找到相应的命令，并扫描其对应的条形码，便完成了该种操作。

为便于管理目标在编码上更加灵活，符合企业管理中的编码要求，往往编码字符串较长，如图书按中国图书馆图书分类法及书号建立的索书号需要 8 ~ 12 位，按国际标准（ISBN）编码需要 10 位，考虑其他情况，则编码位数更长。如果使用键盘输入这样一个字符串，操作人员需要几次看字符和敲键盘才能完成，采用条形码技术仅需轻轻一划即可。而编码可以按照特性、分类、序号等多种信息的组合形式进行混合编码，从而实现应用系统程序处理上所要求的清晰简单，最大限度地保持手工操作的编码方式，不必因使用计算机而另搞一套编码系统。

六、其他因素的影响

选择条形码制时，还应考虑条形码符号印制情况，所选码制对条形码阅读器的要求，以及闭环系统向开环系统过渡的发展前景。

第五节　条形码技术的应用

在工业发达国家已经普及应用，条形码已成为商品在世界通用的“身份证”，随着技术的成熟，已成为一种及时、准确、可靠、经济的数据输入手段，并且也被物流信息系统所采用。

欧美、日本等国家已经普遍使用条形码技术，而且正在世界各地迅速推广普及，其应用领域还在不断扩大。由于采用了条形码，消费者从心理上对商品质量产生了安全感，条形码在识别伪劣产品、防假打假中也可起到重要作用。因为条形码技术具有先进、适用、容易掌握和见效快等特点，在信息（数据）采集中发挥优势。无论在商品的入库、出库、上架还是和顾客结算的过程，都要面对如何将数量巨大的商品（不论是整包包装还是拆封后单个零售）信息输入计算机中的问题。如果在单个商品的包装上，印上条形码符号，利用条形码阅读器，就可以高速、准确、及时地掌握商品的品种（货号）、数量、单价、生产厂家、出厂日期等信息。这样不仅提高了效率，同时也吸引了更多的顾客，减少或消除顾客购货后结算和付款时出现拥挤、排队现象。

条形码技术在中国将作为主要的自动识别技术，广泛应用于工业自动化控制和各类管理信息系统中，并将渗透到多技术领域和高新技术的产品中。

一、条形码在流通企业中的应用

百货商场、连锁超市分店主要使用通用商品条码，借助它来完成商品的补货、到货、销售、盘点等处理。对原包装没有通用商品条码的商品，企业必须标贴自制的内部条码。

(一)商品销售

百货商场、连锁超市分店的商品销售是通过联接在收款机上的条码识读设备来实现的。将销售商品的条码通过扫描器读入到收款机中,收款机系统自动将该商品名称和售价等信息检索出来并显示在显示屏上,然后进行结算;再由收款机回单,打印机打印输出顾客账单。

(二)自动补货订货

百货商场、连锁超市等各类商业企业利用手持终端可以进行自动补货处理,首先将商品货架上的商品条码读入,然后再用键盘输入在架数(或直接输入补货数);将取得的数据通过通信设备传送给计算机主机系统。计算机的自动补货系统将各种商品预先制定好的适量在架数与当前在架数进行比较,对在架数不足的商品进行补货处理。最终通过计算机远程通信系统网络,将要求补货的数据传给总部或配送中心。

使用手持终端读取条码自动补货可以有效地防止商品编码的输入错误,通过计算机网络进行自动补充订货可以发挥系统的整体效率,缩短从要求补货至到货的时间,从而有力支持了前台的商品销售。

(三)到货确认

应用手持终端可以方便地进行到货确认处理。申请补货的商品在到货后,使用手持终端进行每种商品条码的读入并输入到货数量,将本次到货数据传入计算机系统后,按照补货单来确认该批到货商品。

(四)盘点管理

使用手持终端将在架的所有商品的条码和数量读入,然后再传送到计算机系统中,并与计算机系统数据库中的在架商品品类及数量进行比较就可以进行盘点处理,最后由计算机系统做出损溢报告。

使用手持终端避免了以货对单或按单找货的麻烦,减少了手工处理的漏盘和重复盘货的现象。

二、配送中心条码的应用

在商品的流通过程中,需要在物流的各个环节将商品的信息随时输入到计算机中进行处理。传统的方式是由工作人员先将商品的票据与货物进行核对,然后再将票上数据输入到计算机中,这使得检货与数据输入产生脱节,并且工作人员的核对、数据的输入也会有大量错误信息存在,从而影响计算机管理系统的可靠性,商品的订货与盘点处理同样也存在这样的问题。为了解决这一问题就必须减少人为的干预,采用一定的技术手段和设备,使这一工作以简单、快速、规范,不易出差错的方式来实现,条码的应用是实现这一工作的有效途径。

在配送中心的商品管理中,由于大部分商品是整箱运输、入库存储和出库上架的,这就涉及到商品的包装箱标签与运输标签及有关的商品信息和条码标识,还有商品储存的位置码的条码标识,它们为商品信息的读取和处理带来了很大的方便。

以上所涉及的条码应用形式,在我国物流业发展、在连锁配送中心管理中都起着非常重要的作用。

(一)配送中心条码应用

1. 通用商品条码应用。通用商品条码是国际上统一的,惟一标识某一种商品的代号,它表示了一个商品最基本的信息。通用商品条码惟一表示一种商品,这种商品的其他信息可以通过检索计算机中的商品信息库得到。通用商品条码是处理商品的主要标识,商品的管理是通过它来实现的,它也是组成商品包装箱标签与运输标签内容中的一部分。

2. 包装箱条码标签。为便于装卸、仓储运输、接收发货等业务的开展,往往需要将若干件商品集中于一个包装箱之内,在包装箱上就要求注明有关商品的合同号(或订单号)、供货商代码和名称、货品号、包装数量和其他相关信息,这些信息都要具有相应的条码标识。在检验货物的过程中,可以通过包装箱标签上的条码,将有关信息传入到计算机系统中进行处理。

3. 运输条码标签。在物流配送过程中必须知道商品的补货号、配送目的、货品号、数量、分类等,按照运输标签的条码标识进行配送。在出库和验货过程中,从运输标签上的各个信息条码标识上读取并转入到计算机中。

4. 位置码。在仓储管理中需要对仓库进行划分,目的是快速、准确地存放商品和取出商品。商品存放后应将该商品的位置地址存储到计算机中去,在取出商品进行配货时就可以按照计算机存储地址去寻找。仓储位置码是通过条码来实现的,能够在存放货品地随时读取,操作简单、方便。

配送中心的主要业务环节有两个,一个是根据业务部门的订货合同或订货单,检验到货的商品,按照商品的分类和属性分配仓库货仓货位,并将这些信息输入到计算机系统中,另一个是根据各连锁分店提出的补货申请,做出配货指示书,再将配好货的商品经检验后发货,并将发货数据传送到计算机系统中。

由于我国的条码普及是近十几年的事,有些商品还没有通用的商品条码,包装箱标签和运输标签几乎没有反映有关信息的条码标识,还有些商品的通用商品条码存在误码、错码、重码、甚至伪码等,因此给条码的实际使用带来了很多困难。为了使商品的流转业务流程能够更方便、快捷、准确,当商品进入配送中心后,检验其通用商品条码和标贴内部条码就是一项非常必要的工作。内部条码先可不必全部标贴,只在商品包装箱或个别商品上标贴,以方便配送中心的业务管理。当商品出库时再配给足量的内部条码,标贴工作可由连锁店具体完成。

(二)配送中心条码应用步骤

应用计算机系统与手持终端,可以按照以下步骤完成配送中心商品出入库、盘点等管理。

1. 商品入库验收。根据订货合同(或订货单)将订货数据传送给手持终端,要为原包装没有通用商品条码的商品事先准备好内部条码,货到后先将内部条码标贴到没有原条码的相应商品包装上,用手持终端扫描每种商品的条码后,手持终端的屏上就会自动显示出每种应到货的规格数量,经核对无误后便可以直接确认,否则用键盘输入实际到货数量。

货物入库后按照其分类和属性将其安排到相应货位上,用手持终端扫描要放置商品的条码后再扫描一下货架上的位置条码。当该批次所有到货商品处理完后,利用手持终端的通信功能,就可以把商品的到货和库存位置等数据信息传送到计算机系统中。

2. 商品出库发货。根据商业网点和各连锁分店的补货申请,由计算机系统对照库存相应商品数量,制定出各店铺的补货指示书,将需要补货的商品集中后,使用已存储了该批出库数据的手持终端,扫描商品的条码确认出库的品种和数量,完成后将手持终端数据传送至计算机系统。

3. 库存盘点。使用手持终端依次扫描仓库货架上的商品条码,并输入实际库存数量,操作完成后将实际库存数传送至计算机系统,由计算机系统自动进行处理,做出各种分析报告。

对配送中心业务环节中工作量较大的货物出入库和库存操作，使用条码及手持终端管理后，可以快速、准确地将这些数据送到计算机系统中，通过计算机处理完成配送中心的商品储运管理工作。

三、条码在仓库管理中的应用

条码仓库管理是条码技术广泛应用和比较成熟的传统领域，不仅适用于商业商品库存管理，同样适用于工厂产品和原料库存管理。只有仓库管理（盘存）电子化的实现，才能使产品、原料信息资源得到充分利用。仓库管理是动态变化的，通过仓库管理（盘存）电子化系统的建立，管理者可以随时了解每种产品或原料当前货架上和仓库中的数量及其动态变化，并且定量地分析出各种产品或原料库存、销售、生产情况等信息。管理者通过它来及时进货或减少进货、调整生产，保持最优库存量，改善库存结构，加速资金周转，实现产品和原料的全面控制和管理，更新管理方式。

实施条码仓库管理（盘存）电子化的特点：

（一）实时数据

数据采集系统采用条码自动识别技术作为数据输入手段，在进行每一项产品或原料操作（如到货清点、入库、盘点）的同时，系统自动对相关数据进行处理，并为下一次操作（如财务管理、出库）做好数据准备，无停顿运行。

（二）“零”差错

由于系统几乎完全免除了物流过程中数据的人工键盘输入，大大减少了库存管理过程中数据输入差错的可能性。

（三）省人力、高效率

高速信息流的数据实时性以及科学的决策，使为了保证供应的巨大备用库存可以大幅度地减少或者成为不必要，即可实现低成本、低库存、高资金周转率、高效益。

四、条码在工业中的应用

在一盒柯达彩色胶卷上我们可以看到有四种不同的条码，它们分别应用于胶卷生产、流通、拍摄和冲印的各种不同过程。在包装盒外面的条码是商品条码；胶卷盒内侧的条码与外部的码制不同，这是供胶卷生产过程应用的，胶卷在出厂装盒以前，纸盒流经生产线并通过一个读码器（扫描器）读取纸盒内侧上的条码，保证所装胶卷的型号正确无误；胶卷暗盒上的条码是银黑相间的，装有专门装置的照相机读取这条码后，通过转换系统能自动设定照相机上的“胶片速度”钮；当胶卷拍摄完毕送进冲印设备后，条码又将信号输入冲印机进行适当的冲印处理，这种条码要待胶卷冲好后才能见到，因为它是一种隐形码，须经显影才看得见，这种条码为印制照片的工艺过程提供参数指令。

美国福特汽车公司每年向欧洲输入 150 万辆汽车，每辆都带一表明其型号、规格和总装厂的条码，取代了过去车辆在发货和转销过程中多达 11 次的人工记录出厂编号的繁琐工作。福特公司在比利时的 saor1ouis 工厂还把条码刻在车体底部的金属件上；通过装配线上某扫描装置可以对车辆自总装开始到发货出厂的全过程进行跟踪。作为福特汽车公司的竞争对手——通用汽车公司，它已经用条码来区分动力机各主要部件，如阀门、汽化器等。这些部件可组成

1550 万种不同型号的动力机，但通用公司只需要其中的 438 种，通过向计算机输入条码，则可以避免出现那些无用的机型结构。很多国家都在自动生产线上采用了条码技术，用来提高生产过程的效率和准确性。

五、机场通道

当机场的规模达到一个终端要在 2 小时内处理 10 个以上的航班时，就必须实现自动化，否则会因为来不及处理行李导致误机。当 1 小时必须处理 40 个航班时，实现自动化就是必不可少的了。

在自动化系统中，物流标识技术的优势充分体现出来，人们将条码标签按需要打印出来，系在每件行李上。条码标签是一个纸牌，系在行李的手把上。根据国际航空运输协会（IAIA）标准的要求，条码应包含航班号和目的地等信息。当运输系统把行李从登记处运到分拣系统时，一组通道式扫描器（通常由 8 个扫描器组成）包围了运输机的各个侧面：上下、前后、左右。扫描器对准每一个可能放标签的位置，甚至是行李的底部。为了提高首读率，通常会印制两个相同的条码，互相垂直粘贴在标签上。当扫描器读到条码时，会将数据传输到分拣控制器中，然后根据对照表，行李被自动分拣到目的航班的传送带上。在大的机场，每小时可能要处理 80 ~ 100 个航班，这使得首读率特别重要。任何未被扫描器读出的行李都将被分拣到人工编码点，由人工输入数据，速度是每分钟 10 ~ 20 件。对于印刷清晰、装载有序的自动分拣系统，首读率应该大于 90% 。

六、货物通道

在美国有三个最大的邮包投递公司，即联邦快递、联合包裹服务和 RPS，每天要处理大约 1700 万件包裹，其中 700 万件是要在 1 ~ 3 天内送达的快件。这些包裹的处理量之大难以置信，而且数量还在不断增长，运输机系统变得更复杂，运作速度也比以往更快。

包裹运输公司不能像制造厂家那样决定条码位置，它可以指定一种码制，但不能规定条码的位置，因为包裹在传送带上的方向是随机的，且以 3 m/s 的速度运动。为了保证快件及时送达，不可能采用降低处理速度的办法。它面临的问题不是如何保持包裹的方向，使条码对着扫描器，而是如何准确地阅读这些随机摆放的包裹上的条码，解决的办法就是扫描通道。

几乎和机场的通道一样，货物通道也是由一组扫描器组成。全方位扫描器能够从所有的方向上识读条码，上下、前后和左右。这些扫描器可以识读任意方向、任意面上的条码，无论包裹有多大，无论运输机的速度有多快，无论包裹间的距离有多小。所有扫描器一起运作，决定当前哪些条码需要识读，然后把一个个信息传送给主计算机或控制系统。

货物扫描通道为进一步采集包裹数据提供了极好的机会。新一代的货物通道可以以很高的速度同时采集包裹上的每一条码标识符、实际的包裹尺寸和包裹的重量信息，且这个过程不需要人工干预。因为包裹投递服务是按尺寸和重量收费的，这些信息对计算营业额十分重要。

实验实训：

1. 可以让学生考察身边商品或报纸刊物的条形码，分析其结构。
2. 可以选择几个具有代表意义的条形码阅读器，让学生了解如何使用并且熟悉其特点。

教学建议：

针对高职特点，让学生掌握条形码的应用和方案实施的意义，并且了解其在物流行业中发挥的巨大作用。

※ 思考题

1. 简述条形码的发展历史。
2. 条形码有哪些构成和基本术语?
3. 自动识别技术是什么?
4. 什么是定量商品单元,什么是变量商品单元,并举例说明。
5. 说明EAN校验的计算方法。
6. 交叉25码的结构是什么?
7. 目前条形码阅读器一般分为哪些?有什么特点?
8. 谈谈条形码的应用。

参考资料:

1. 韦元华、舟子主编:《条形码技术与应用》,中国纺织出版社,2003年
2. 胡松评编著:《向沃尔玛学供应链管理——时代光华培训大系》,北京大学出版社,2006年
3. 刘小卉主编:《物流管理信息系统》,复旦大学出版社,2006年
4. 范新辉主编:《物流信息系统应用》,机械工业出版社,2006年
5. 蔡淑琴著:《物流信息系统》,中国物资出版社,2005年
6. 阎子刚著:《物流信息技术》,高等教育出版社,2003年
7. 李苏剑等著:《物流管理信息系统理论与案例》,电子工业出版社,2005年

◆——第五章　射频识别技术

* 本章主要内容

- 射频识别技术的基本原理
- 电子标签的特点
- 射频识别技术在现代物流中的应用

* **导入案例**

射频识别技术在沃尔玛的应用

全球零售巨人沃尔玛百货公司(Wal - Mart)要求它最大的100家供应商在2005年开始采用RFID(radio frequency identification)技术。当使用了RFID的货盘和货物标签开始全面进入沃尔玛在美国德克萨斯州的三个物流中心时，其数据信息也开始进入沃尔玛网络化的供应商协作系统，标志着沃尔玛已经开始了一场供应链管理的革命。

阿肯色大学独立进行的一项研究初步发现，沃尔玛的一些商场采用了以RFID技术支持的电子产品编码(EPC)，与没有采用这种技术的普通商场相比，商品脱销率降低了16%。并且，相同的货物脱销，有EPC的货物补充的速度比用条形码的快三倍。同样重要的是，沃尔玛人工订货减少了，从而使库存量降低了。

从2006年1月开始，沃尔玛下一批200个供应商供货时，货箱货盘必须贴有EPC标签。预计到2007年1月，将有另一批300个供应商的货箱货盘开始采用RFID标签。加上2005年的100家和2006年的200家，到2007年初沃尔玛采用RFID的供应商将超过600家。

第一节　射频识别技术概述

一、自动识别技术简介

自动识别技术就是应用一定的识别装置，通过被识别物品和识别装置之间的接近活动，自动地获取被识别物品的相关信息，并提供给后台的计算机处理系统来完成相关后续处理的一种技术。当前主要的自动识别技术有：条码识别技术、智能卡识别技术、光字符识别技术、语音识别技术、射频识别技术、视觉识别技术、生物特征识别技术、图像识别技术和其他自动识别技术。

完整的自动识别计算机管理系统包括自动识别系统(Auto Identification System，简称AIDS)，应用程序接口(Application Interface，简称API)或者中间件(Middleware)和应用系统软件(Application Software)。自动识别系统完成系统的采集和存储工作，应用系统软件对自动识别系统所采集的数据进行应用处理，而应用程序接口软件则提供自动识别系统和应用系统软件之间的通讯接口，将自动识别系统采集的数据信息转换成应用软件系统可以识别和利用的信息并进行数据传递。

例如，超市中广泛使用的条形码扫描系统就是一种典型的自动识别技术。售货员通过扫描仪扫描商品的条码，获取商品的名称、价格，输入数量，POS 系统即可计算出该批商品的价格，从而完成顾客的结算。

二、射频识别技术概述

射频识别技术 RFID（Radio Frequency Identification Technology）是无线电技术在自动识别领域中的应用，属于非接触式自动识别技术。它通过射频信号自动识别目标对象并获取相关数据。射频系统的优点是不局限于视线，识别距离比光学系统远，射频识别卡具有可读写能力，能携带大量数据、难以伪造、智能性较高。短距离射频产品不怕油渍、灰尘污染等恶劣的环境，可以替代条码，例如用在工厂的流水线上跟踪物体。长距射频产品多用于交通上，识别距离可达几十米，如自动收费或识别车辆身份等。

RFID 技术其实不是一项新的技术，只是在是 20 世纪 80 年代才开始走向成熟。早在 1985 年，美国在研究哥伦比亚鲑鱼迁移的特性中使用了 RFID 技术，获得了很大的成功。在欧洲，RFID 的技术早就在工业自动化、商业自动化、仓储管理以及运输控制等领域开始使用。欧共体规定在 1997 年后生产的新车型必须装有基于 RFID 技术的防盗装置。RFID 改变了生活中的很多方面，同样的这种高效的新技术也给供应链管理带来了巨大的影响。

表 5.1.1　　RFID 技术发展历程表

时　间	RFID 技术发展
1941～1950 年	雷达的改进和应用催生了 RFID 技术，1948 年奠定了 RFID 技术的理论基础。
1951～1960 年	早期 RFID 技术的探索阶段，主要处于实验室实验研究。
1961～1970 年	RFID 技术的理论得到了发展，开始了一些应用尝试。
1971～1980 年	RFID 技术与产品研发处于一个大发展时期，各种 RFID 技术测试得到加速。出现了一些最早的 RFID 应用。
1981～1990 年	RFID 技术及产品进入商业应用阶段，各种封闭系统应用开始出现。
1991～2000 年	RFID 技术标准化问题日趋得到重视，RFID 产品得到广泛采用。
2001～现在	标准化问题日趋为人们所重视，RFID 产品种类更加丰富，有源电子标签、无源电子标签及半无源电子标签均得到发展，电子标签成本不断降低。

资料来源：RFID 技术的发展历史和标准现状. 计世网（www. ccw. com. cn）

由于射频识别技术有以上优点，应用范围逐步增加，随着使用成本的逐年下降，大有取代条形码和 IC 卡的趋势。表 5.1.2 对几种常用的自动识别技术进行了比较。

表 5.1.2　　几种常用自动识别技术的比较

识别技术	信息量	读/写性	保密性	智能化	成本
条码	小	只读	差	无	最低
磁卡	一般	读/写	一般	无	低
IC 卡	大	读/写	好	有	较高
RFID 卡	大	读/写	好	有	较高

资料来源：陈子侠，RFID 技术的应用与现代物流，商业研究，2003，（06）

第二节　RFID 系统的组成及基本原理

一、RFID 系统的组成

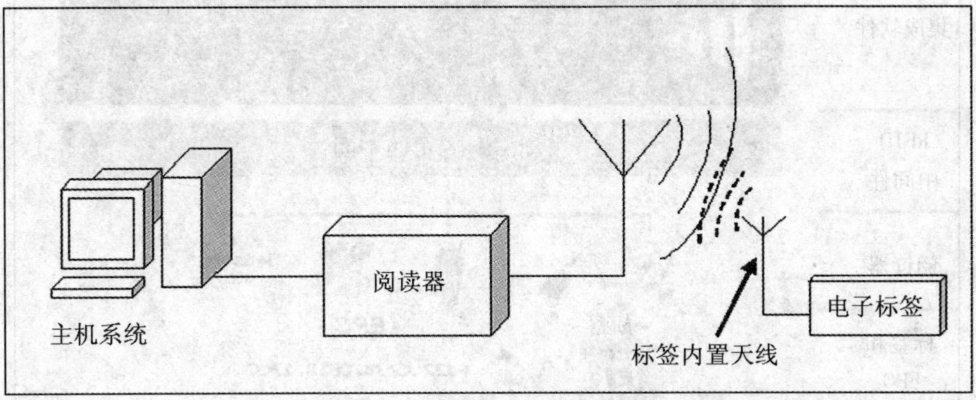

图 5.2.1　RFID 系统基本组成

如图 5.2.1 所示,一个基本的 RFID 系统由电子标签、阅读器、主机系统三个部分组成。

1. 电子标签

电子标签(Tag)由耦合元件及芯片组成,内置射频天线,用于和阅读器进行通信。电子标签携带着电子产品码 EPC(Electronic Product Code),EPC 记录着每个物品的全球惟一标识,由一个版本号加上另外三段数据组成,位数有 64 位、96 位和 256 位等多种格式。

RFID 系统使用的电子标签分为三种:无源标签、有源标签与半有源标签。关于电子标签的特点本章第 4 节将作进一步阐述。

2. 阅读器

阅读器(Reader)负责与电子标签的双向通信,使用多种方式与标签交互信息,采集标签数据,同时接受来自于主机系统的控制指令。阅读器的频率决定了 RFID 系统工作的频段,其功率决定了射频识别的有效距离。

3. 主机系统是针对不同行业的特定需求而开发的应用软件系统,它可以有效地控制阅读器对标签信息进行读写,并且对收集到的目标信息进行集中的统计与处理。

主机系统可以集成到现有的电子商务和电子政务平台中,通过与 ERP、CRM 及 SCM 等系统集成,提高工作效率。

总之,RFID 应用系统不是一个孤立的系统,它需要和其他系统集成,才能发挥出更大的作用。对 RFID 阅读器产生的大量数据的可靠传输,分析处理等需求,将推动 EAI,ESB,BI 等企业软件的发展。参见图 5.2.2。

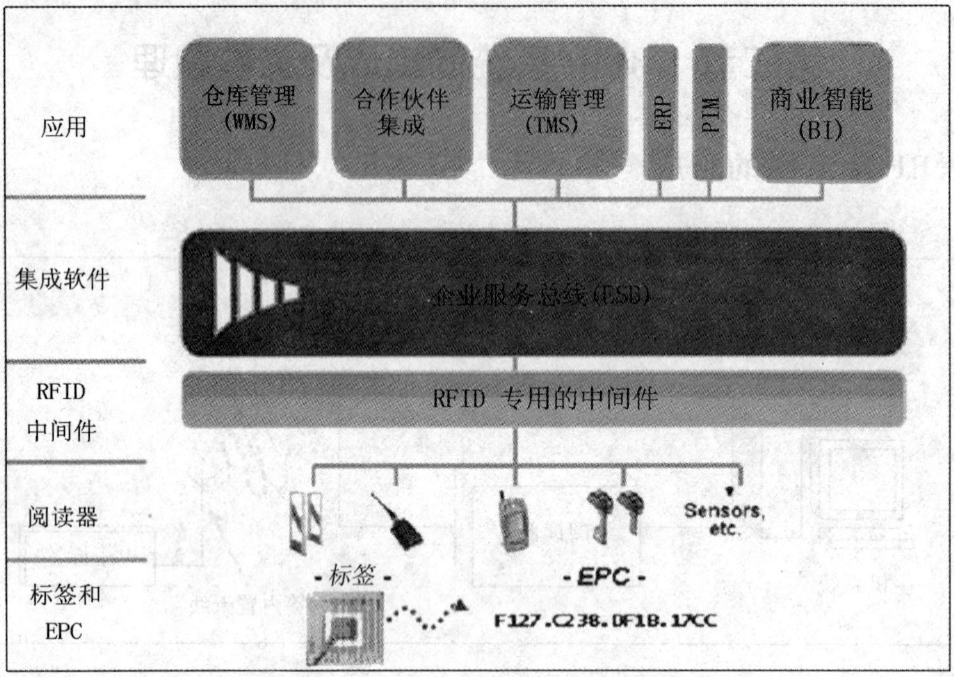

图 5.2.2　RFID 商业应用系统的组成

二、RFID 系统的基本原理

RFID 系统是利用感应无线电波或微波能量进行非接触式双向通信、识别和交换数据的自动识别技术。电子标签由耦合元件及芯片组成，里面含有内置天线，阅读器与电子标签之间可按约定的通信协议互传信息。

RFID 系统的基本工作流程是：阅读器通过发射天线发送一定频率的射频信号，当电子标签进入发射天线工作区域时，产生感应电流，电子标签获得能量被激活，将自身编码等信息通过卡内置发送天线发送出去；系统接收天线接收到从电子标签发送来的载波信号，经天线调节器传送到阅读器，阅读器对接收的信号进行解调和解码，然后送到后台主系统进行相关处理。主系统根据逻辑运算判断该卡的合法性，针对不同的设定做出相应的处理和控制，发出指令信号控制执行机构动作。参见图 5.2.3。

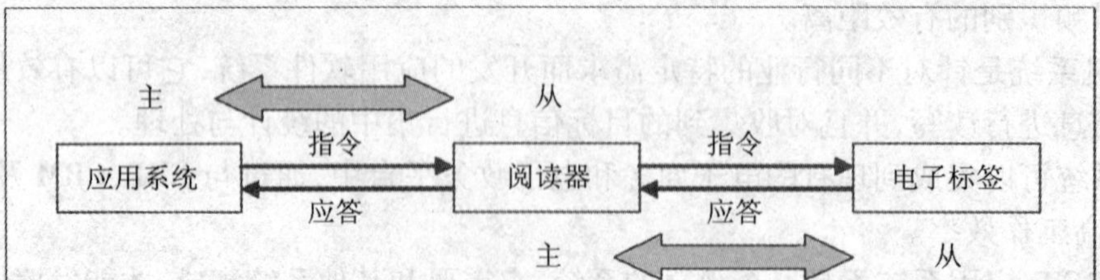

图 5.2.3　RFID 系统工作原理

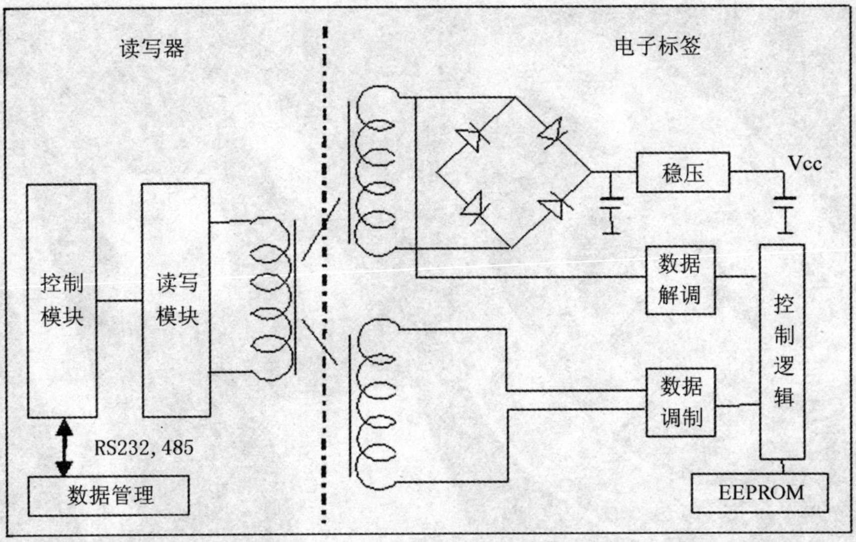

图 5.2.4　RFID 系统电子标签与读写器工作原理

RFID 系统两个重要的组成部分是电子标签和阅读器(或称读写器),它们实现系统的信息采集和存储功能。

电子标签由天线和专用芯片组成,天线是在塑料片基上镀上的铜膜线圈,在塑料基片上还嵌有体积非常小的集成电路芯片,芯片中有高速的射频接口。阅读器(或读写器)的控制模块能够实现与应用系统软件进行通信、执行应用系统软件发来的命令的功能。其工作原理参见图 5.2.4。

图 5.2.5 和图 5.2.6 分别为台式读写器和手持式读写器产品,图 5.2.7 为电子标签产品。

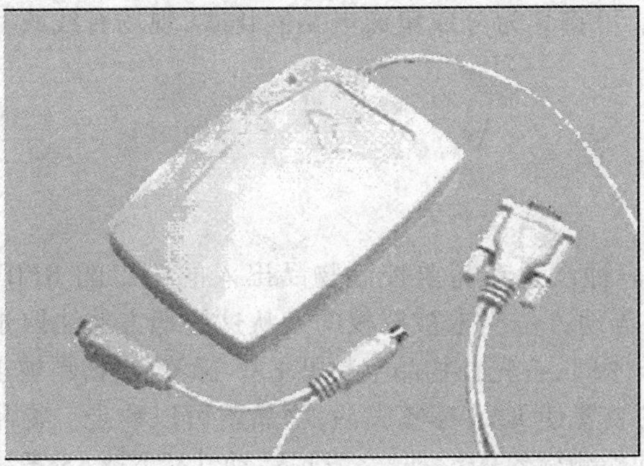

图 5.2.5　RFID 系统台式读写器

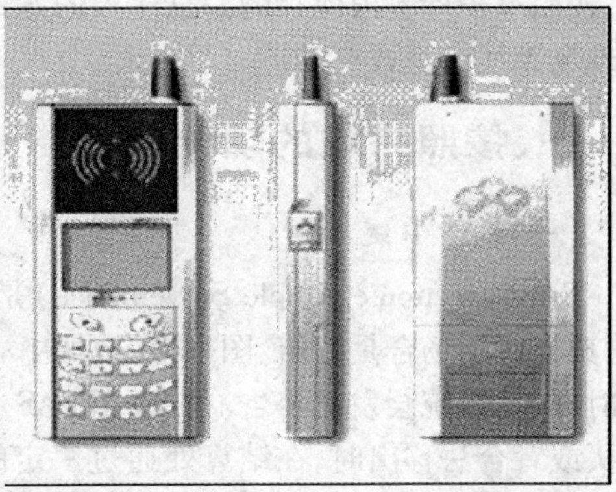

图 5.2.6　RFID 系统手持式读写器

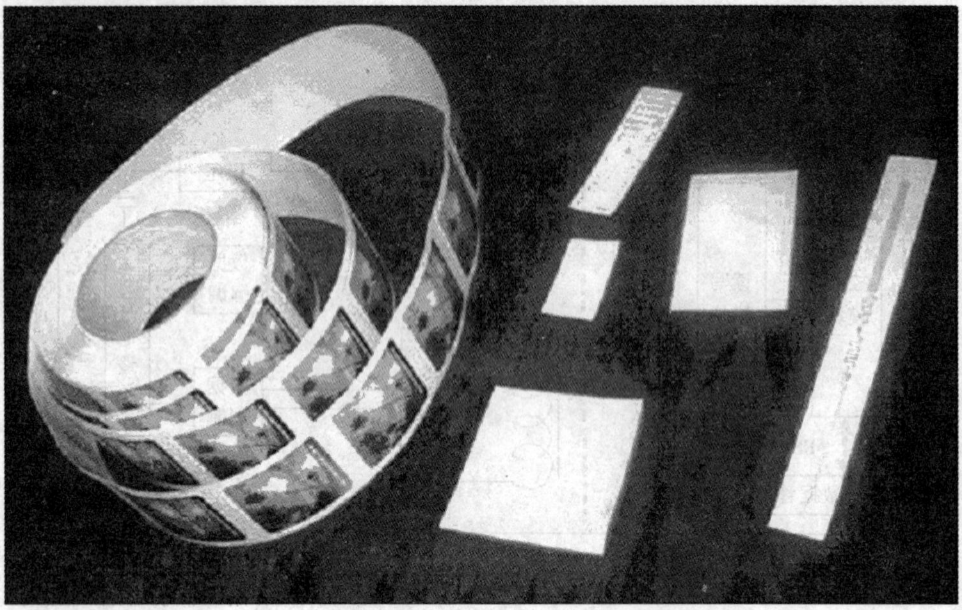

图 5.2.7　RFID 系统电子标签产品实例

第三节　RFID 系统的分类

RFID 系统种类很多,有多种不同的分类方法。按照完成的功能不同,可分为 EAS 系统、便携式数据采集系统、网络系统、定位系统四类;按照采用的频率不同,可分为低频系统和高频系统两大类;按照电子标签内是否装有电池为其供电,又可将其分为有源系统和无源系统两类;按照电子标签内保存的信息注入的方式,可将其为分成集成电路固化式、现场有线改写式和现场无线改写式三类。

一、按照完成的功能分类

(一)EAS 系统

EAS(Electronic Article Surveillance)是一种设置在需要控制物品出入的门口的 RFID 技术,典型应用场合是商店、图书馆、数据中心等地方。当未被授权的人从这些地方非法取走物品时,EAS 系统会发出警告。在应用 EAS 技术时,首先在物品上粘贴 EAS 标签,当物品被正常购买或者合法移出时,在结算处通过一定的装置使 EAS 标签失活,物品就可以取走。物品经过装有 EAS 系统的门口时,EAS 装置能自动检测标签的活动性,发现活动性标签 EAS 系统会发出警告。EAS 技术的应用可以有效防止物品的被盗。

(二)便携式数据采集系统

便携式数据采集系统是使用带有 RFID 阅读器的手持式数据采集器采集 RFID 标签上的数据。这种系统灵活性强,适用于不宜安装固定式 RFID 系统的环境。手持式阅读器(数据输入终端)可以在读取数据的同时,通过无线电波数据传输方式实时地向主计算机系统传输数据，也可以暂时将数据存储在阅读器中，再批量向主计算机系统传输数据。

（三）物流控制系统

在物流控制系统中，固定布置的 RFID 阅读器分散布置在给定的区域，阅读器直接与数据管理信息系统相连，信号发射机是移动的，一般安装在移动的物体、人上面。当物体、人流经阅读器时，阅读器会自动扫描标签上的信息并把数据信息输入数据管理信息系统存储、分析、处理，达到控制物流的目的。

（四）定位系统

定位系统用于自动化加工系统中的定位以及对车辆、轮船等进行运行定位支持。阅读器放置在移动的车辆、轮船上或者自动化流水线中移动的物料、半成品、成品上，信号发射机嵌入到操作环境的地表下面。信号发射机上存储有位置识别信息，阅读器一般通过无线的方式或者有线的方式连接到主信息管理系统。

二、按照采用频率分类

（一）低频系统

一般指其工作频率小于 30MHz，典型的工作频率有：125KHz、225KHz、13.56M 等，基于这些频点的射频识别系统一般都有相应的国际标准。其基本特点是电子标签的成本较低、标签内保存的数据量较少、阅读距离较短（无源情况，典型阅读距离为 10cm）、电子标签外形多样（卡状、环状、钮扣状、笔状）、阅读天线方向性不强等。

（二）高频系统

一般指其工作频率大于 400MHz，典型的工作频段有：915MHz、2450MHz、5800MHz 等。高频系统在这些频段上也有众多的国际标准予以支持。高频系统的基本特点是电子标签及阅读器成本均较高、标签内保存的数据量较大、阅读距离较远（可达几米至十几米），适应物体高速运动性能好、外形一般为卡状、阅读天线及电子标签天线均有较强的方向性。

关于 RFID 频率的国际使用情况和我国标准参见表 5.3.1 和表 5.3.2。

表 5.3.1　　国际上 RFID 频率的使用情况

频　率	空间耦合方式	主要用途	特点及问题
125KHz 左右	电感耦合（近场）	家畜识别；自动化生产线；精密仪器	工作距离十分小，速度低，本底电磁噪声高
13.56MHz 左右	电感耦合（近场）	无线 IC 卡；防盗；自动化生产线等	工作距离为近场，由于允许的带宽只有 14KHz，其所采用的窄带调谐天线易受环境影响而失谐，同时速率较低，不适合大规模使用
433MHz 左右	反向散射耦合（远场）	货物管理及特定场合	该频段电磁波绕射能力强，工作距离较远，但天线尺寸较大，该频段附近的无线电业务繁杂，容易引起干扰问题。

800/900MHz 段	反向散射耦合（远场）	商品货物流通	该频段电磁波绕射能力强，最大工作距离较远，可达8米左右，甚至到10米。背景电磁噪声小，天线尺寸适中，射频标签易于实现。是全球范围内货物流通领域大规模使用 RFID 技术的最合适频段。但此频段除国际电联划分的第二区中的国家将 902－928MHz 为 ISM 频段外，其他国家和地区在使用时都必须考虑与已有无线电业务的电磁兼容问题
2.4G/5.8GHz 段	反向散射耦合（远场）	车辆识别；货物流通	该频段电磁波为视距传播，绕射能力较差，且相对来讲空间损耗大，因此工作范围小。由于频率高，相对而言制造成本较大。同时该频段为 ISM 频段，电磁环境复杂，干扰问题在特定场合可能较为突出

注：ISM 频段（Industrial Scientific Medical），分为工业（902－928MHz）、科学研究（2.42－2.4835GHz）和医疗（5.725－5.850GHz），是由美国联邦通信委员会（FCC）分配的不必许可证的无线电频段（功率不能超过 1W）。

表 5.3.2　　中国目前用于 RFID 的频率及相关技术指标

频　率	发射场强或功率	政策依据	应用场合
50KHz－190KHz	发射磁场强度： 72dBμA/m（10 米处准峰值） 杂散发射限值： 27dBμA/m（10 米处准峰值）	“关于增加短距离无线电设备使用的通知” 信无函［2004］10 号	不限
13.553－13.567MHz	电场强度：准峰值 10020μV/m（3 米处频率容限）	“微功率（短距离）无线电设备管理暂行规定” （信部［1998］178 号）	不限
900MHz 三个频率	0.3－1.6W（天线端口）	信无［1999］70 号	只限用于铁路车辆自动识别，该文件有效期为到 2004 年底，正在研究续用的有关事项。
主动通信方式： 上行：5.795GHz、5.805GHz 下行：5.835 GHz 5.845 GHz 被动式通信方式： 下行频率： 5.7975 GHz 5.8025 GHz 5.8075 GHz 5.8125 GHz	发射功率：主动式：300mW（e.i.r.p） 被动式：2W（e.i.r.p）	“关于 5.8GHz 频段智能交通管理专用无线短距离通信系统有关问题的通知” （信部无函［2003］225 号）	智能交通专用。

三、其他几种分类方式概述

(一)有源系统和无源系统

有源系统的电子标签内装有电池,一般具有较远的阅读距离,不足之处是电池的寿命有限(3~10年)。无源电子标签内无电池,它接收到阅读器(读出装置)发出的微波信号后,将部分微波能量转化为直流电供自己工作,一般可做到免维护。相比有源系统,无源系统在阅读距离及适应物体运动速度方面略有限制。

(二)集成电路固化式、现场有线改写式和现场无线改写式

集成固化式电子标签内的信息一般在集成电路生产时即将信息以ROM工艺模式注入,其保存的信息是一成不变的;现场有线改写式电子标签一般将电子标签保存的信息写入其内部的E2存贮区中,改写时需要专用的编程器或写入器,改写过程中必须为其供电;现场无线改写式电子标签一般适用于有源类电子标签,具有特定的改写指令,电子标签内保存的信息也位于其中的E2存贮区。一般情况下改写电子标签数据所需时间远大于读取电子标签数据所需时间。通常,改写所需时间为秒级,阅读时间为毫秒级。

第四节　电子标签的特点

一、电子标签的种类

按照不同的分类标准,电子标签可分为许多不同的类型,除了可以参照前文所述按系统使用的频率分类,还可以按以下几个方法进行分类。

(一)主动式标签与被动式标签

主动式标签(Active tags),自身带有电池供电,读/写距离较远,体积较大,与被动标签相比成本更高,也称为有源标签,一般具有较远的阅读距离,不足之处是电池不能长久使用,能量耗尽后需更换电池。被动式标签(Passive tags),在接收到阅读器(读出装置)发出的微波信号后,将部分微波能量转化为直流电供自己工作,一般可做到免维护,成本很低,并具有很长的使用寿命,比主动标签更小也更轻,读写距离则较近,也称为无源标签。相比有源系统,无源系统在阅读距离及适应物体运动速度方面略有限制。

(二)只读式标签与可读写标签

按照存储的信息是否能够被改写,电子标签可分为只读式标签(Read Only)和可读写标签(Read and Write)。

只读式标签内的信息在集成电路生产时即将信息写入,以后不能修改,只能被专门设备读取;可读写标签将保存的信息写入其内部的存贮区,需要改写时也可以采用专门的编程或写入设备擦写,常用的存储器是EEPROM(电可擦除可编程只读存储器),这种存储器在加电的情况下,可以实现对原有数据的擦除及数据的重新写入。

(三)标识标签与便携式数据文件

根据标签中存储器数据存储能力的不同,可以把电子标签分成仅用于标识目的的标识标

签与便携式数据文件两种。

对于标识标签来说，把一个数字或者多个数字字母字符串存储在标签中，是为了识别的目的，或者是进入信息管理系统中数据库的钥匙（Key）。条码技术中标准码制的号码，如 EAN/UPC 码，或者混合编码，或者标签使用者按照特别的方法编的号码，都可以存储在标识标签中。标识标签中存储的只是标识号码，用于对特定的标识项目，如人、物、地点进行标识，关于被标识项目的详细的特定的信息，只能在与系统相连接的主计算机数据库中进行查找。使用 RFID 技术时，这些信息就存储在电子标签中。

顾名思义，便携式数据文件就是说标签中存储的数据非常大，可以看作是一个数据文件。这种标签一般都是用户可编程的，标签中除了存储标识码外，还存储有大量的被标识项目其他的相关信息，如产品的价格、产地、制造商、制造日期、产品注意事项等关键信息。在实际应用中，关于被标识项目的所有的信息都是存储在标签中的，读标签就可以得到关于被标识项目的所有信息，而不用再连接到数据库进行信息读取，大大提高读取的速度，物品的信息说明一目了然。另外，随着标签存储能力的提高，可以提供组织数据的能力，在读标签的过程中，可以根据特定的应用目的控制数据的读出，实现在不同的情况下读出的数据部分不同。

二、电子标签的优点

RFID 是一项易于操控，简单实用且特别适合用于自动化控制的灵活性的应用技术，识别工作无须人工干预，它既可支持只读工作模式也可支持读写工作模式，且无需接触或瞄准；可工作在恶劣环境下；长距射频产品识别距离可达几十米，多用于交通上，如自动收费或识别车辆身份等。其所具备的独特优越性是其他识别技术无法比拟的：

（一）速度快，防冲突

阅读器读取电子标签的速度快，标签一进入磁场，阅读器就可以即时读取其中的信息。具备快速防冲突机制，能防止卡片之间出现数据干扰，读写器可以同时处理多张电子标签。

（二）非接触性

电子标签的读写属于非接触操作，避免了由于接触不良所造成的读写错误等操作，即使在卡上有灰尘、油污或处于黑暗等外部恶劣环境下也不影响对卡的读写。

（三）抗污染、高可靠性和耐久性

电子标签与读写器之间无机械接触，避免了由于接触读写而产生的各种故障。电子标签一般采用柔性塑料或化纤基材，对水、油和化学药品等物质有很强的抵抗性，可以防止由于粗暴插卡、非卡外物插入、灰尘、油污导致接触不良等原因造成的故障。卡表面无裸露的芯片，无须担心芯片脱落、静电击穿，弯曲损坏等问题，卡的使用寿命可达 10 年以上。

（四）体积小型化、形式多样化

电子标签的读取精度不受标签大小和形状的影响，标签的形式可以小型化、多样化，以适应于不同的应用环境。

（五）数据存储容量大，可重复使用

二维条码的最大容量也仅可存储 2 至数百字节，电子标签最大容量目前可以达到数千字节甚至上兆字节。由于电子标签内的数据可动态更改，所以标签可以回收重复使用。另外，电子标签内有多个分区,每个分区又各自有自己的密码,可以将不同的分区用于不同的应用,实现一卡多用。

(六)穿透性和无障碍阅读

读取方便快捷,数据的读取无需光源,甚至可以透过外包装来进行。RFID 可以穿透纸张、木材和塑料等非金属或非透明材质,可以在多种复杂的环境中使用,实现远距离操作。

(七)加密性强、安全性能好

电子标签存储的是电子信息,数据可以由密码保护,内部的序号也是唯一的,制造厂家在产品出厂前已将此序列号固化,不可再更改。工作时,电子标签验证读写器的合法性,同时读写器也验证电子标签的合法性;处理前,标签要与读写器进行三次相互认证,而且在通讯过程中所有的数据都加密。

(八)动态实时通信

标签以每秒 50 ~ 100 次的频率与阅读器进行通信,所以只要 RFID 标签所附着的物体出现在解读器的有效识别范围内,就可以对其位置进行动态的追踪和监控。

三、电子标签存在的问题

(一)成本问题

电子标签的成本是制约电子标签彻底取代传统条形码的一个非常重要的因素。目前一个 RFID 标签的价格大概在 25 到 30 美分左右,对于一个价值较低的商品来说,这样的价格显然是无法接受的。另外,RFID 其他相关设备,如 RF 信号发射机、信号接收机、编程器、天线等也需要一笔巨大的投入。据有关机构测算,当一个电子标签的成本降至为七分人民币时,电子标签将会完全取代条形码标签。国外有关机构预计,在五年后电子标签的成本可望降到这个水平。

(二)标准问题

截至到目前为止,电子标签技术在全球范围内,还没有达成业界共识的统一标准,目前各个厂家推出的产品互不兼容,这对电子标签产品的发展造成了阻碍展。

(三)隐私问题

电子标签的安全性仍然令人担心。电子标签固然可以防盗,但消费者可能因此受到非法监控。例如若有人携带一个 RF 扫描器上街,那么路上行人购物袋里的东西将会“一览无遗”;如果人们所穿的衣服是内嵌电子标签的,那么这个人的行踪或私密的消费活动将无所遁形;如果将电子标签内嵌到商品,再与消费者的信用卡数据相结合,个人数据将会泄露。这些问题一方面会引起消费者的恐慌,另一方面也为新的犯罪活动提供了便利。

第五节　射频识别技术在物流中的应用

RFID 技术在许多行业中都有着较好的运用和发展前景,除了已有的成功应用,RFID 的潜力也在不断地被发掘出来。目前 RFID 市场拥有三大发展趋势:

1. 更加全球化,而美国将在全球化 RFID 市场中继续保持其稳定的领先地位。

2. 西门子、三星、KSW 和 Rafsec 等日本、韩国和欧洲发达国家的 RFID 技术产业发展迅速，与美国展开了越来越激烈的竞争。

3. RFID 的读写器、网络界面标准、技术革新、器材回收、数据信息库建立、设备材料成本以及技术标准规范等问题，被提到议事日程上。

在物流与供应链行业中，射频识别技术同样有广泛的应用前景。这与 RFID 技术的特点以及物流管理方面的需要有关。以下是射频识别技术在物流行业运用的一些实例。

一、仓储管理

仓储管理广泛应用于各个行业，设计及建立整套的仓储管理流程，提高仓储周转率，减少运营资金的占用，使冻结的资产变成现金，减少由于仓储淘汰所造成的成本，是为企业提高生产效率的重要环节。现以清华同方 RFID 仓储管理系统解决方案为例作简要介绍。

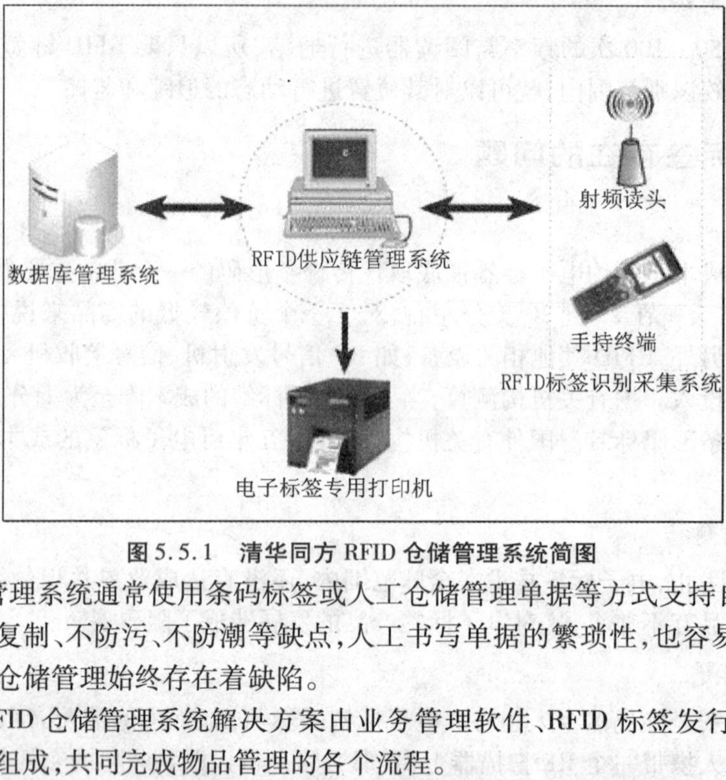

图 5.5.1 清华同方 RFID 仓储管理系统简图

目前，仓储管理系统通常使用条码标签或人工仓储管理单据等方式支持自有的仓储管理。但是条码有易被复制、不防污、不防潮等缺点，人工书写单据的繁琐性，也容易造成人为损失，使得现在国内的仓储管理始终存在着缺陷。

清华同方 RFID 仓储管理系统解决方案由业务管理软件、RFID 标签发行系统和 RFID 标签识别采集系统组成，共同完成物品管理的各个流程。

其中，后台数据库管理系统是整个系统的核心，RFID 识别采集是实现管理功能的基础和手段。后台管理软件由中心数据服务器和管理终端组成，是系统的数据中心，负责与手持机通讯，将手持机上传的数据转换并插入到后台业务仓储管理系统的数据库中，对标签管理信息、发行标签和采集的标签信息集中进行储存和处理。RFID 标签发行系统由电子标签专用打印机和标签制作管理软件组成，负责完成库位标签、物品标签、箱标签的信息写入和标签表面信息打印工作。电子标签专用打印机采用内嵌非接触读写器的工业级热转印打印机，能够在标签芯片写入信息的同时在标签表面打印预先设定的内容信息。标签制作管理软件的核心是标签制作函数动态连接库，它嵌入在后台系统内，为后台仓储管理系统提供操作打印机制作标签的开发接口函数。基于该动态库还提供了一个独立的标签制作软件，可以手工输入标签数据，便于临时制作标签。RFID 标签识别采集系统可通过手持机或固定位置终端采集标签信息,完成标签数据的存储,并通过 RFID 中间件与管理中心进行数据的交换。

整个系统包含以下功能模块:系统管理、标签制作、入库管理、出库管理、盘点管理、调拨管理、退换管理、报表分析、终端数据采集程序。该系统有如下特点:

1. 将整个仓库管理与射频识别技术相结合,能够高效地完成各种业务操作,改进仓储管理,提升效率及价值;

2. 提高物品出入库过程中的识别率,可不开箱检查,并同时识别多个物品,提高出入库效率;

3. 缩减盘点周期,提高数据实时性,实时动态掌握库存情况,实现对库存物品的可视化管理;

4. 采用射频技术能大大提高拣选与分发过程的效率与准确率,并加快配送的速度,减少人工、降低配送成本;

5. 精确掌握物资情况,优化合理库存。

将 RFID 系统用于智能仓库货物管理,解决了仓库里与货物流动有关的信息的管理,降低了差错率,提高了工作效率。

二、零售业与未来商店

(一)零售业

沃尔玛、家乐福和麦德龙世界零售三大巨鳄在争夺市场时,不约而同地选择了 RFID 作为技术创新,这既预示着条形码的地位开始受到挑战,也预示着零售业供应链的革命。

为什么 RFID 技术受到零售商的如此青睐?因为它不仅可实时地识别产品、跟踪库存及物品到期日,而且还能防范窃贼、方便付费、查看客户积分卡的状态,以及使用自动检测设备和智能秤来监视并为水果和蔬菜称重。此外,RFID 技术还可以使顾客能够在商店和销售点获取信息和多媒体服务。这些特点正好切合零售商的需求 。

以沃尔玛为例:沃尔玛的供应商按照配送中心发来的订单分拣好产品,随即交付运送。在沃尔玛配送中心的接货口,商品通过门口时即由 RFID 解读器自动完成盘点并输入沃尔玛的数据库;商品被直接送上传送带后,配送中心按照各个门店所需要的商品种类与数量进行配货,并且无需人工调整商品摆放朝向;商品装车在发往各门店的途中,借助 GPS 定位系统或者沿途设置的 RFID 监测点,就可以准确地了解商品的位置与完备性,从而准确预知运抵时间;运抵门店后,卡车直接通过接货口安装的 RFID 解读器,商品即清点完毕,或直接上架出售,或暂时保存在门店仓库中,门店数据库中的库存信息也随之更新;随着商品减少,装有 RFID 解读器的货架即自动提醒店员进行补货;由于顾客改变了购买决策而随意放置的商品,也可以通过覆盖了整个门店的 RFID 解读器非常容易地找到并由店员归位。顾客选购结束后,只需要推车从安装有 RFID 解读器的过道中通过,商品的统计即自动完成;一般顾客可以选择现金、信用卡等传统结算方式,使用带有 RFID 标签结算卡的顾客则可以选择 RFID 结账,即由系统自动扣除款项,排队付款的烦恼就会大幅减少甚至全部消除。此外,商品一旦进入到 RFID 解读器覆盖的各个场所,RFID 系统就自动承担起 EAS 电子商品监控的功能,从而有效地防止商品失窃。

据美国托运人研究中心 2005 年底的一份研究报告指出,沃尔玛在其美国和世界各地的零售商场和配送中心普遍采用 RFID 标签技术以后,避免了订货和货物发送的重复操作和遗漏,更不会出现产品或者商品供应链经营操作规程中的死角和黑箱,货物短缺和货架上的产品脱销发生率降低 16%,从而大幅度提高客户服务满意率。

另一份来自美国阿肯萨斯大学的报告称,到 2005 年 10 月底,沃尔玛已经把射频识别技术(RFID)等现代化供应链经营管理技术,推广到美国和世界各地的 500 多家沃尔玛零售商场和连锁店。到 2006 年底将把 RFID 技术的使用范围扩大到 1000 余家。即凡是沃尔玛零售商集团名下的所有店铺货架上的商品,供货商的产品包装箱和货物托盘等等全部必须使用 RFID 标签,与其配套的扫描跟踪屏幕显示机读器也必须到位。其目标就是通过射频识别技术和电子信息网络,在第一时间和第一现场全面掌握有关沃尔玛商场货架上、托盘上、仓库中和运输途中的货物动态,精确度可以达到 99% 以上,实现商场货架快速补充物流战略。这种战略最大优势就是通过缩短供货周期,增加小批量、多品种和大范围产品的供货频率,进一步大幅度降低存货成本,提高货架供应的经济效益。这项物流服务革新措施仅仅在 2004 年就为沃尔玛零售集团增加收益 2.85 亿美元。

(二)未来商店

不久前,在美国一个著名的早间新闻脱口秀节目中,主持人介绍他在一家超市购物的超酷体验:每个人的购物车上都装有一部平板电脑,顾客插入自己的购物卡后,电脑立刻显示出顾客的个人信息,和购物卡上的资金信息,并列出他上一次购物的商品清单,为顾客提供需要购买商品的建议。顾客可以一开始就在电脑中提交本次希望购买的商品意向,当顾客推车经过这些货品时,电脑会自动提示。顾客也可以在购物过程中,通过电脑定制他所需要的特殊商品,比如特殊切片处理的熟食、特别加工的面包等,等他购买完其他商品,到出口处交款时,定制的商品也已经在这里等候他了。此外,"车载"电脑还会在购物车移动过程中,提供所需购买商品的位置指示,会自动提供客户购买商品的打折信息,会对顾客挑选的某类别商品,提供详细的信息清单,以助选择。这就是揉合了无线网络、GPS、RFID、数据库、IC 卡等多种 IT 技术和应用的购物体验的未来商店,它已经在美国的一家超市里出现。

图 5.5.2 "未来商店"的购物车

三、货柜保安系统

有美国学者研究认为,使用 RFID 技术进行货物追踪,比起使用全球卫星定位(GPS)等便宜得多,再加上美国等进出口大国对以 RFID 作保安措施的货柜有通关优待政策,每个货柜可节省 1200 美元。

美国商业科技顾问公司 A. T. Kearney 访问了 25 家最大的消费品、化工品、汽车及高科技产品出入口商的高层人员。受访者认为,以 RFID 辅助航运,可在货柜保安和供应链管理两大方面节省开支,主要是因为 RFID 令航运及通关过程更具透明度。

受访的付货人表示，在 RFID 流行后，在货柜的铅封里加入自动射频 RFID 卷标，令货柜经过码头、称重站和其他各停留点时将被记录，付货人和供应链管理伙伴都能对货柜的位置和状态一清二楚。RFID 货柜追踪有助减少库存量、降低行政费用和防盗，每柜可节省 1200 美元。并且，使用 RFID 追踪方法比用全球定位系统（GPS）便宜很多，其中一个原因是 RFID 货柜在美国海关的“海关贸易合作反恐计划（C－TPAT）”中将会得到优待。该计划由美国政府与国际性付货人合作。若货柜通关时符合 C－TPAT 的保安指引，美国海关就会对该货柜进行较少的检查。使用 RFID 及类似电子货柜追踪科技的货柜有如得到“绿色通道”待遇，通关加快所提升的生产力，可能足够弥补使用 RFID 的成本。

四、邮件、行李的追踪

据航空公司统计，影响顾客满意度一个相当大的因素是行李的误送。为了解决这个问题，很多航空公司例如英国航空公司，联合航空公司，日本航空公司，西南航空公司都已经对使 RFID 追踪系统进行了实验。到目前为止，最支持 RFID 行李追踪系统的还是达美航空公司。因为尽管该公司多年来一直努力提高现行的条形码行李传送系统的工作质量，但效果平平，读取正确率仅为 85%，达美估计每年要花费 1 亿美元将运送中出错的行李重新发送到正确的目的地，或是对丢失行李旅客的赔偿。计划建成的 RFID 行李系统能够追踪从旅客办理行李托运到行李到达目的地行李认领处的回转带过程。在办理行李托运时，RFID 标签的序列号将按照旅客的行程排列，达美将在托运行李处和行李传送带行李分拣处安装固定的读取器，还将给行李搬运工配备手持读取器，在飞机行李盛放处配备内置读取器。RFID 读取器也能被安置在从成组货载装置装上或卸下行李的地方。通过这套监视系统，达美就几乎能够完全解决误装和误送托运行李的所有问题，以及用于赔偿行李丢失的成本问题。另外 RFID 系统还可以通过顾客的手机告知来提取行李的顾客需要多长时间才能拿到行李。

英国邮政总局—皇家邮政（Royal Mail）使用 RFID 技术来监视邮件投递流程，查找问题区，提高服务质量。方法是选定了一些信封，在这些信封中嵌入 RFID 标签，将它们投入试验系统。当这些邮件到达目的地时，由一台 RFID 阅读器对它们进行扫描，记录确切的到达时间，监视邮件的传递途径，找到瓶颈，提高投递效率，防止邮件在投递过程中丢失，被盗、受损和被篡改，以提高服务质量。同样的方法也适用于快递公司。

五、生产线自动化

用 RFID 技术在生产流水线上实现自动控制、监视，提高生产率，改进生产方式，节约了成本。例如在汽车装配流水线上的使用。德国宝马汽车公司在装配流水线上应用射频识别标签以尽可能大量地生产用户定制的汽车。宝马汽车的生产是基于用户提出的要求式样而生产的：用户可以从上万种内部和外部选项中选定自己所需车的颜色、引擎型号、还有轮胎式样等要求，这样一条汽车装配流水线上就得装配上百种式样的宝马汽车，如果没有一个高度组织的、复杂的控制系统是很难完成这样复杂的任务的。宝马公司就在其装配流水线上配有 RFID 系统，他们使用可重复使用的射频识别标签，该标签上可带有详细的汽车所需的所有要求，在每个工作点处都有读写器，以保证汽车在各个流水线位置处能毫不出错地完成装配任务。

六、铁路货车车号识别

铁路车号自动识别系统(ATIS),是目前国内应用RFID最早、也最成功的案例之一。ATIS系统的目标是在所有机车、货车上安装电子标签(目前已经安装50多万节车厢);在所有区段站、编组站、大型货运站和分界站安置地面识别设备(AEI);对运行的列车及车辆信息进行准确的识别;经计算机处理后为TMIS(铁路管理信息系统)等系统提供列车、车辆、集装箱实时追踪管理所需的准确的、实时的基础信息;为分界站货车的精确统计提供保证;为红外轴温探测系统提供车次、车号的准确信息;还可实现部、局、车站各级车的实时管理、车流的精确统计和实时调整等。从而建立一个铁路列车车次、机车和货车号码、标识、属性和位置等信息的计算机自动报告采集系统。在采用RFID技术以后,铁路车辆管理系统实现了统计的实时化、自动化,降低了管理成本。按照铁路部门有关人员的统计,自动抄号后,货运物流每年的直接经济效益达到3亿多元。

七、高速公路自动收费(AVI)系统

中国的高速公路发展非常快,地区经济发展的先决条件就是有便利的交通条件,而高速公路收费却存在一些问题:一是交通堵塞,在收费站口许多车辆要停车排队,成为交通瓶颈;二是少数不法的收费员贪污路费,使国家损失了相当的财政收入。

将RFID技术应用到高速公路自动收费上,能够体现它非接触识别的优势。让车辆高速通过收费站的同时自动完成收费,同时可以解决收费员贪污路费及交通堵塞的问题。高速公路收费使用的电子标签只有一张扑克牌大小,里面有芯片,预先可充值。车辆接近收费站时,当收费站的射频天线感应到电子标签芯片时,会自动记录车型、牌照、入口时间和地点,到出口处时,射频技术读到这些数据并生成付费金额,迅速在芯片中自动扣除。

只是目前情况下,人工收费还不能取消,现在的一种意见是把电子标签制作成作为双界面卡的电子标签,既可以人工缴费,又可以贴在挡风玻璃上做不停车缴费。这就是我国国家智能交通系统工程技术研究中心开发的“两片式电子标签+双界面CPU卡”的组合式电子收费系统技术方案。参见图5.5.3:

图5.5.3 组合式电子收费系统

1996年,佛山市政府安装了RFID系统,用于自动收取路桥费以提高车辆通过率,缓解公路瓶颈。车辆可以在250km的时速下用少于0.5ms的时间被识别,并且正确率达到99.95%。上海也安装了基于RFID的自动收取养路费系统。与上海和佛山的工程不同,广州的工程尝试在开放的高速公路上对正在高速行驶的车辆进行自动收费,通道采用RFID系统。中国有把握改善其公路基础设施,而现在最大的问题是应用于高速公路收取养路费的RFID技术没有统一的标准。各个厂家使用自己的专用标准,使得建立全国高速公路自动收费系统时,情况变得很混乱。

八、门禁保安

在中国,门禁的发展不过短短5~10年时间,国外已经有超过30年以上的历史,以门禁控制器的应用功能来说,国内的控制器基本上还处在出入控制的管理,而国外的产品基本上已经进入了安保集成的领域。从前端识别设备来看,射频类(RFID)占据了约9成以上的市场。

门禁保安系统应用射频卡的好处是简化出入手续、提高工作效率、安全保护。只要人员佩戴了封装成ID卡大小的射频卡、进出入口有一台读写器,人员出入时自动识别身份,非法闯入时会有报警。安全级别要求高的地方、还可以结合其他的识别方式,将指纹、掌纹或颜面特征存入射频卡。1996夏季奥林匹克运动会的安全机构采用射频卡结合生物测定学技术作为保安系统中的一种,运动员和官方人员随身携带含有自己手掌信息的射频卡,当他们在要进入某一安全区的,必需将其右手搁在扫描器上,只有该人同系统根据其手信息在安全库中检索出的三维图像一样,并且同其本人所携带的卡片上信息一致方可进入该区域,由于卡和携卡人是唯一联系的,所以只有卡主人才可使用自己的卡。而卡丢失、偷卡和借卡使用都构不成对安全的威胁。

公司还可以用射频卡保护和跟踪财产。将射频卡贴在物品上面如:计算机、传真机、文件、复印机或其他实验室用品上,该射频卡使得公司可以自动跟踪管理这些有价值的财产,可以跟踪一个物品从某一建筑离开,或用报警的方式限制物品离开某地。结合GPS系统利用射频卡,还可以对货柜车、货舱等进行有效跟踪。

以下是某公司开发的校园门禁(校园卡)管理系统解决方案,它的工作机理是:每个学生胸前均挂有一张远距离无源感应卡,当学生到达校门时,附近的读卡器立即读到学生所佩戴的感应卡,并将该感应卡的卡号输出给电脑里安装的学生平安短信服务系统,系统立即按照预录的信息向该学生的父母发一条手机短信,如“您的孩子已达学校”;同样,如果学生离开校门,系统立即按照预录的信息向该学生的父母发一条手机短信,如“您的孩子离开学校”。

该系统的功能之一是拥有自动识别学生平安短信系统,学校能更有效地进行学生管理和家长密切沟通,从而整体提高教学管理水平,还为后续的校园信息化管理奠定基础。

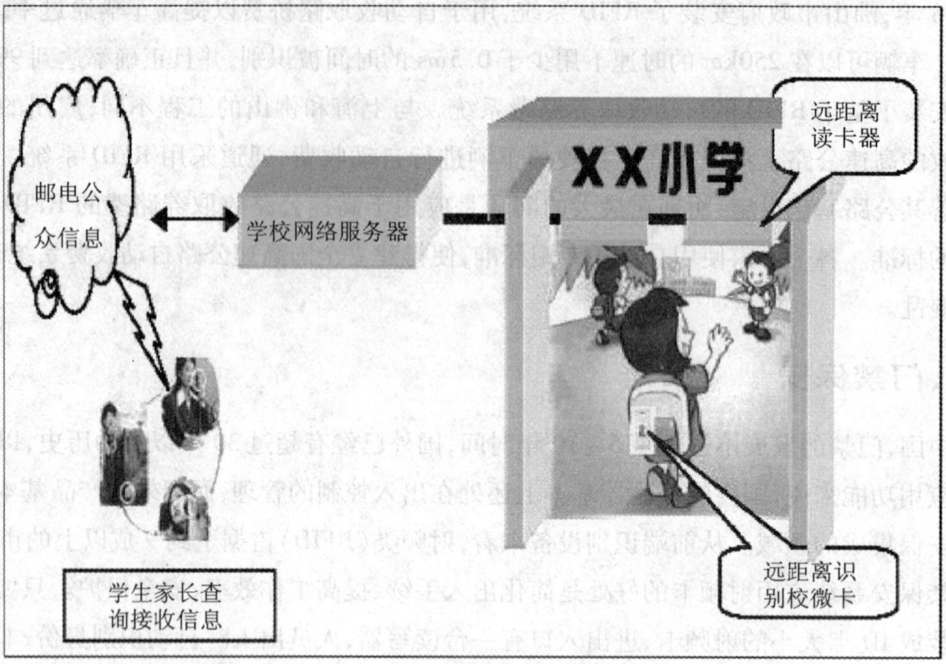

图 5.5.4 校园门禁(校园卡)管理系统

九、军事物流

军事物流是社会物流大系统中的重要分支,是指军事力量在生活、训练、执勤及作战时所需军事物资经过筹措、运输、包装、加工或生产、仓储、供应等环节,最终送达部队被消耗使用,实现其空间转移的全过程。军事物流的准确、快速、安全、可控对于现代战场军事行动不仅是保障和支援的作用,而是决定着战争的胜负。军事物流必须以作战需要构建系统,怎样实现系统的准确、快速、安全、可控,是各个国家不惜投巨资,开发高新技术追求的目标。

美国萨维技术集团为以色列国防军(IDF)提供了一整套以电子标签、扫描机读器和无线射频识别技术为基础的,代号为“萨维射频识别解决方案”的军事供应链跟踪管理设施。它涉及了所有军用品的生产、流水线包装、产品的装箱、仓储、运输、存货和采购等环节,并可以全天候、高透明、实时反馈运营。在连续几个月使用后,以色列国防军高度赞赏萨维技术集团的供应链跟踪管理技术设施,称其效率高,成本低,精确度稳定,从根本上解决了军事物流在战争和突发事件中必然面临的应急性、可持续性、精确性、高效性、可靠性和成本等方面的严峻挑战。美国国防部、英国国防部、丹麦国防部、澳大利亚国防部和北大西洋公约组织的军事物流部队指挥官们认为,RFID 在军事物流的发展空间还十分宏大。

RFID 技术用于军事物流的意义在于通过电子标签和读写器获取大量的军事物资仓储和运送中的实时数据,然后结合 RFID 软件(包括中间件、应用程序和数据库)搭建的军事物流管理平台,完成数据传输,调节系统效率,达到稳定、可靠、高效、大容量的数据处理,链接物流运作的各个环节,对物流配送实体网络和信息网络进行“无缝链接”。

通过军事物流管理平台，将有效地实行产品全寿命跟踪，军用产品生产出厂就贴上(或镶嵌)指定的电子标签，进入军用物流网络，后勤管理人员能够准确地知道物品从工厂到前线(或仓库)运输途中的确切地方，如果出现了特别紧急需求，还可以改变运输的方式和路线。没有任何一个物流管理系统能够像 RFID 系统一样，辨识重要物资、探测所在方位、预测到达时间，使后勤保障的适时、适地、适量原则，达到尽可能精确的程度，最大限度地节约后勤资源。同时，它能有效提高军事物资的安全保护：未经权威部门批准的任何人接触，甚至企图搬动军事物资将被立即发觉和追查。

实验实训：找出 RFID 技术在身边生活中的应用实例，并对其优、缺点进行讨论。

教学建议：本章涉及技术与应用两大部分，技术部分理论性较强，教学时可根据需要酌情选择处理；应用部分为了便于教学和理解，以实例为主，可以采取课堂讨论等多种教学方式。

※ 思考题

1. 什么是自动识别技术？你见过的自动识别技术有哪些？
2. 作为自动识别技术的一种，RFID 在实践应用中需要哪些后台支持？
3. 比较 RFID 技术与条形码技术的优缺点。
4. RFID 技术发明于上世纪 40 年代，为什么最近才开始大量商业化应用？
5. 请简述 RFID 系统工作的原理。
6. 请简述 RFID 系统的分类。
7. RFID 技术大规模商用的瓶颈是什么？
8. 你个人认为 RFID 技术在物流管理的哪个领域潜力最大？

案例讨论：

电子门票频频出错 世界杯高科技遇尴尬

在德国举行的世界杯足球赛，被称为有史以来科技含量最高的一次足球赛事。但是，随着世界杯赛程的进展，赛前被媒体广为炒作的高科技手段，在实际应用中却频频遭遇尴尬。

本届世界杯首次使用电子门票，是国际足联同荷兰皇家飞利浦公司进行的一项技术合作。世界杯组委会提出要求，在每张球票的夹层里要有一个储存芯片，其中将写入持票人的个人信息。在球迷进入赛场时，应用最先进的“智能芯片”的纸质门票需要经过专门的扫描识别，用以识别球迷身份，保证安全。同时，新的识别技术还可防止非法倒卖以及伪造门票。320 万张门票全部采用无线射频技术(RFID)，只有合法的持有者才能进入世界杯比赛场馆。

世界杯比赛开始后，人们发现，在一些比赛场馆，电子门票形同虚设。由于大批球迷进场时形成的压力，电子检票难以应付，工作人员不可能一一查验身份。

由于世界杯的门票每一张原本都对应一个无线射频码，但一些球迷的球票的射频码却与座位号出现不匹配现象。他们不得不到设在球场入口处两侧的临时修正点重新写入相对应的信息，否则他们将不能进入球场。

有报道说，为了避免主裁判在比赛中出现误判，为本届世界杯提供比赛用球的阿迪达斯公司在皮球球体内植入了电脑芯片，一旦皮球越过球门线或者滚出边线或底线，该芯片将自动向主裁判佩戴的耳机内发出信号，提醒裁判做出相应的判断。但比赛至今，这种芯片似乎根本没有起过什么作用。在赛场上，裁判的人为判定仍旧是必须的。在意大利队和美国队的比赛中，意大利人的有效进球还是被乌拉圭裁判当成越位球吹掉了。

（资料来源：人民网，http://scitech.people.com.cn/GB/1057/4507447.html）

案例讨论问题：

1. 看似成熟的RFID技术，为什么在应用时会发生诸多问题？你认为这是因为技术有缺陷，还是管理工作没有做好？

2. 这个案例虽然不是直接面对物流问题，但是你觉得在把RFID技术运用到物流管理方面，该案例有何启示？

参考资料：

1. 刘颜涛："基于RFID技术的仓储管理系统优化设计"，《金卡工程》，2005(12)

2. 陈子侠："RFID技术的应用与现代物流"，《商业研究》，2003(6)

3. 任亮："电子标签发展浅析电子标签发展浅析"，《全球科技经济瞭望》，2005(12)

4. 中山市达华智能科技有限公司："电子标签特性、原理与应用"，《金卡工程》，2005(11)

5. 余雷："基于RFID电子标签的物联网物流管理系统"，《微计算机信息》，2006(2)

6. 颜涛，寇卫东，肖玉霞，赵克文："基于RFID技术的仓储管理系统优化设计"，《金卡工程》，2005(12)

7. 潘开灵，程奇："基于RFID技术的供应链管理研究"，《物流科技》，2005(12)

8. 卢莉，谢剑刚："零售业中RFID技术的应用分析及对策"，《计算机时代》，2005(12)

◆——第六章　EDI 技术

* 本章主要内容

- EDI 的基本概念
- EDI 的工作过程
- EDI 标准
- 物流 EDI 的应用

* **导入案例**

EDI 在集装箱运输中的应用

集装箱运输是世界航运界最先进的运输方式，采用 EDI 技术后，带来了如下变化：

1. 处理速度提高，雇员减少；
2. 准确程度提高；
3. 功能趋向多样化。

在集装箱管理中，采用 EDI 技术，把所有描绘集装箱的常用数据，如：重量、号码、尺寸等信息存储后，再输入所有与信息相关的集装箱营运情况，尤其是集装箱运行及修理情况，就很容易获悉集装箱在各地的数量，利用这些信息能使运力调配达到最优化。此外，利用 EDI 技术还可以进行统计工作，计算出成本、净利润、周转率、总收入并进行收益分析，进而对托运人、集装箱或运输距离做出评价。

新加坡政府自 20 世纪 80 年代中后期，首先在港口和航运部门推行 EDI 技术，提高集装箱装卸效率，缩短通关时间。在新加坡贸易工业部的领导下，国家电脑局、贸易发展局和新加坡国立大学等 3 个单位组成项目组，对 EDI 应用进行研究。经过调研，编制了策略性报告和 EDI 总体设计方案。议会在对有关法律进行相应修改后，政府于 20 世纪 90 年代初正式开始实施 EDI。新加坡政府对推行 EDI 采取强制手段，在推行过程中，主要分为试行、必行和封闭三个阶段。在试行阶段，主要是培训人员，用户采购 EDI 软硬件系统；在必行阶段，有关用户必须采用 EDI，否则每标准箱多收取 10 元新币的罚款；在封闭阶段，对不采用 EDI 的用户，其集装箱港口一律拒收。

第一节　EDI 概述

全球贸易额的上升带来了各种贸易单证、文件数量的激增。虽然计算机及其他办公自动化设备的出现可以在一定范围内减轻人工处理纸面单证的劳动强度，但由于各种型号的计算机不能完全兼容，实际上又增加了对纸张的需求。美国森林及纸张协会曾经做过统计，得出了用纸量超速增长的规律：即年国民生产总值每增加 10 亿美元，用纸量就会增加 8 万吨。此外，在各类商业贸易单证中有相当大的一部分数据是重复出现的，需要反复地键入。有人对此也做过统计，计算机的输入平均70%来自另一台计算机的输出，且重复输入也使出差错的几率增高，据美国一家大型的分销中心统计，有5%的单证中存在着错误。同时，重复录入浪费人力、浪费时间、降低效率。因此，纸面贸易文件成了阻碍贸易发展的一个比较突出的因素。

现阶段市场竞争也出现了新的特征，价格因素在竞争中所占的比重逐渐减小，而服务性因素所占的比重增大。销售商为了减少风险，要求小批量、多品种、供货快，以适应瞬息万变的市场行情。因此，提高商业文件传递速度和处理速度成了供应链中所有成员的共同需求。

正是在这样的背景下，以计算机应用系统、通信网络和数据标准化为基础的EDI应运而生。EDI一经出现便显示出了强大的生命力，迅速地在世界各主要工业发达国家和地区得到广泛的应用。由于EDI具有高速、精确、远程和海量的技术性能，因此EDI的兴起标志着一场全新的、全球性的商业革命的开始。国外专家深刻地指出："能否开发和推动EDI计划，将决定对外贸易方面的兴衰和存亡，如果跟随世界贸易潮流，积极推行EDI就会成为巨龙而腾飞，否则就会成为恐龙而绝种。"

20世纪60年代末，欧洲和美国几乎同时提出了EDI的概念。早期的EDI只是在两个商业伙伴之间，依靠计算机与计算机直接通信完成。

20世纪70年代，数字通信技术的发展大大加快了EDI技术的成熟和应用范围的扩大，也带动了跨行业EDI系统的出现。

20世纪80年代，EDI标准的国际化又使EDI的应用跃入了一个新的里程。

时至今日，EDI在历经萌芽期、发展期后已步入成熟期。英国的EDI专家明确指出："以现有的信息技术水平，实现EDI已不是技术问题，而仅仅是一个商业问题。"

一、EDI的基本概念

（一）EDI的定义

EDI（E1ectronic Data Interchange），即电子数据交换。目前，不同的国际组织对EDI的定义不完全一致，主要的几种如下：

联合国国际贸易法委员会（United Nations Commission on International Trade La，UNCITRAL）对EDI的定义："EDI是利用符合标准的结构化的信息从计算机到计算机之间的电子传输。"

国际标准化组织（ISO）对EDI的定义："为商业或行政事务处理，按照一个公认的标准，形成结构化的事务处理或消息报文格式，从计算机到计算机的数据传输方法。"

国际电报电话咨询委员会（CCITT）对EDI的定义："计算机到计算机的结构化的事务数据交换。"

国际标准化组织电工委员会在ISO/IECl4662《信息技术——开放式EDI参考模型》国际标准中对EDI的定义："在两个或两个以上的组织的信息系统之间，为实现业务目的而进行的预定义和结构化的数据的自动交换"；对开放式EDI的定义："为完成明确的共同业务目标而在多个自治组织之间，根据开放式EDI标准进行的电子数据交换"。这也是我国国家标准中有关EDI与开放式EDI的标准定义。

（二）EDI的组成要素

从上述EDI的定义中不难看出，EDI包含了三个方面的组成要素：计算机应用系统、通信网络和数据标准化。

1. 计算机硬件、专用软件组成的应用系统——实现 EDI 的前提条件

专用软件由转换软件、翻译软件和通信软件等组成。转换软件将计算机系统中的文件转换为翻译软件能够理解的中间文件,或将翻译软件接收的中间文件转换成计算机系统中的文件;翻译软件将中间文件翻译成 EDI 标准格式文件,或将 EDI 标准格式文件翻译成中间文件;通信软件将要发送的 EDI 标准格式文件的外层加上通信信封,送到 EDI 交换中心信箱,或从 EDI 交换中心信箱中将接收的文件取回。

2. 通信网络——实现 EDI 的基础

EDI 通信方式有三种:点到点方式、增值网方式和 MHS 方式。

(1)点到点方式

点到点方式是指 EDI 用户按约定的格式,基于现有通信标准,通过通信网络进行信息的透明传输和相应的终端处理。点到点方式目前主要用于一些大型公司或少数贸易伙伴间进行直接的 EDI 报文交换。但是,当贸易伙伴不再是几个而是几十个甚至更多时,这种方式就不再适宜。同时,它也不适宜跨国家、跨行业之间的应用。

近年来,随着技术进步,点到点方式在某些领域中仍有使用,但有所改进。新方法采用的是远程非集中化控制的对等结构,利用基于终端开放型网络系统的远程信息业务终端,用特定的应用程序将数据转换成 EDI 报文,实现国际间的 EDI 报文互通。

(2)增值网方式

EDI 增值网(VAN)是利用现有的通信网络,增加 EDI 服务功能而实现的计算机网络,一般是增值数据业务(VADS - Va1ue Added Date Service)公司租用信箱进行协议和报文格式的转换,这种方式建网快、经费省。但是,因为各增值网的 EDI 服务功能不尽相同,系统不能互通,从而限制了跨地区、跨行业的全球性应用。同时,由于各种网络的协议和报文格式的差异,多个 EDI 用户组织之间的信息交换必须采用相应的网关和网桥,增加了网际交换的复杂性和技术难度。

(3)MHS 方式

信息处理系统(MHS)是 ISO 和 ITU - T 联合提出的有关国际间电子邮件服务系统的功能模型。MHS 是建立 OSI 开放系统的网络平台上,适应多样化的信息类型,并通过网络连接,具有快速、准确、安全、可靠等特点。MHS 是以存储转发为基础的、非实时的电子通信系统,非常适合作为 EDI 的传输系统。MHS 为 EDI 创造一个完善的应用软件平台,减少了 EDI 设计开发上的技术难度和工作量。ITU - T X.435/F.435 规定了 EDI 信息处理系统和通信服务,把 EDI 和 MHS 作为 OSI 应用层的正式业务。EDI 与 MHS 互连,可将 EDI 报文直接放入 MHS 的电子信箱中,利用 MHS 的地址功能和文电传输服务功能,实现 EDI 报文的传送。

3. 数据标准化——实现 EDI 的关键

EDI 报文必须按照国际标准进行格式化,目前最广泛应用的 EDI 国际标准是 UN/EDIFACT(United Nations Rulers For Electronic Data Interchange For Administration, Commerce and Transport)标准。

二、EDI 的分类

根据 EDI 的不同发展特点,可以将其分为封闭式 EDI、开放式 EDI、交互式 EDI 和以因特

网为基础的 EDI。

(一)封闭式 EDI

由于 EDI 传输的信息是格式化的商业文件或商业单据,因此,它就要求商业机构之间必须统一传输技术和信息内容的标准。现行的 EDI 则必须通过商业伙伴之间预先约定协议来完成。

协议的范围不仅包括技术协议,例如,通讯协议、报文格式和报文内容等,还包括商业伙伴之间,甚至于商业伙伴与增值网络服务商之间签订的法律上的协议。当所有协议达成后,参与方必须依据书面文件进行 EDI 的测试,以确保一切与协议一致。当其他贸易伙伴要加入时,也必须遵守原 EDI 参与方间所有的约定、协议和方法。

由于不同行业、不同地区实施 EDI 所采用的标准和协议的内容是不同的,这样就导致了大量不同结构 EDI 系统的出现。各个系统之间由于所采纳的标准和传输协议不同,彼此之间相对处于封闭状态。因此,人们称之为封闭式 EDI。

(二)开放式 EDI

由于过去 EDI 应用缺乏整体标准体系的支持,使得 EDI 系统越来越复杂,并逐渐形成专用的、封闭的 EDI 孤岛式的格局。为了解决这一问题,一些国际组织提出了开放式 EDI 的概念。开放式 EDI 被定义为"使用公共的、非专用的标准,以跨时域、跨商域、跨现行技术系统和跨数据类型的交互操作性为目的的自治采用方之间的电子数据交换。"

开放式 EDI 试图通过建立一个通用基础传输协议和标准系统来解决开发中产生的问题,其方法是构造一个开放式的环境,发展 EDI 多应用领域的互操作性,以及创建应用多种信息技术标准的基础,同时保证 EDI 参与方对实际使用 EDI 的目标和含义有一个共同的理解,以减少乃至消除对专用协议的需求,使得任何一个参与方不需要事先安排就能与其他参与者进行 EDI 业务。

(三)交互式 EDI

交互式 EDI 是在传统的 EDI 系统不能满足用户的实时需求的情况下产生的。交互式 EDI 是指在两个计算机系统之间连续不断地以询问和应答形式,经过预定义和结构化的自动数据交换达到对不同信息的自动实时反应,一次询问和应答被称为一个对话。

在交互式 EDI 中,对于用户等待应答的时间,可以达到一秒或更短时间的应答水平。目前交互式 EDI 的研究仍处在理论和开发的初级阶段,交互式 EDI 以开放式 EDI 为基础,是将来 EDI 的发展方向。

(四)以因特网为基础的 EDI

因特网是世界上最大的计算机网络,近年来得到迅速发展,以因特网为基础的 EDI 与传统的封闭式 EDI 相比有以下优势:

1. 因特网是个全球性的网络,可以大大扩大参与交易的范围。

2. 相对于传统的点到点方式和增值网方式来说,因特网可以实现世界范围的连接,花费很少。增值网服务商是按照每一笔生意或每千字节来收取费用,而因特网的联接一般则只需每月付固定的费用,企业利用现有的因特网比直接使用费用较高的增值网,大约能节省近75%的EDI实施资金。节省初始投资和运营成本是多数企业转向因特网为基础的EDI的主要原因。

3. 比传统EDI的接入灵活方便且速度快。

传统EDI的网络接入需要特殊的传输协议和接入方式,缺乏灵活性。而以因特网为基础的EDI是用因特网传输交易信息,所以网络接入方便。另外,传统的EDI在传输时有长达12~14小时的时滞,而以因特网为基础的EDI比传统EDI的传输速度要快得多,加密解密和压缩的时间也不过几分钟。

4. 以因特网为基础的EDI系统容易实现,技术上不复杂。

以因特网为基础的EDI始于1995年8月,当时劳伦斯利威莫实验室开始试验用电子邮件的方式在因特网上传输EDI交易信息,EDI交易信息经过加密压缩后作为电子邮件的附件在网上传输。美孚(Mobil)石油公司目前就广泛使用以因特网为基础的EDI,该公司让其遍布全球的230个分销商使用此EDI方式进人公司的内联网,查看库存剩余情况,并开展在线交易。

毫无疑问,从未来的发展看,因特网将成为EDI传输的主要平台。为此,EDI的软件开发商会将EDI软件与因特网格式的软件结合起来,由软件本身将相应的交易信息自动转换或翻译成EDI格式,用户根本就不会意识到EDI格式的翻译过程。以后的网络浏览器本身就可能会带EDI翻译器,到那时,EDI的应用水平又会上升到另一个台阶。据有关专家估计,五年内绝大多数的EDI将会在因特网上进行。

三、EDI的组成模块

EDI主要由用户接口模块、内部接口模块、报文生成及处理模块、格式转换模块和通信模块组成。

(一)用户接口模块

业务管理人员可用此模块进行输入、查询、统计、中断和打印,及时地了解市场变化,调整策略。

(二)内部接口模块

这是EDI系统和本单位内部其他信息系统及数据库的接口。一份来自外部的EDI报文,经过EDI系统处理之后,大部分相关内容都需要经内部接口模块送往其他信息系统,或查询其他信息系统才能给对方EDI报文以确认的答复。

(三)报文生成及处理模块

该模块有两个功能:

1. 接受来自用户接口模块和内部接口模块的命令和信息,按照EDI标准生成订单、发票等各种EDI报文和单证,经格式转换模块处理之后,由通信模块通过EDI网络发给其他EDI用户。

2. 自动处理由其他EDI系统发来的报文,在处理过程中要与本单位信息系统相联,获取必要信息并给其他EDI系统答复,同时将有关信息送给本单位其他信息系统。

如因特殊情况不能满足对方的要求，经双方 EDI 系统多次交涉后不能妥善解决的，则把这一类事件提交用户接口模块，由人工干预决策。

(四)格式转换模块

所有的 EDI 单证都必须转换成标准的交换格式，转换过程包括语法上的压缩、嵌套、代码的替换以及必要的 EDI 语法控制字符。在格式转换过程中要进行语法检查，对于语法出错的 EDI 报文应拒收并通知对方重发。

(五)通信模块

该模块是 EDI 系统与 EDI 通信网络的接口。包括执行呼叫、自动重发、合法性和完整性检查、出错报警、自动应答、通信记录、报文拼装和拆卸等功能。

除以上这些基本模块外，EDI 系统还必须具备命名和寻址、安全、语义数据管理等基本功能。

1. 命名和寻址功能

EDI 的终端用户在共享的名字当中必须是唯一可标识的。命名和寻址功能包括通信和鉴别两个方面。

在通信方面，EDI 是利用地址而不是名字进行通信的。因而要提供按名字寻址的方法，这种方法应建立在开放系统目录服务 ISO9594(对应 ITU－T X.500)基础上。

在鉴别方面，有若干步必要的鉴别，即通信实体鉴别、发送者与接收者之间的相互鉴别等。

2. 安全功能

EDI 的安全功能应包含在上述所有模块中，它包括以下一些内容：

(1)终端用户以及所有 EDI 参与方之间的相互验证；

(2)数据完整性；

(3)EDI 参与方之间的电子(数字)签名；

(4)否定 EDI 操作活动的可能性；

(5)密钥管理。

3. 语义数据管理功能

完整语义单元(CSU)是由多个信息单元(IU)组成的，其 CSU 和 IU 的管理服务功能包括以下一些内容：

(1)IU 应该是可标识和可区分的；

(2)IU 必须支持可靠的全局参考；

(3)应能够存取指明 IU 属性的内容，如语法、结构语义、字符集和编码等；

(4)应能够跟踪和对 IU 定位；

(5)对终端用户提供方便和始终如一的访问方式。

四、EDI 的工作过程

EDI 的工作过程，如图 6.1.1 所示。

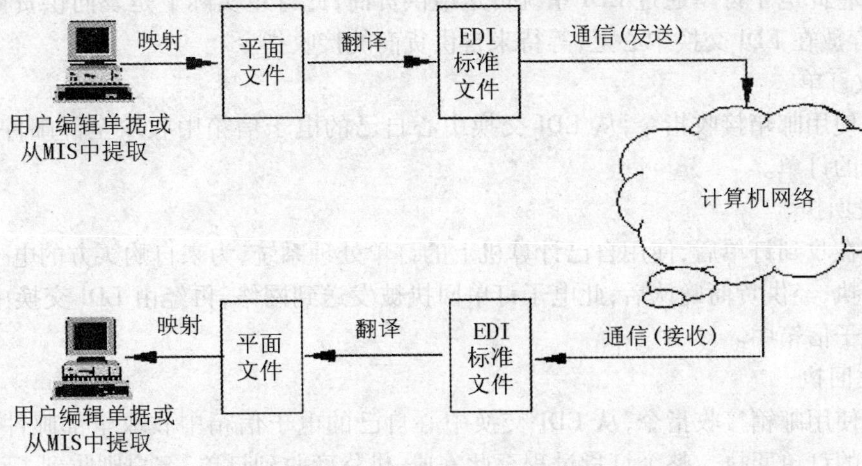

图 6.1.1　EDI 的工作过程

(一)映射——生成 EDI 平面文件

EDI 平面文件是通过应用系统将用户的应用文件或数据库中的数据，映射成的一种标准的中间文件。EDI 平面文件是用户通过应用系统直接编辑、修改和操作的单证和票据文件，它可直接阅读、显示和打印输出。

(二)翻译——生成 EDI 标准格式文件

EDI 标准格式文件，就是 EDI 电子单证，或称电子票据，它是 EDI 用户之间进行贸易和业务往来的依据。EDI 标准格式文件是一种只有计算机才能阅读的 ASCII 文件，它是按照 EDI 数据交换标准的要求，将平面文件中的目录项，加上特定的分割符、控制符和其他信息，生成的一种包括控制符、代码和单证信息在内的 ASCII 码文件。

(三)通信

这一步由计算机通信软件完成。用户通过通信网络，接入 EDI 信箱系统，将 EDI 电子单证投递到对方的信箱中。EDI 信箱系统则自动完成投递和转接，并按照 X. 400 或 X. 435 通信协议的要求，为 EDI 电子单证加上信封、信头、信尾、投送地址、安全要求及其他辅助信息。

(四)EDI 文件的接收和处理

EDI 文件接收和处理过程是发送过程的逆过程。首先需要接收用户通过通信网络接入 EDI 信箱系统，打开自己的信箱，将来函接收到自己的计算机中，经格式校验、翻译和映射还原成应用文件。最后，对应用文件进行编辑、处理和回复。

在实际操作过程中，EDI 系统为用户提供了 EDI 应用软件包，包括了应用系统、映射、翻译、格式校验和通信连接等全部功能。其处理过程，用户可看作是一个“黑匣子”，完全不必关心里面具体的过程。

为了理解 EDI 如何工作，我们下面以订单与订单回复为例作简单介绍。

1. 制作订单

购买方根据自己的需求在计算机上操作，在订单处理系统上制作出一份订单来，并将所有必要的信息以电子传输的格式存储下来。同时，产生一份电子订单。

2. 发送订单

购买方将此电子订单通过 EDI 系统传送给供货商，此订单实际上是发向供货商的电子信箱的，它先存放在 EDI 交换中心上，等待来自供货商的接收指令。

3. 接收订单

供货商使用邮箱接收指令，从 EDI 交换中心自己的电子信箱中收取全部邮件，其中包括来自购买方的订单。

4. 签发回执

供货商在收到订单后，使用自己计算机上的订单处理系统，为来自购买方的电子订单自动产生一份回执，经供货商确认后，此电子订单回执被发送到网络，再经由 EDI 交换中心存放到购买方的电子信箱中。

5. 接收回执

购买方使用邮箱接收指令，从 EDI 交换中心自己的电子信箱中收取全部邮件，其中包括供货商发来的订单回执。整个订货过程至此完成，供货商收到订单，客户则收到了订单回执。

由此可见，EDI 的工作过程就是用户将相关数据从自己的计算机信息系统传送到有关交易方的计算机信息系统的过程

五、EDI 的特点和优势

（一）EDI 的特点

1. 单证格式化

EDI 传输的是企业间格式化的数据，如定购单、报价单、发票、货运单、装箱单、报关单等等，这些信息都具有固定的格式与行业通用性。而信件、公函等非格式化的文件不属 EDI 处理的范畴。

2. 报文标准化

EDI 传输的报文符合国际标准或行业标准，这是计算机能自动处理的前提条件。

3. 处理自动化

EDI 信息传递的路径是计算机到通信网络，再到商业伙伴的计算机，信息的最终用户是计算机应用系统，它自动处理传递来的信息。因此这种数据交换是机—机，应用—应用，不需人工干预。可以直接从一方的计算机管理信息系统中提取数据，经处理后发送。接收的数据也可以直接送到计算机管理信息系统中去，不需人工重新输入。

4. 运作规范化

EDI 报文是目前商业化应用中最成熟、最有效、最规范的电子凭证之一，EDI 报文具有的法律效力已被普遍承认。任何一个成熟、成功的 EDI 系统，均有相应的规范化环境作基础。

5. 软件结构化（略）

（二）EDI 的优势

1. 节约时间和降低成本

由于单证的传递是完全自动，所以不再需要重复输入、传真和电话通知等重复性的工作，从而可以极大地提高企业的工作效率的降低运作成本，使沟通更加快捷、准确。

2. 提高管理和服务质量

通过使用 EDI，企业可以快速获得信息、有效地控制库存和组织生产、提高对客户的响应、

缩短事务处理周期、减少订货周期以及不确定性、提高管理和服务质量。例如,一个生产企业的 EDI 系统通过通信网络收到一份订单,系统便可以自动处理该订单,检查订单是否符合要求,向订货方发送确认报文,通知企业内部管理系统安排生产,向零配件供应商订购零配件,向交通运输部门预订货运集装箱,向海关、商检等有关部门申请出口许可证,通知银行结算并开具 EDI 发票。从而将整个订货、生产、销售过程贯穿起来,自动地完成整个商业贸易过程。

3. 增加贸易机会

目前,许多国际和国内的大型制造商、零售企业、跨国公司等对于贸易伙伴都有使用 EDI 的要求。当这些企业评价一个贸易伙伴时,其是否具有 EDI 能力是一个重要指标,某些国际著名的企业甚至会减少和取消给那些没有 EDI 能力的供应商的订单。

六、EDI 的发展历程

(一)EDI 在国外的发展历程

EDI 技术的萌芽始于 20 世纪 60 年代,于 70 年代在西方发达国家得到了快速发展。它是随着计算机技术和网络通信技术的迅速发展而应运而生的产物,是商贸和行政管理向现代化、自动化发展的必然结果。

美国是提出 EDI 技术最早的国家,美国行业电算化管理水平及其完善的计算机通信网络设施,促进了 EDI 的成功发展。早在 20 世纪 60 年代后期,为解决运输业中大量货物运输数据的电子传送问题,减少交货和付款周期,美国率先提出了 EDI 概念,并首先在美国工业交通同盟和美国运输协会内实现了电子数据传输。1968 年,美国成立了交通运输数据协调委员会,开发制定了美国运输业的 EDI 标准。

20 世纪 70 年代,数字通信网的出现加快了 EDI 的成熟和应用范围的扩大,出现了一些行业性数据传输标准,并建立了行业性的 EDI 系统,EDI 应用主要集中在银行业、运输业和零售业。当时的 EDI 是点到点模式,靠计算机与计算机直接通信完成的。

20 世纪 80 年代,EDI 的应用迅速发展,美国 ANSI X.12 委员会与欧洲一些国家联合研究国际标准。1986 年欧洲和北美 20 多个国家代表开发了用于行政管理、商业及运输业的 EDI 国际标准(EDIFACT)。随着增值网的出现和行业性标准逐步发展成通用标准,加快了 EDI 的应用和跨行业 EDI 的发展。

20 世纪 90 年代,出现了基于因特网的 EDI,使 EDI 从专用网扩大到因特网,降低了成本,满足了中小企业对 EDI 的需求。

目前欧洲已在汽车工业、化学工业、运输业、分销零售业等主要行业内建设了 EDI 系统,并使其发挥着巨大作用,这些行业 EDI 系统几乎覆盖了所有的西欧国家。在美国排名前 100 家大企业中,已有 97% 的企业应用 EDI,前 500 家大企业中已有 65% 应用了 EDI,美国的部分大零售公司已对不使用 EDI 的供货者采取制裁措施。此外,美国、加拿大、墨西哥自由贸易区亦表示大力倡导 EDI,以推动本地区经济的发展。澳大利亚政府指定澳大利亚贸易有限公司(简称 TRADEGATE),为惟一 EDI 业务经营权组织。它由澳大利亚海关、航空公司、海港管理协会等 11 个组织机构组成,其主要使命是:提供全面的"无纸贸易"服务,以提高效率,加快货物的运转速度,从而提高经济效益。

面对国际贸易的挑战,亚洲各国也在积极推动 EDI 的发展。新加坡投资 2.1 亿美元,建立了全国 EDI 贸易服务网(TRADENET),该网是由新加坡政府主导开发的世界上第一个全国性

EDI网络。通过横向联合,该网络可以把全新加坡所有国际贸易主管机构(22个政府部门)联接到一个整体系统网络中,实现各部门之间的信息共享;通过垂直联合,目前已与5000多家公司的管理信息系统实现联网,确保信息流的畅通,实现了"无纸贸易"环境。日本的EDI是从行业型向跨行业型发展的,早在1971年2月,日本就成立了"贸易公文格式标准化委员会"。韩国投资5.8亿美元,建成了全国EDI服务系统——韩国贸易网,并指定由数据公司(DA-COM)主持EDI工作,它于1988年开始投入商用,已拥有100多名工作人员和700多家EDI用户。此外,经济相对落后的印度、菲律宾、蒙古等国家,近几年也都非常积极地参加亚洲EDI的有关活动。

国外在推行EDI的过程中,多是政府出面,或是由一些中立组织、港口、海关牵头,成立专门机构,进行组织协调,并制定有关EDI的专门法律,作为推行EDI的法律保障。例如,新加坡政府在推行EDI的必行阶段,有关用户必须采用EDI,否则每标准箱多收取10元新币的罚款;在封闭阶段,对不采用EDI方式的集装箱,港口一律拒收;澳大利亚的悉尼港,海关对采用EDI报关的用户不另外收取费用,而对采用纸面单证报关的用户则收取附加费用,并规定用户的文件需按海关提供的格式标准化后,才能把信息传输到海关;美国海关总署从1989年2月底起对用EDI方式报关者给予优先处理,美国政府也正式宣布从1992年起全国采用EDI方式办理海关业务,不采用EDI方式的用户,其通关手续将被推迟处理。

(二)EDI在我国的发展历程

20世纪80年代末,我国已开始跟踪研究EDI技术的应用和发展。海关总署、中国抽纱山东进出口公司、中国化工进出口公司率先使用EDI技术进行管理和贸易,使国内在EDI技术和应用方面有了一定的积累。

1990年,原国家计委、科委将EDI列入"八五"国家科技攻关项目。1991年9月由国务院电子信息系统推广应用办公室牵头,会同原国家计委、科委、原外经贸部、原国内贸易部、交通部、原邮电部、原电子部、国家技术监督局、商检局、外汇管理局、海关总署、中国银行、中国人民银行、中国人民保险公司、税务局、贸促会等16家单位发起成立"中国促进EDI应用协调小组"。同年10月,成立了"中国EDIFACT委员会"并参加亚洲EDIFACT理事会,目前已有18个国家部门成员和10个地方委员会。

1993年起,我国实施"金关工程",即对外贸易信息系统工程,它是EDI技术在外贸领域的应用的试点。目前,网络和服务中心建设已取得重要成果。

"九五"期间,海关、交通、商检及商业的EDI应用项目被列为国家重点项目。

EDI技术现今还在不断发展和完善中,不过EDI的推广应用的确大幅度提高了商贸和相关行业(如报关、商检、税务、运输等)的运作效率。在未来的世界经贸格局中,不使用EDI者,只能受制于人,甚至可能被排斥在世界市场之外。

第二节 EDI标准

一、EDI标准概述

(一)EDI标准的含义

标准化工作是实现EDI互通和互联的前提和基础。EDI标准包括EDI网络通信标准、

EDI 处理标准、EDI 联系标准和 EDI 语义语法标准等。

EDI 网络通信标准是要解决 EDI 通信网络应该建立在何种通信网络协议之上，以保证各类 EDI 用户系统的互联。

EDI 处理标准是要研究那些不同地域不同行业的各种 EDI 报文相互共有的"公共元素报文"的处理标准。它与数据库、管理信息系统（如 MPRII）等接口有关。

EDI 联系标准是要解决 EDI 用户所属的其他信息管理系统或数据库与 EDI 系统之间的接口。

EDI 语义语法标准（又称 EDI 报文标准）是要解决各种报文类型格式、数据元编码、字符集和语法规则以及报表生成应用程序设计语言等。

这里的 EDI 语义语法标准是 EDI 技术的核心。

为促进 EDI 的发展，世界各国都在大力地促进 EDI 标准的国际化，以求最大限度地发挥 EDI 的作用。目前，国际上最有名 EDI 标准的是联合国欧洲经济理事会（UN/ECE）负责国际贸易程序简化的工作小组（UN/ECE/WP. 4）于 1986 年制定的《用于行政管理、商业和运输的电子数据互换》标准，UN/EDIFACT，UN/EDIFACT 已被国际标准化组织 ISO 接纳为国际标准，编号为 ISO9735。同时还有广泛应用于北美地区的，由美国国家标准协会（ANSI）X. 12 鉴定委员会于 1985 年制定的 ANSI X. 12 标准。

（二）EDI 标准的发展历史

1. 专用标准阶段（1970 年以前）

最初 EDI 的应用是通过专用格式作为数据交换的依据，是企业针对个别需求订立的文件格式，只可使用于交易的特定两方所认可的应用系统之间。

2. 产业标准阶段（1970 年～1980 年）

此阶段开始于 20 世纪 70 年代，美国几家运输行业的公司联合起来，成立了交通运输数据协调委员会，该委员会目的是开发一种传输运输业文件的共同语言或标准。此后，其他行业也陆续开发了它们自己行业的 EDI 标准，如杂货行业标准、仓储行业标准等行业标准。

3. 国家标准阶段（1980 年～1985 年）

当产业标准应用成熟后，企业界发现，维持日常交易运作的对象，并不局限在单一产业中，国家性标准由此诞生。首先在 1979 年，美国国家标准协会开始开发、建立跨行业且具一般性的 EDI 国家标准 ANSI X. 12。与此同时，欧洲方面也由官方机构及贸易组织共同推动共同的 EDI 标准，并获联合国的授权，在 20 世纪 80 年代早期提出 TDI 及 GTDI 标准，但该标准只定义了商业文件的语法规则，还欠缺报文标准。

4. 国际通用标准阶段（1985 年至今）

1985 年，开始进行国际间 EDI 通用标准的研究。联合国欧洲经济理事会（UN/ECE）负责国际贸易程序简化的工作小组（UN/ECE/WP. 4）承办了国际性 EDI 标准制订的任务，并于 1986 年正式以 UN/EDIFACT 作为国际性 EDI 通用的标准。另一方面，美国 ANSI X. 12 委员会于 1992 年决定在其第四版标准制订后，不再继续发展维护，全力与 UN/EDIFACT 结合。UN/EDIFACT 标准发展至今，使用的范围愈益扩大，内容日趋成熟，目前在全球已成立六大区域的委员会，推动 UN/EDIFACT 标准相关事务。此六大组织为泛美（Pan American）、西欧（Western European）、中欧及东欧（Central & Eastern European）、澳新（Australia/New Zealand）、非洲（African）、亚洲（Asia）。

(三)EDI 标准体系的编制原则

EDI 标准体系是在 EDI 应用领域范围内的具有内在联系的标准组成的科学有机整体，它又由若干个分体系构成,各分体系之间又存在着相互制约、相互作用、相互依赖和相互补充的内在联系。

EDI 标准体系是指导 EDI 标准化工作的基本规划和蓝图。因此,在编制 EDI 标准体系时,不仅要注重总体的分类合理和结构科学,而且也要考虑具体标准的简洁和实用,同时还要注重与当前 EDI 国际标准相互衔接。为达到这些要求,应遵循全面性、系统性、先进性、预见性和可扩充性等原则。

1. 全面性

应将 EDI 系统开发过程中使用的各项标准分门别类,纳入相应的分体系中,使这些标准之间协调一致,互相配套,构成一个完整,全面的体系结构。广大 EDI 应用系统的开发人员和使用者,可以很方便地通过 EDI 标准体系找到自己所需的标准或制定相应的标准，做到有的放矢、减少盲目、保证相应的 EDI 系统的通用性、减少不必要的转换和对照、减少和节省系统的开销。

2. 系统性

编制 EDI 标准体系,在内容和层次上要充分体现其系统性。按标准体系的编制要求和 EDI 标准体系的组成原则,恰当地将具体 EDI 标准安排在相应的分体系中,做到层次合理、分明,标准之间体现出互相依赖、衔接的配套关系。EDI 标准体系的系统性还应体现出 EDI 标准体系结构的横向分体系的分类合理和每一分体系纵向标准构成的完整和科学,尽量避免相互间的交叉。

3. 先进性(略)

4. 预见性

在编制 EDI 标准体系表确定标准明细项目时,既要考虑到目前应有的技术水平,也要对未来的 EDI 发展有所预见,使 EDI 的标准体系能适应 EDI 技术的发展。

5. 可扩充性

EDI 标准体系的框架并非一成不变,它将随着 EDI 技术的发展和 EDI 国际标准的不断完善而进行更新和充实。就目前 EDI 标准体系的结构来看,主要是侧重于国际贸易领域,随着发展,EDI 的应用将远不止国际贸易一个方面。到那时,相应的标准也会源源推出,我们现行的 EDI 标准体系也将随之作相应调整。

二、UN/EDIFACT 标准

UN/EDIFACT 标准已占据全球 EDI 标准的主导地位。UN/EDIFACT 标准包括一系列涉及的电子数据交换的标准、指南和规则。UN/EDIFACT 标准由 UN/ECE 印刷为“联合国贸易数据交换指南（UNEDID)”,它包括 10 个部分:

1. EDIFACT 语法规则(ISO9735)；
2. 报文设计指南;
3. 语法应用指南;
4. EDIFACT 数据元目录(EDED)；
5. EDIFACT 代码表(EDCL)；

6. EDIFACT 复合数据元目录（EDCD）；

7. EDIFACT 段目录（EDSD）；

8. EDIFACT 标准报文格式（EDMD）；

9. 贸易数据交换格式构成总览（UNCID）；

10. 适当的说明解释。

以下就分别对 EDIFACT 国际标准的主要内容作简单介绍。

（一）EDIFACT 语法规则（ISO9735）

EDIFACT 语法规则于 1987 年 3 月制订完成，并于当年 9 月被 ISO 接受成为国际标准，标准代号为 9735，此语法规则又称作 ISO9735。

ISO9735 包括 10 个部分和 3 个附录，它以简略形式表述"用户格式化的数据交换的应用实施"的语法规则。其中，第一部分说明了标准的适用范围；第二部分罗列了该标准的相关标准；第三部分说明在此标准中用到的名词的定义；第四部分说明了 EDIFACT 标准报文中用到字符的集合的级别的划分；第五部分分级列出 EDIFACT 标准的字符集；第六部分定义了 EDIFACT 标准报文的结构；第七部分涉及把单证转换成 EDIFACT 标准报文过程中对 EDIFACT 标准报文数据元的压缩；第八部分说明了设计 EDIFACT 报文时段重复的可能性；第九部分是关于设计 EDIFACT 报文时段的嵌套；第十部分是数字型数据元使用的规定。附录 A 载录了标准中特有名词术语的定义；附录 B 是 EDIFACT 报文中服务段的描述；附录 C 是段的先后顺序的说明。附录 A 与 B 同正文一道构成了 ISO9735，其中附录 A、附录 B 与正文一样，都具有标准的约束力。

（二）报文设计指南

"报文设计指南"是在 1989 年 12 月被 UN/ECE 接受并认可的，该指南的使用对象是：

1. 联合国标准报文（UNSM）草案的设计者；

2. 联合国标准报文的修改者；

3. 区域性国际标准报文的设计者。

报文设计指南的制订是为了达到以下四个目的：

1. 介绍 EDIFACT 语法规则；

2. 为开发不同类型的报文提供一种统一的方法；

3. 为开发新报文，修订已有的报文提供一种持续性的方法；

4. 推荐使用一种 EDI 报文格式的标准层次结构和表示法。

这一指南分成 8 个部分，其中第一部分至第三部分是对指南的说明介绍；第四部分是报文设计的总体规则，并按照报文的使用范围对报文类型进行划分；第五部分至第七部分从数据元选择入手分层次地阐述了报文设计步骤——数据元分析、段结构设计、报文结构设计；第八部分规定了报文格式的修改步骤，以及得到最新国际报文格式的办法。

（三）语法应用指南

这一指南的目的是帮助 EDI 用户使用 EDIFACT 语法规则，指南分成 11 个部分，其中第一部分和第二部分是对指南的总体介绍；第三部分至第七部分的内容是交换协议、EDI 专用名词术语、交换字符集的定义、对电子数据交换的元素——数据元、段和报文的要求，以及对 EDIFACT 报文标准版本的规定；第八部分和第九部分是指南的主体部分，第八部分介绍了 EDI-

FACT 基本语法规则，规定了 EDIFACT 报文的结构、功能段组的结构和功能段组的功能，第九部分介绍了段的构成，段的结构，并阐明了段压缩和嵌套的规则；第十部分和第十一部分介绍了其他标准与 EDIFACT 标准相互转换的必要程序和 EDIFACT 标准的支持与维护的手段。

（四）EDIFACT 数据元目录(EDED)

EDIFACT 数据元目录是联合国贸易数据元目录(UNTDED)的一个子集，收录了近 640 个与设计 EDIFACT 报文相关的数据元，这些数据元通过数据元号与 UNTDED 相联系。这一目录对每个数据元的名称、定义、数据类型和长度都予以具体的描述。

（五）EDIFACT 代码表(EDCL)

代码表收录了 103 个数据元的代码，这些数据元选自 EDIFACT 数据元目录，并通过数据元号与数据元目录联系起来。

（六）EDIFACT 复合数据元目录(EDCD)

目录收录了在设计 EDIFACT 报文时涉及的 293 个复合数据元。目录中对每个复合数据元的用途进行了描述，罗列出组成复合数据元的数据元，并在数据元后面注明其类型，注有字母“M”的表示该数据元在此复合数据元中是必写的；注有字母“C”表示该数据元在此复合数据元中的出现与否是根据具体条件而定的。复合数据元通过复合数据元号与段目录相联系，组成复合数据元的数据元通过数据元号与数据元目录、代码表相联系。

（七）EDIFACT 段目录(EDSD)

段目录定义了 229 个 EDIFACT 报文中用到的段。目录中注明了组成段的简单数据元和复合数据元，并在数据元后面标明此数据元是“必写的”或是“条件的”。段目录中除有段名外，每个段前均标有段的“标识”，“段标识”一般由 3 个英文字母组成，它们是段名称的英文字母缩写。每个段通过“段标识”与 EDIFACT 标准报文相联系。简单数据元和复合数据元通过数据元号和复合数据元号与 EDIFACT 数据元目录与复合数据元目录相联系。

（八）EDIFACT 标准报文格式(EDMD)

EDIFACT 标准报文格式分成三级：0 级、1 级和 2 级。0 级是草案级，1 级是推荐草案级，2 级是推荐报文标准级。UN/ECE/WP.4 每年对标准报文都进行增订，并通过各大洲的报告人向世界各国散发。每个国家都有权向本地区的报告人索取有关 EDIFACT 标准的材料。最初制订的标准报文是发票的报文格式，目前发票报文格式是 2 级报文，该标准分成四个部分。前三部分是发票报文格式的总体描述，规定了报文使用范围和报文中用到的专有名词的定义；第四部分是报文定义部分，规定了报文的结构、报文包含段的功能、段表和分支表。

（九）贸易数据交换格式构成总览(UNCID)

贸易数据交换格式构成总览介绍了 EDIFACT 国际标准产生的背景，欲达到的目的和对用户的要求。

（十）适当的说明解释（略）

第三节　物流 EDI

一、物流 EDI 概述

物流 EDI 是指货主(生产厂家、贸易商、批发商、零售商等)、承运业主(独立的物流承运企业等)、实际运送货物的交通运输企业(铁路企业、水运企业、航空企业、公路运输企业等)、协助单位(政府有关部门、金融企业等)和其他物流相关单位(仓库业者、专业报送业者等)之间,使用 EDI 技术进行物流数据交换,并以此为基础实施物流作业活动的方法。EDI 在物流管理方面的应用与普及是国际趋势。

下面我们看一个应用物流 EDI 系统的实例,是一个由发送货物业主、物流运输业主和接收货物业主组成的物流模型,这个物流模型的动作步骤如下:

1. 发送货物业主(如生产厂家)在接到订货后制定货物运送计划,并把运送货物的清单及运送时间安排等信息通过 EDI 发送给物流运输业主和接收货物业主,以便物流运输业主预先制定车辆调配计划和接收货物业主制定货物接收计划。

2. 发送货物业主依据顾客订货的要求和货物运送计划下达发货指令、分拣配货、打印出物流条形码的货物标签(即 SCM 标签,Shipping Carton Marking)并贴在货物包装箱上,同时把运送货物品种、数量、包装等信息通过 EDI 发送给物流运输业主和接收货物业主,并依据指示下达车辆调配指令。

3. 物流运输业主在向发送货物业主取运货物时,利用车载扫描读数仪读取货物标签的物流条形码,并与先前收到的货物运输数据进行核对,确认运送货物。

4. 物流运输业主在物流中心对货物进行整理、集装、做成送货清单,并通过 EDI 向收货业主发送发货信息。在货物运送的同时进行货物跟踪管理,并在货物交纳给收货业主之后,通过 EDI 向发货物业主发送完成运送业务信息和运费请示信息。

5. 收货业主在货物到达时,利用扫描读数仪读取货物标签的条码,并与先前收到的货物运输数据进行核对确认,开出收货发票,货物入库。同时,通过 EDI 向物流运输业主和发送货物业主发送收货确认信息。

二、物流 EDI 的应用

(一)EDI 在物流企业中的应用

物流企业是供应商和客户之间的桥梁,它对调节产品供需、缩短流通渠道、增加流通规模及降低流通成本起着很重要的作用。这种作用主要表现在下述几个方面:

1. 物流作业流程引入 EDI,可与企业内部信息系统集成,逐步改善接单、配送、催款的作业流程。

2. 物流企业引入 EDI 出货单可与自己的拣货系统集成,生成拣货单,这样可以加快内部作业速度,缩短配货时间。在出货完成后,可将出货结果用 EDI 通知客户,让客户及时知道出货情况,也可尽快处理缺货情况。

3. 物流企业引入 EDI 催款对账单,同时开发对账系统,并与 EDI 出货配送系统集成来生成对账单,以减轻财务部门每月的对账工作量,降低对账的错误率,减少业务部门的催款人力。

4. 物流配送中心引入 EDI 来传送数据,可以极大地降低成本。

5. 物流企业还可以借助 EDI 为工具对企业进行再造。

(二)EDI 在物流单证上的应用

EDI 可以处理的物流单证类型主要包括以下几种:

1. 运输单证

运输单证包括提单、订仓确认书、多联式运单证、货物运输收据、铁路发货通知单、陆运单、空运单、联运提单、货物仓单、装货清单、集装箱装货单、到货通知单等。

2. 贸易单证

贸易单证包括订单、发票、装箱单、尺码单、装船通知等。

3. 海关单证

海关单证包括报关单、海关发票、出口货物报关单、离港货物报关单、海关验运报关单、海关放行通知单等。

4. 商检单证

5. 其他单证

(三)EDI 在国际运输中的应用

近年来,国际运输领域已经通过 EDI 系统用电子提单代替了传统的提单实现运输途中货物所有权的转移,这不仅对国际运输,对整个国际物流领域都是一场深刻变革。电子提单是一种利用 EDI 系统对海运途中的货物所有权进行转让的程序,利用电子提单可以快速、准确地转移所有权,可防冒领和避免误交。

(四)EDI 在供应链管理中的应用

在供应链管理中,EDI 是实现供应链上下游信息交换的有效技术手段。供应链的组成各方可以通过 EDI 共同分享信息、提高流通效率、降低物流成本。

例如,DEC 公司通过将 EDI 和 MRP 结合起来,使 MRP 实现电子化,公司库存因而减少 80%、交货时间减少 50%。目前我国大多数连锁零售商都建立了 POS 系统,有的甚至已经采用无线 POS 系统,使零售商能够获得动态的销售信息。如果能将信息再通过 EDI 及时地传送给制造商,实现信息数据化共享,那么制造商就能根据市场用求的变化相应地调整生产,避免过高的库存水平。零售商也能及时地得到批发商或制造商的补货,以免产生缺货的现象。这样,供应链的组成各方都能从中获得收益。

一些大的跨国公司,如杜邦、通用汽车、克莱斯勒、福特等都与其原材料和零部件供应商建立了 EDI 系统,其具体的运作可以归纳为以下几个步骤:

1. 在制造商的电脑中,将订单输入,而其他的内部运作程序基本上没有什么变化。

2. 制造商的电脑通过电话线、或专线、或因特网连接着供应商的电脑系统,当两方电脑系统识别对方后,制造商的订单就被处理并传递到了供应商的电脑系统中。

3. 供应商的电脑系统自动处理订单,并发送该订单的确认信息。然后,供应商就会自动通知生产线安排生产,并自动制作装箱单和库存和运输单据。这一切都是以电子方式完成的。

4. 供应商的电脑制作发票并传递给制造商。

5. 制造商将汇款以电子汇款通知单的方式通过清算中介传递给供应商。与此同时,该汇款通知也会自动传递给银行清算系统,由银行按 EFT 方式向供应商办理支付手续。

实验实训:在电子商务师实验平台中使用 EDI 应用模拟系统。

教学建议:有条件的情况下,在当地参观基于 EDI 的电子商务。

※ 思考题

1. EDI 的组成要素有哪些?
2. EDI 的特点有哪些?
3. 简要论述 EDI 的工作过程。
4. 试述 EDI 标准体系的基本内容。

案例讨论:

上海市的 EDI 建设

上海市是我国最大的通关口岸,经济发达,内、外贸历来居全国之首。围绕着贸易有关的行业如:海关、外贸公司、运输业、银行、仓储业、港口、报关行、保险业等,都是 EDI 应用的先行领域。

1. 上海市 EDI 中心

1997 年 6 月,由原上海市计划委员会、原上海市外经贸委、上海市交通办、上海海关、原上海市邮电管理局联手,通过有关实体共同投资组建了上海电子数据交换网络服务有限公司(上海市 EDI 中心)。

上海市 EDI 中心的工作主要是:连通 EDI 市级中心与各 EDI 行业分中心,实现各 EDI 行业分中心间的 EDI 电子数据交换、互联和网络管理;提供各 EDI 行业分中心的国际国内出入口交换,提供跨行业、跨地域的 EDI 服务;对网络的交换业务提供追踪、查询、存证、协调、管理、计费以及软件开发、系统集成、培训、技术支撑等综合服务;提供异地企业进入上海 EDI 网络的服务;负责有关通信网络的建设和工程承包;为用户提供有关通信网络、设备及软件的维护服务。

为加速推广 EDI 技术,上海市 EDI 中心在吸取、运用国外先进 EDI 技术的同时,不断在实践中积累 EDI 开发及推广应用的经验,探索 EDI 技术在新时代的发展之路。目前,上海市 EDI 中心已成为集信息技术开发、信息应用服务、信息产品销售等为一体的高科技企业,具有一支从事计算机软、硬件开发及网络通讯专业的人才队伍。上海市 EDI 中心已开发完成了"海关 EDI 通关电子申报系统"、"电子单证存证管理系统"、"商检 EDI 报验报检系统"、"EDI 空运仓单导入、核销系统"、"邮政 EDI 电子报关系统"等项目,产生了良好的经济效益和社会效益。

此外,上海市 EDI 中心注意消化、吸收国际上先进的信息技术,将其应用于电子报关、电子商务、航运 EDI 等诸多领域,建立了连接上海航运交易所、上海港航 EDI 中心、上海海关 EDI 中心、上海外经贸 EDI 中心的 DDN 专线网络和国际 Internet 出口。系统采用 E1(30B + D)接入方式,为接入用户提供了宽带安全接入通道。整个系统实现 24 小时全天候服务。这为上海全面推行 EDI 打下了良好的基础。

上海市 EDI 中心联合"海、陆、空、水、铁、公",承担上海市多式联运中 EDI 网络建设的任务,充分利用存量,适当补充增量,如铁路、公路、内河运输等方面的信息处理与交换,达到少投入多产出的目的。同时,利用上海几年来实践的经验,为长江流域的城市服务,帮助他们进行网络平台的建设,对相关人员进行培训,并在网络互联上多做工作。

2. 上海海关 EDI 中心

为推进海关的 EDI 工作,上海海关做了大量充分、细致的工作,从人员、资金到设备层层落实,保证了此项工作的展开。1997 年,在试运行的基础上,上海海关与上海市 EDI 中心合作,对"海关 EDI 通关电子申报系统"进行了全面的研究和开发,继而对研究成果开始推广应用。

"海关 EDI 通关电子申报系统"是 EDI 通关系统的一个子系统,该系统包括:

(1)报关单数据录入;

(2)其他通关单证数据录入;

(3)系统运行管理;

(4)海关参数表及软件维护;

(5)阅读海关公告信息;

(6)应用软件版本升级。

在该系统推出之前,海关通关业务基本采取传统的手工作业,由报关员填制报关单证,赶赴专门的海关审单中心,交由海关人员审核。每份报关单证海关人员需校验数十张附单后,方能盖章通过,一旦填制错误还须回返修改。这种方法不仅工作量大、手工处理周期长,而且由于种种人为因素难免会造成错报、漏审,缺乏全面性、合理性,监管力度不强。再加之报关人员填制单证不规范,造成了海关审单人员工作不便,对所处理的单证无法统计归档,难以形成业务积累。

"海关 EDI 通关电子申报系统"较传统的手工作业有了很大的改进,简化了海关通关手续,加快了通关速度。由于利用了先进的计算机技术和 EDI 技术,以电子单证代替纸面单证进行交换处理,促进了海关及相关企业工作的规范化和制度化。实现了用户在自己的办公室里对进出口货物的通关数据按照海关通关业务要求和法规进行录入,向海关申报,接受海关的回执,直至完成进出口货物的申报。它大大减少了处理单证的时间,简化了报关手续,提高了工作效率,实现了"足不出户,完成报关"。

使用至今,"海关 EDI 通关电子申报系统"用户仅上海地区就已达 400 余家,日平均处理 10000 余份单证,占上海通关总数的 40%。"海关 EDI 通关电子申报系统"的成功开发与应用为我国进出口业务的繁荣,海关业务的稳定发展做出了贡献,也对 EDI 技术在我国的应用起到了推动与示范的作用。由于该软件是根据中国海关的实际情况,并参考了国际上先进的做法而开发的,其应用性、适用性很强,在全国应用推广有着广阔的前景。

3. 上海港航 EDI 中心

上海港航 EDI 中心是交通部首批 EDI 示范工程之一。1996 年,上海港航 EDI 中心完成了筹建工作,在人事、资金、技术和行政等各方面作好了充分准备。1997 年,上海港航 EDI 中心进入全面实施阶段。当年,中心在上海邮电管理局的帮助下完成了通信工程建设,完成了交通部门 21 个电子报文、相应翻译、用户接口的程序开发,解决了不同 EDI 软件之间报文传输的技术问题。

到 1998 年 6 月,上海港航系统大部分码头、理货、船代和注册船公司实现了直接入网运作,船公司办事处也通过船代进行了电子数据传送。现在中心具有直接传输用户 61 家,加上间接传输用户,囊括了所有上海地区从事集装箱运输的港航核心企业。目前,港航 EDI 的传输率已达 100%,使用率也在 95% 左右,数据质量的正确性和数据传递的及时性也得到了大大提高,使 EDI 真正发挥了作用。

港航 EDI 实施后,加快了单证传递时间,改变了过去纸面单证通过邮件、传真、快递的发送方式。EDI 与传统的纸面单证传递相比,效率提高了 20 倍,同时也减少了单证的错误率,缩短了单证核对时间,降低了处理成本。由于减少了输入环节,减少差错 10%,每份单证平均核对时间缩短 16 倍,港口可减少 80% 的纸面单证,制作成本节约 60%。

EDI 的使用加速了船舶、车辆等运输工具的周转速度,提高了码头、堆场的利用率,为运输单位带来了巨大的经济效益和商机。据测算,采取了 EDI 等多种措施后,船舶在港平均时间缩短了 2 个小时,提高码头利用率 3.5%,相当于增加了 4.5 亿元的营运收入,其中 EDI 因素约占 35%。

同时,EDI 的使用推动了交通运输信息化,使港航企业的计算机应用水平迈上了新的台阶,改善了运输企业的服务质量,增加了竞争能力。EDI 也为政府加强对港口船、箱、货的监管和规范航运、货运市场提供了强有力的手段,极大地改善了口岸对外形象,创造了口岸良好的航运环境。

这一切,为上海的城市建设、经济建设增添了光彩,缩短了上海与先进国家之间的差距。但是,这些成绩还有待于巩固和发展。要进一步推动 EDI 的实施,需要充分发挥上海市 EDI 网络系统现有的人才、技术、法规和网络的优势,向已实行 EDI 领域的深度、向其他应用领域、甚至向长江多式联运领域拓展。

上海市 EDI 下一步建设的初步设想是:充分发挥上海 EDI 网络系统的人才、技术、法规、标准和网络的资源优势,补充必要的 EDI 行业中心或信息中心的建设,如公路、铁路、内河运输等,依靠上海地理位置上的优势,共建上海多式联运网络。在与国外有关的项目合作中,积极吸收外方先进的管理经验,对现有的资源进行优化和完善,尽快形成具有中国特色、上海特点、并与国际接轨的长江流域多式联运新模式。再以形成特色的多式联运方式,逐步向长江流域有关城市延伸,使上海成为真正的资金流、信息流、物流的集散地。

案例讨论问题:

上海市的 EDI 建设对我们的启示?

参考资料:

1. 苏春玲主编:《现代物流信息技术》,机械工业出版社,2006 年 6 月
2. 牛鱼龙主编:《EDI 知识与应用》,海天出版社,2005 年 5 月
3. 鲍吉龙、江锦祥主编,《物流信息技术》,机械工业出版社,2004 年 6 月
4. 谢富敏主编:《EDI 实务与操作》,电子工业出版社,2006 年 3 月
5. 邓顺国主编:《电子商务概论》,清华大学出版社,2005 年 3 月
6. 宋文官主编:《电子商务基础》,东北财经大学出版社,2004 年 8 月
7. 李荆洪主编:《电子商务概论》,中国水利水电出版社,2002 年 1 月
8. 启宏科技网站:http://edi.qihong.cn/
9. 点亮网:http://www.dianliang.com
10. 上海市 EDI 中心网站:http://www.shedi.com
11. 21 世纪中国电子商务网校:http://www.ec21cn.com
12. 世界交通运输 EDI 技术的发展和应用
http://www.dianliang.com/lunwen/lgl/jtys/200510/lunwen_4835_5.html
13. EDI-商业贸易的加速器
http://www.hermes.com.cn/wmag/wmag49.htm

14. EDI 的实现过程

http://www.qdport.com/webedi/zsjs/files/edi_sxgc.htm

15. EDI 应用

http://www.chinagrid.com/data/jianm-26.htm

16. EDI 的标准

http://www.qdport.com/webedi/zsjs/files/edi_bzh.htm

17. EDI 标准

http://www.ec21cn.com/ec21cnorg/wuliu/newlogi/wuliu/wuliu_xiangjie/7-2.htm

18. 电子数据交换 EDI

http://www.21brand.com/web8/web8-e1-93.htm

19. EDI 标准概述 - 孟宪煌教授

http://www.shedi.com/edilt_4.htm

20. 大连海关打造"电子口岸"

http://www.chinawuliu.com.cn/news/display.asp? id=24184&Flag=0

21. 电子数据交换(EDI)技术

http://www.ec21cn.com/ec21cnorg/wuliu/newlogi/wl/chapters/chapter7/7-3.htm

◆——第七章　GIS 与 GPS 技术

＊本章主要内容

- GIS
- GPS

＊**导入案例**

出租车两度落“虎口”,GPS 再次逞威风

东莞监控中心接到京都公司粤 S. T2972 的车主颜秋华先生打来电话,他用焦虑和恐惧的声音告诉中心人员,他遭到了打劫,中心人员马上调出该车辆的资料,核对车主资料无误后,并第一时间查询该车的位置和状态,电子地图上显示该车停在深圳宝安区布新一村和公园路交界处,车辆当时速度为零。

中心人员向车主了解了整个案发的过程:大概凌晨 2:30 分左右,在东莞凤岗镇和深圳市交界附近处,上来三位客人要去深圳龙华镇,由于当时上车的三人胸前都佩戴了工作证,认为三位客人是打工的,就放松了警惕。差不多到深圳石岩镇的时候,三个人原形毕露,拿出预先收藏好的刀具,对着车主的脖子说“不要动,把车停下来。”之后把车主手脚统统捆绑了起来,用破布塞住了他的嘴巴,并将其塞进了车尾箱内,歹徒随之将车开到了深圳上棠镇,把车主抬出来,把他丢在路边几百米外的草丛里,然后继续开车逃逸;20 分钟左右,车主挣脱了手和脚上的绳索,在治安岗哨的治安人员帮忙下向石岩镇派出所报了案。

3:30 深圳石岩派出所警号为 057907 的余警官致电监控中心,要求知道被劫车辆粤 S. T2972 的具体资料和位置,中心人员马上把车辆当时的位置告诉了余警官——被劫车停在深圳宝安区布新一村和公园路交界处附近。

3:32 中心对粤 S. T2972 该车辆进行监听,监听到车内无任何声音。被劫车还是停在深圳宝安区布新一村和公园路交界处。

3:35 ~3:40 中心值班经理把电子地图显示的位置打印出来了,中心人员把电子地图传真给余警官,致电石岩派出所确认是否收到传真,是否看得清楚?余警官说可以看清楚,如果有不清楚会再次致电中心,同时监控中心密切监控这辆被劫车的一举一动。

4:00 ~4:30 中心值班经理致电深圳总公司请求协助;中心设置的定时回报(每分钟 回报 1 次车辆的状态)显示被劫车一直停在原位置,中心值班经理致电深圳总公司帮忙协助寻找被劫车辆,十分钟后总公司值班人员马上调动人员和服务汽车出发赶往被劫车辆现所在位置(深圳宝安区布新一村和公园路交界处附近),同时致电被劫车所在的上川派出所马警官,告诉总公司的协助人员已在路上,大概半小时后可到出事地点,如需要协助可以拨打总公司的协助服务电话。

4:45 中心致电余警官查问现在被劫车辆及车主的情况,余警官说当地派出所的警官带领几个治安队员正在搜查此车辆，而被劫车车主已经和报警所在地的警官一起赶往被劫车辆的位置。中心人员提供了总公司协助人员的联系电话。

4:50 中心人员查询车辆位置没有返回位置，拨打车载电话已经无法接通，怀疑系统正被破坏，事后得知是劫匪徒拆除电瓶所致）。

4:53 上川派出所马警官来电说已经找到了一辆车，但没有车牌，要求中心人员发出报警信号，由于车载电话无法接通，不能发出报警信号，马警官要求中心通知被劫车车主马上赶往所在位置辨认。值班经理立即告诉总公司协助人员被劫车辆已找到，让快点去辨认。

4:58 ~ 5:05 中心人员拨打车载电话，还是无法接通。

5:15 ~ 5:40 值班经理多次致电总公司协助人员电话询问情况，还未找到被劫车辆。

6:02 总公司协助人员已经找到了被劫车辆，周围已经被上川派出所的警察控制。等待被劫车车主前来。

8:00 中心致电京都公司刘经理说明了今天凌晨粤 S. T2972 被劫的情况。

8:24 公安分局的领导和被劫车车主已经赶到了被劫车辆的地点，并确认了被劫车的身份，同时上川派出所的警察开始布控准备抓住歹徒。

第一节　GIS

地理信息系统（Geographical Information System，GIS）是20世纪60年代开始迅速发展起来的地理学研究新成果，是多学科交叉的产物，它以地理空间数据为基础，采用地理模型分析方法，适时地提供多种空间的和动态的地理信息，是一种为地理研究和地理决策服务的计算机技术系统。地理信息系统技术作为一种空间信息处理与分析技术，是在信息空间中构建与现实相对应的虚拟地理信息空间并在管理决策中应用的核心信息技术，已经成功地应用于高质量制图、资源处理、环境分析、交通管理等方面，具有广泛应用前景。

一、地理信息系统的定义

地理信息系统是融计算机图形学和数据库于一体，用来存储和处理空间信息的高新技术，它把地理位置和相关属性有机结合起来，根据用户的需要将空间信息及其属性信息准确真实、图文并茂地输出给用户，以满足城市建设、企业管理、居民生活对空间信息的要求，借助其独有的空间分析功能和可视化表达功能，进行各种辅助决策。其核心是管理、计算、分析地理坐标位置信息及相关位置上属性信息的数据库系统。它表达的是空间位置及所有与位置相关的信息，其信息的基本表达形式是各种二维或三维电子地图。因此，GIS 可定义为“用于采集、模拟、处理、检索、分析和表达地理空间数据的计算机信息系统”。

地理信息系统是在计算机硬、软件系统支持下，对整个或部分地球表层空间中的有关地理分布数据进行采集、储存、管理、运算、分析、显示和描述的技术系统。地理信息系统处理、管理的对象是多种地理空间实体数据及其关系，包括空间定位数据、图形数据、遥感图像数据、属性数据等，用于分析和处理在一定地理区域内分布的各种现象和过程，解决复杂的规划、决策和管理问题。

1. GIS 的物理外壳是计算机化的技术系统，它由若干个相互关联的子系统构成，如数据采集系统、数据管理子系统、数据处理和分析子系统、突袭哪个处理子系统、数据产品输出子系统等，这些子系统的优劣、结构直接影响着 GIS 的硬件平台、功能、效率、数据处理的方式和产品输出的类型。

2. GIS 的操作对象是空间数据，即点、线、面、体这类有三维要素的地理实体。空间数据的最根本特点是每一个数据都按统一的地理坐标进行编码，实现对其定位、定性和定量的描述。这是 GIS 区别于其他类型信息系统的根本标志，也是其技术难点之所在。

3. GIS 的技术优势在于它的数据综合、模拟与分析评价能力，可以得到常规方法或普通信息系统难以得到的重要信息，实现地理空间过程演化的模拟和预测。

4. GIS 与测绘和地理学有着密切的关系。大地测量、工程测量、矿山测量、地籍测量、航空摄影测量和遥感技术为 GIS 的空间实体提供各种不同的比例尺和精度的定位数；电子速测仪、GPS 全球定位技术、解析或数字摄影测量工作站、遥感图像处理系统等现代测绘技术的使用，可直接、快速和自动地获取空间目标的数字信息产品，为 GIS 提供丰富和更为实时的信息源，并促使 GIS 向更高层次发展。

在全球协作的商业时代，85% 以上的企业决策数据与空间位置相关，例如客户的分布、市场的地域分布、跨国生产与跨国销售、原料运输等。GIS 能够帮助人们将电子表格和数据库中无法看到的数据之间的模式和发展趋势以图像的形式直观地表现出来，进行空间可视化分析，实现数据可视化、地理分析与主流商业应用的有机集成，从而满足企业决策多维化的要求。GIS 可以将抽象的数据表格变为清晰简明的直观地图，帮助企业进行商业选址，确定潜在市场的分布、销售和服务范围；寻找商业地域分布规律、时空变化的趋势和轨迹；此外，还可以优化运输路线，进行资产管理和资源优化调度。

GIS 的吸引力是它可以通过地图来表现数据。它是通过把空间要素和相应的属性信息关联起来实现的。在 GIS 中，空间信息和属性信息是不可分割的整体，它们分别描述地理实体的不同特征，因而 GIS 能够支持传统的关系数据库所不能支持的空间查询和空间分析，它们是制定规划和决策的基础。

二、地理信息系统的特点

地理信息系统是以地理空间数据库为基础，采用地理模型分析方法，适时提供多种空间的和动态的地理信息，为地理研究和地理决策服务的计算机技术系统。

1. 具有采集、管理、分析和输出多种地理空间信息的能力，具有空间性和动态性。

2. 以地理研究和地理决策为目的，以地理模型方法为手段，具有区域空间分析、多要素综合分析和动态预测能力，产生高层次的地理信息。

3. 由计算机系统支持进行空间地理数据管理，并由计算机程序模拟常规的或专门的地理分析方法，作用于空间数据，产生有用信息，完成人类难以完成的任务。

通俗地讲，地理信息系统是整个地球或部分区域的资源、环境在计算机中的缩影。严格地讲，地理信息系统是反映人们赖以生存的现实世界（资源或环境）的现势与变迁的各类空间数据及描述这些空间数据特征的属性，在计算机软件和硬件的支持下，以一定的格式输入、存贮、检索、显示和综合分析应用的技术系统。它是一种特定而又十分重要的空间信息系统，它是以采集、贮存、管理、处理分析和描述整个或部分地球表面（包括大气层在内）与空间和地理分布有关的数据的空间信息系统。

三、地理信息系统的功能

应用 GIS 可以完成以下主要功能,并通过这些功能实现具体的目标。

(一)地图的利用和维护管理

在指定地址或所有者等条件下,GIS 能够检索该地点的地图并以画面的形式显示。在画面上对图形进行指定,可以参照该图形所带有的属性数据。相反,通过属性数据也可以查询出满足该属性的图形。

(二)信息的视觉化

1. 对必要的地图项目进行选择和取舍,变更线的颜色和种类,并能够单独进行表示和打印。

2. 能够简单地做出突出特定表示信息的地图。

3. 能够方便地做出土地利用图等的主题图。

(三)空间解析

能够掌握各种事物空间的特性和相互关系。对应利用目的分析对象的空间数据性质,通过进行最短路线等各种各样的空间解析,灵活运用地理的特性能够进行多方面的分析。

(四)决策支持

在制定计划时,能够利用实际的空间数据对各种各样的数据进行组合,并任意地设定一些条件,从而确保计划的客观性、合理性和透明性。

(五)综合化

世界上的信息大都以某些形式与空间数据有关,各种各样的信息利用这一性质,通过与 GIS 的结合,对各种社会现象的因果关系、对策等所产生的新的认知,将会有较大的提高。

四、地理信息系统的组成

(一)硬件

硬件是 GIS 所操作的计算机。今天,GIS 软件可以在很多类型的硬件上运行。从中央计算机服务器到桌面计算机,从单机到网络环境。

(二)软件

GIS 软件提供所需的存储、分析和显示地理信息的功能和工具。主要的软件部件有:输入和处理地理信息的工具;数据库管理系统(DBMS);支持地理查询、分析和视觉化的工具;容易使用这些工具的图形化界面。

(三)数据

一个 GIS 系统中最重要的部件就是数据了。地理数据和相关的表格数据可以自己采集或者从商业数据提供者处购买。GIS 将把空间数据和其他数据源的数据集成在一起,而且可以使用那些被大多数公司用来组织和保存数据的数据库管理系统来管理空间数据。

(四)人员

GIS 技术如果没有人来管理系统和制定计划应用于实际问题,将没有什么价值。GIS 的客户范围包括从设计和维护系统的技术专家,到那些使用该系统并完成他们每天工作的人员。

(五)方法

成功的GIS系统,具有良好的设计计划和本身的事务规律,这些是规范、方法,而对每一个企业来说是具体的独特的操作实践。

第二节 GPS

一、全球定位系统的定义

GPS(Global Positioning System)即全球定位系统是由一系列卫星组成的,它们24小时提供高精度的世界范围的定位和导航信息。准确地说,它是由24颗沿距地球12000公里高度的轨道运行的NAVSTAR GPS卫星组成,不停地发送回精确的时间和它们的位置。GPS接收器同时收听3~12颗卫星的信号,从而判断地面上或接近地面的物体的位置,还有它们的移动速度和方向等。

GPS接收器利用GPS卫星发送的信号确定卫星在太空中的位置,并根据无线电波传送的时间来计算它们间的距离。等计算出至少3~4个卫星的相对位置后,GPS接收器就可以用三角学来算出自己的位置。每个GPS卫星都有四个高精度的原子钟,同时还有一个实时更新的数据库,记载着其他卫星的现在位置和运行轨迹。当GPS接收器确定了一个卫星的位置时,它可以下载其他所有卫星的位置信息,这有助于它更快地得到所需的其他卫星的信息。

二、全球定位系统的原理与组成

全球定位系统是美国第二代卫星导航系统,是在子午仪卫星导航系统的基础上发展起来的,它采纳了子午仪系统的成功经验。和子午仪系统一样,GPS系统包括3大部分:空间部分-GPS卫星星座、地面控制部分-地面监控系统、用户设备部分-GPS信号接受机。

(一)GPS卫星星座

GPS工作卫星及其星座 由21颗工作卫星和3颗在轨备用卫星组成GPS卫星星座,记作(21+3)GPS星座。24颗卫星均匀分布在6个轨道平面内,轨道倾角为55度,各个轨道平面之间相距60度,即轨道的升交点赤经各相差60度。每个轨道平面内各颗卫星之间的升交角距相差90度,轨道平面上的卫星比西边相邻轨道平面上的相应卫星超前30度。

在两万公里高空的GPS卫星,当地球对恒星来说自转一周时,它们绕地球运行二周,即绕地球一周的时间为12恒星时。这样,对于地面观测者来说,每天将提前4分钟见到同一颗GPS卫星。位于地平线以上的卫星颗数随着时间和地点的不同而不同,最少可见到4颗,最多可见到11颗。在用GPS信号导航定位时,为了结算测站的三维坐标,必须观测4颗GPS卫星,称为定位星座。这4颗卫星在观测过程中的几何位置分布对定位精度有一定的影响。对于某地某时,甚至不能测得精确的点位坐标,这种时间段叫做"间隙段"。但这种时间间隙段是很短暂的,并不影响全球绝大多数地方的全天候、高精度、连续实时信息传输。GPS工作卫星的编号和试验卫星基本相同。

(二)地面监控系统

对于导航定位来说,GPS卫星是一动态已知点。星的位置是依据卫星发射的星历——描述卫星运动及其轨道的参数算得的。每颗 GPS 卫星所播发的星历,是由地面监控系统提供的。卫星上的各种设备是否正常工作,以及卫星是否一直沿着预定轨道运行,都要由地面设备进行监测和控制。地面监控系统另一重要作用是保持各颗卫星处于同一时间标准——GPS 时间系统。这就需要地面站监测各颗卫星的时间,求出钟差。然后由地面注入站发给卫星,卫星再由导航电文发给用户设备。GPS 工作卫星的地面监控系统包括一个主控站、三个注入站和五个监测站。

(三)GPS 信号接收机

GPS 信号接收机的任务是:能够捕获到按一定卫星高度截止角所选择的待测卫星的信号,并跟踪这些卫星的运行,对所接收到的 GPS 信号进行变换、放大和处理,以便测量出 GPS 信号从卫星 到接收机天线的传播时间,解译出 GPS 卫星所发送的导航电文,实时地计算出测站的三维位置,甚至三维速度和时间。

静态定位中,GPS 接收机在捕获和跟踪 GPS 卫星的过程中固定不变,接收机高精度 地测量 GPS 信号的传播时间,利用 GPS 卫星在轨的已知位置,解算出接收机天线所在位置的 三维坐标。而动态定位则是用 GPS 接收机测定一个运动物体的运行轨迹。GPS 信号接收机 所位于的运动物体叫做载体(如航行中的船舰、空中的飞机、行走的车辆等)。载体上 的 GPS 接收机天线在跟踪 GPS 卫星的过程中相对地球而运动,接收机用 GPS 信号实时地测得运动载体的状态参数(瞬间三维位置和三维速度)。

接收机硬件和机内软件以及 GPS 数据的后处理软件包,构成完整的 GPS 用户设备。GPS 接收机的结构分为天线单元和接收单元两大部分。对于测地型接收机来说,两个单元一般分成两个独立的部件,观测时将天线单元安置在测站上,接收单元置于测站附近的适当地方,用电缆线将两者连接成一个整机。也有的将天线单元和接收单元制作成一个整体,观测时将其安置在测站点上。

GPS 接收机一般用蓄电池做电源,同时,采用机内机外两种直流电源。设置机内电池的目的在于更换外电池时不中断连续观测。在用机外电池的过程中,机内电池自动充电。关机后,机内电池为 RAM 存储器供电,以防止丢失数据。

近几年,国内引进了许多种类型的 GPS 测地型接收机。各种类型的 GPS 测地型接收机用于精密相对定位时,其双频接收机精度可达 5mm + 1PPM. D,单频接收机在一定距离内精度可达 10mm + 2PPM. D。用于差分定位其精度可达亚米级至厘米级。目前,各种类型的 GPS 接收机体积越来越小,重量越来越轻,便于野外观测。GPS 和 GLONASS 兼容的全球导航定位系统接收机已经问世。

三、全球定位系统的特点

(一)定位精度高

GPS 卫星定位系统是目前世界上精度最高的一种卫星导航系统,动态定位精度小于 10 厘米,静态定位精度达到百万分之一;测速精度达 0.1m/s。

(二)覆盖面广

GPS 卫星定位系统可以在任何时间、任何地点连续地覆盖全球范围,从而使 GPS 卫星定位系统得到广泛的使用。

(三)被动式、全天候导航定位

GPS 导航信号接收终端机是被动全天候系统,只收不发信号,不受 GPS 卫星系统和地面控制系统的控制,用户数量也不受限制。

(四)定位快、价格低

GPS 导航信号接收终端机都具有国际通用的标准仪器接口,可以和交通工具、电台、话音通道及计算机等仪器对接,能够迅速地与其他信息系统连接实现快速定位。GPS 导航信号接收终端机价格较低,从 2000 元到 5000 元不等。

四、全球定位系统的应用

(一)GPS 用于物流业的实施方案

GPS 用于物流的实质是实时掌握运力信息,对运输车辆进行动态定位管理,在物流企业中多是以车载应用为主,一般以"车载设备—监控中心"的方式出现,多数情况下每个企业都要建立一个专用的监控中心,对中小型企业来说,这需要投入大量的精力,而且还存在着系统升级困难的问题。正因为如此,现在出现了专门提供公共 GPS 定位服务的运营公司,向物流企业或货主提供车辆定位和货物监控服务。

(二)全球卫星定位系统在供应链管理中的应用

1. 用于汽车自定位、跟踪调度、陆地求援。我国已有数十家公司在开发和销售车载导航系统。中远、中外运等大型国际物流服务企业均建立了装载有卫星定位系统的车队。

2. 用于内河及远洋船队最佳航程和安全航线的测定、航向的实时调度、监测及水上救援。在我国,全球卫星定位系统最先使用于远洋运输的船舶导航。我国跨世纪的三峡工程也已规划利用全球定位系统来改善航运条件、提高航运能力。

3. 用于空中交通管理、精密进场着陆、航路导航和监视。

4. 用于铁路运输管理。我国铁路开发的基于 GPS 的计算机管理信息系统,可以通过 GPS 和计算机网络实时收集全路列车、机车、车辆、集装箱及所运货物的动态信息,可实现列车、货物追踪管理。

5. 用于军事物流。全球卫星定位系统首先是因为军事目的而建立的,在军事物流中,如后勤装备的保障等方面,应用相当普遍,尤其是在美国,在世界各地驻扎的大量写队无论是在战时还是在平时都对后勤补给提出很高的要求,在战争中,如果不依赖 GPS,美军的后勤补给就会变得一团糟。

五、GPS 车辆监控调度系统

(一)GPS 车辆监控调度系统的作用

随着我国城市建设规模的扩大,车辆日益增多,交通运输的经营管理和合理调度,以及警用车辆的指挥和安全管理已成为公安、交通系统中的一个重要问题。过去,用于交通管理系统的设备主要是无线电通信设备,由调度中心向车辆驾驶员发出调度命令,驾驶员只能根据自己的判断说出车辆所在的大概位置,而在生疏地带或在夜间则无法确认自己的方位甚至迷路,因此,从调度管理和安全管理方面,其应用受到限制,GPS 定位技术的出现给车辆、轮船等交通工具的导航定位提供了具体的实时的定位能力。通过车载 GPS 接收机驾驶员能够随时知道自己的具体位置。通过车载电台将 GPS 定位信息发送给调度指挥中心，调度指挥中心便可及时掌握各车辆的具体位置，并在大屏幕电子地图上显示出来。目前，用于公安、交通系统的主要有车辆 GPS 定位与无线通信系统相结合的指挥管理系统及应用 GPS 差分技术的指挥管理系统。

GPS/GSM/GIS 移动目标监控调度系统是针对不同行业对车辆管理提出的最佳解决方案。该系统将最新的 GSM 全球数字蜂窝移动通信技术和 GPS 全球定位技术、GIS 地理信息技术以及计算机网络技术相融合，具有定位、通信、调度、管理、防盗、报警等功能，能够满足各种车辆的定位、通信、调度、防盗、报警、求助的需要。

该系统利用 GPS 接收机定位，通过 GSM 通信网向监控中心报告车的状态、位置等信息；监控中心的 GIS 系统将显示车辆位置和状态；监控中心的工作人员可提供管理、调度、救援、报警等服务，使车辆的安全得到有效保障。

该系统还能在进行短信服务 SMS 通信的同时，利用车载单元中的 GSMMODEM，进行正常的语音通信。这样，对于安装了该系统的车辆而言，相当于同时安装了一套 GSM 车载移动电话。

(二) 系统组成

GPS 车辆监控调度系统主要由 3 部分组成；车载终端、无线数据链路和监控中心。

GPS 车辆系统的建设，首先要考虑监控覆盖范围、实时性、调度业务、车辆容量，刷新速率等的要求，选择合适的无线数据链路和电子地图，以及开发相应业务软件，来满足用户的要求。就目前的 GPS 车辆系统而言，无线数据链路应用较多的是 GSM 通信方式，这主要由于其覆盖范围广，无需架设基站，可实现语言/短信等功能优点所决定的。当然，GSM 也有缺点，随后将比较它和集群通信、常规电台的优缺点。

1. 车载终端

车载终端设备包括控制单元（CPU）显示单元（可选）、GPS 天线、GSM 手机（或其他通信模块）、防盗报警（可选）。主要功能如下：

（1）防盗报警功能。当有紧急情况发生时，用户可以触发隐蔽的报警按钮，车载单元会自动地将 GPS 接收机中的位置数据通过 GSM 手机的短信息功能传送给监控中心。

（2）导航功能。GPS 提供移动目标的准确位置、速度和方向等数据、无差分的定位精度在 10m 左右，差分精度为 3 ~ 5m。系统可以通过调度中心进行导航，也可以在终端上存储电子地图，显示单元上可以实时显示移动目标在电子地图上的位置。根据目的地选择行驶的最佳路线，并可以做到偏导航报警。

（3）通话功能。车载 GSM 手机可进行语音通话，当用户离车时还可将手机取下正常使用，几种通信方式一般都要求数话兼容，可以根据指挥中心的指令来控制，以达到数话转化的功能。比如，如果采用集群通信，在车辆报警后，监控中心将拨出通道来监听车内的情况。

2. 无线数据链路

无线数据传输设备作为基站与各移动目标进行信息交换的桥梁，是整个车调中的重要组成部分，其选择方案包括以下几种：

（1）公网设备；

（2）集群通信；

(3)常规电台。

3. 监控中心

监控中心的设备组成包括数据库、监控终端/GIS 终端、前端接入设备。工作人员可通过监控系统监控所有入网移动目标的运动。其关键是相应业务内容的数据库建设、电子地图,以及和业务内容密切相关的应用软件——MIS,以实现下述主要功能。

(三)系统特点

1. 技术先进

GPS + GSM + GIS 监控调度报警系统的总体设计是采用当代的先进技术,如卫星导航定位技术、计算机技术、数字通信技术、移动通信技术等。这些先进技术是经航天工业实践检验的科技成果。

2. 功能丰富

充分发挥 GPS、GSM 与 GIS 的卫星定位,无线通信与直观的电子地图显示的优势,实现对目标无地理及地域空间限制的跟踪与控制,并可进行话音传诵及自动监控和报警等功能,使整个系统的效果更加完善。

3. 可扩充性强

移动目标数量可扩充:由于采用 GMS 通信体制,移动车台数量不受限制。

分控中心可扩充:由于移动目标的增多,或网络规模的扩大,网内分控中心的数量可视需要而增加,系统容量的扩充几乎是无限的,且具有极大的灵活性。

4. 应用范围广

该系统适用于公安消防、金融保卫、邮政快递、铁路货运、医疗急救、旅游运输、海关监管、边防、物流、交通管理部门。

5. 定位精度高

该系统采用的 GPS 定位信息,差分后定位精度小于 5 米。

6. 安全性好

系统的安全性主要表现为数据加密,在无线信道传输的数据经过多级加密,未经授权无法解密,确保数据在无线信道传输中的安全。

实验实训:实地考察 GIS 和 GPS 系统。

教学建议:有条件的最好结合具体的 GIS 和 GPS 系统进行教学。

※ 思考题

1. 简述地理信息系统的特征。
2. 画图说明地理信息系统的结构组成。
3. 简述全球定位系统的组成。

参考资料:

1. 王惠南编著:《GPS 导航原理与应用》,科学出版社,2004 年 3 月
2. 林自葵编著:《物流信息管理》,清华大学出版社,2006 年 3 月
3. 苏春玲编著:《现代物流信息技术》,机械工业出版社,2006 年 6 月
4. 刘小卉主编:《物流管理信息系统》,清华大学出版社,2000 年 3 月

* 第七章 *

◆——第八章　计算机网络技术

* 本章主要内容

- 计算机局域网络
- Internet、Intranet 及 Extranet
- VPN

第一节　计算机局域网络基础知识简介

计算机网络是计算机技术和通信技术结合的产物，是信息技术进步的象征。近年来，随着 Internet 这个全球化计算机网络的发展，计算机网络在当今社会活动中起着越来越重要的作用。计算机网络的发展水平不仅反映了一个国家的计算机科学和通信技术水平，而且已经成为衡量其国力及现代化程度的重要标志之一。

作为信息技术基础——计算机网络（局域网和远程网）是当今世界上最为活跃的技术因素之一。70 年代末期出现的计算机局域网（LAN - Local AreaNetwork），在 80 年代获得了飞速发展和大范围的普及，90 年代正步入更高速的阶段。目前 LAN 的使用已相当普遍，其主要用途是：

1. 共享打印机、绘图机等费用很高的外部设备；
2. 通过公共数据库共享各类信息；
3. 向用户提供诸如电子邮件之类的高级服务。

在一座办公大楼、一栋大厦、一个校园或一个企业内实现这种互连的网络方法有：Ethernet 网（以太网），也称为 802.3LAN；令牌环网，也称为 802.5LAN；令牌总线网，也称为 802.4LAN 以及光纤分布数据接口（FDDI）等。

一、什么是 LAN

为了完整地给出 LAN 的定义，必须使用两种方式：一种是功能性定义，另一种是技术性定义。前一种将 LAN 定义为一组台式计算机和其他设备，在物理地址上彼此相隔不远，以允许用户相互通信和共享诸如打印机和存储设备之类的计算资源的方式互连在一起的系统。这种定义适用于办公环境下的 LAN、工厂和研究机构中使用的 LAN。

就 LAN 的技术性定义而言，它定义为由特定类型的传输媒体（如电缆、光缆和无线媒体）和网络适配器（亦称为网卡）互连在一起的计算机，并受网络操作系统监控的网络系统。

功能性和技术性定义之间的差别是很明显的，功能性定义强调的是外界行为和服务；技术性定义强调的则是构成 LAN 所需的物质基础和构成的方法。

局域网（LAN）的名字本身就隐含了这种网络地理范围的局域性，由于较小的地理范围的局限性，由于较小的地理范围，LAN 通常要比广域网（WAN）具有高得多的传输速率，例如，目前 LAN 的传输速率为 10Mb/s,FDDI 的传输速率为 100Mb/s,而 WAN 的主干线速率国内目前仅为 64kbps 或 2.048Mbps,最终用户的上线速率通常为 14.4kbps。

LAN 的拓扑结构目前常用的是总线型和环行。这是由于有限地理范围决定的。这两种结构很少在广域网环境下使用。

LAN 还有诸如高可靠性、易扩缩和易于管理及安全等多种特性。

二、LAN 的简史

在计算机应用的初期,人们使用的都是大中型计算机,通常简称为主机。需要使用计算机的人必须向计算机操作人员提交请求,而且在获准上机后,必须等待数小时或几天才能得到结果。

后来,随着电子技术的发展,通过终端连到了主机上,从而人们不必进入机房,只需从办公室的终端上便可提交请求。再后来又出现了中小型计算机,操作系统也随之出现。这时用户已经能够以交互操作方式向中心机提交请求。然而,计算机的普及使用只是在 70 年代出现了个人计算机(PC)后才得以实现的。

1981 年出现的 IBM PC 机的处理能力和存储能力已经可同早几年的大型机相媲美。随着 PC 的大量投入市场,人们发现,每台 PC 配置一台磁盘驱动器和打印机,当时在费用上实在难以承受。于是出现了资源共享的方式:磁盘服务器和共享打印机。这是一种硬件和软件的组合,它可使几个 PC 用户很方便地对公共硬盘驱动器进行共享式访问。第一个磁盘服务器是在 CP/M 操作系统下运行的。

早期的 LAN,用户对硬盘驱动器的共享访问是经过连到共享驱动器的计算机实现的。计算机中的软件将共享的硬盘驱动器分成称为“卷”的区域,每个用户一个。在用户看来,用户分得的“卷”犹如他自己的专用盘驱动器。硬盘通常还包括公用卷,使用户共享信息。

在目前 LAN 中,磁盘服务器已经由文件服务器取代。文件服务器无论在使用户共享文件方面,还是帮助用户跟踪他们的文件方面都优于磁盘服务器。有些 LAN 能支持多个文件服务器,每个服务器又有多个硬盘驱动器与之相连,从而使 LAN 很容易扩充。除硬盘驱动器为 PC 用户共享外,第二个供 PC 用户共享的设备是打印机。目前,每种 LAN 都能有这种能力,而且在多数情况下,打印服务器已成了整个 LAN 软件包的一部分,而不是一台独立的计算机。

利用 LAN 打印服务器,用户仅可使用与一定文件服务器相连的打印机,或使用与网络上任何用户工作站相连的打印机。LAN 管理器可以限制对一定打印机的访问。用户也可将几个文件发送到同一个打印机。这些特点和其他特点取决于使用的 LAN 软件特性。

其他类型的服务器也已出现,如通讯服务器、数据库服务器等,将在以后的专题中介绍。

需要强调的是,LAN 是通过将一组 PC 连接到指定为服务器的机器上来实现的,连接媒体可有多种,如同轴电缆等。

三、为什么需要 LAN

LAN 的最初目的是在若干用户间共享资源,并能维持连入网络的各种机器本身原有的重要功能。当然,现在共享资源的方法比以前更加完善了。例如,LAN 可使多台 PC 机共享一台费用较高的激光打印机。

LAN 还可使用户共享公共数据。正是由于这种共享特性,出现了很多更加完善的技术。

LAN 的最初方法是将网上 PC 机的共享数据放入一个中心文件服务器中。服务器通常由一台 PC 机组成,代表 LAN 上的用户专门管理数据。这种方法效率较低,而且服务器和 PC 机之间的数据流随 PC 机的增加,或工作量的增大而可能使 LAN 产生阻塞。产生这种问题的原因是,每当用户希望访问服务器上的一个记录时,便进行搜索,数据库中的每个记录经过 LAN 从文件服务器发送到请求信息的 PC 机,直到接到所需的文件记录为止。

这个问题可使用客户/服务器技术来避免。客户/服务器方式能使 LAN 和其上的 PC 机操作更为有效。从本质上说,应用可分为两部分,一部分运行在用户的微机上,另一部分运行在中心服务器上。如果用户希望访问某一个记录,他便向服务器发送请求,中心服务器将在自己的机器上定位用户请求的那个记录,并响应用户请求,将记录发往请求它的 PC 机。因为这种方式不再需要将其他记录发到 LAN 上,所以具有较高的效率,并能减少 LAN 上的信息阻塞。

即使在较小的 LAN 上,客户/服务器计算方式也越来越重要,这是因为在开发 LAN 各种应用时将会利用这种技术。用户的 PC 机随后只需集中到它要处理的任务上,如信息表示和在用户控制下的诸如字处理和电子表格之类的服务。中心服务器则集中到由若干 LAN 用户共享的服务上,如管理公共数据。

应该指出,如果在较小的 LAN 上专门设置一个服务器,在成本上是不大合算的。在这种情况下,有些 PC 机要负担起双重作用,即作为数据库服务器,也作为客户。这样形成的小型 LAN,各 PC 机能以灵活和有效的方法相互通信和共享信息。

四、LAN 的基本部件

计算机网络是由两个或多个计算机通过特定通信模式连接起来的一组计算机,完整的计算机网络系统是由网络硬件系统和网络软件系统组成的。

(一)网络硬件

网络硬件是计算机网络系统的物质基础。要构成一个计算机网络系统,首先要将计算机及其附属硬件设备与网络中的其他计算机系统连接起来。不同的计算机网络系统,在硬件方面是有差别的。随着计算机网络技术的发展和网络应用的普及,网络结点设备会越来越多,网络硬件日趋多样化,功能也更加强大,设计也更加复杂。

网络电缆用于网络设备之间的通信连接,常用的网络电缆有双绞线、同轴电缆、光缆等,此外计算机网络还使用无线传输媒体(包括微波、红外线和激光)、卫星线路等传输媒体。

(二)网络连接器

1. 网卡

网卡也称网络适配器、网络接口卡(NIC,Network Interface Card),是插在微机 I/O 槽中,它是发出和接收不同的信息帧、计算帧检验序列、执行编码译码转换等以实现微机通讯的集成电路卡。

2. 集线器

集线器称为 HUB,是一种集中完成多台设备连接的专用设备,提供了检错能力和网络管理等有关功能。集线器有三种类型:对被传送数据不做任何添加的被动集线器(Passive HUB);能再生信号,监测数据通讯的主动集线器(Active HUB);能提供网络管理功能的智能集线器(Intelligent HUB)。

3. 中继器

中继器(Repeater),用于连接同类型的两个局域网或延伸一个局域网,同时它也可以将收到一个网络的信号放大发送到另一网络,从而起到连接两个局域网的作用。

4. 网桥

一个网络的物理连线距离虽然在规定范围内,但由于负荷很重,可以用网桥把一个网络分割成两个网络。网桥(Bridge)也用于连接网络分支,但网桥多了一个“过滤帧”的功能,即网桥会检查帧的发送和目的地址,降低整个网的通讯负荷。

5. 路由器

路由器(Router)用于局域网与广域网的相互连接,它可以连接遵守不同网络协议的网络。路由器能识别数据的目的地地址所在的网络,并能从多条路径中选择最佳的路径发送数据。

6. 网关

网关用于操作系统不相同的局域网的相互连接,或者局域网与广域网相连,或者局域网直接与某一远程主机互连。网关除了具有路由器的全部功能外,它还为网络间不同协议提供转换功能。

(三)网络服务器

网络服务器(Server)是一台高性能计算机,它用于网络管理、运行应用程序、处理各网络工作站成员的信息请示等,并连接一些外部设备(如打印机、CD - ROM、调制解调器等)。网络服务器根据其作用的不同分为文件服务器、应用程序服务器和数据库服务器等。

(四)网络工作站

网络工作站(Workstation)也称客户机,由服务器进行管理和提供服务的、连入网络的任何计算机都属于工作站,其性能一般低于服务器。个人计算机接入 Internet 后,在获取 Internet 的服务的同时,其本身就成为 Internet 网上的一台工作站。网络工作站需要运行网络操作系统的客户端软件。

(五)网络软件

在网络系统中,网络上的每个用户,都可享有网络系统中的各种资源,网络系统必须对用户进行控制,否则就会造成网络系统混乱、信息数据的破坏和丢失。为了协调网络系统资源,网络系统需要通过相关软件对网络资源进行全面的管理、调度和分配,并采取一系列的安全保密措施,防止用户对数据和信息不合理的访问。

通常网络软件包括:

1. 网络协议和协议软件:它是通过协议程序实现网络协议功能。

2. 网络通信软件:它用于实现网络工作站之间的通信。

3. 网络操作系统:它是用以实现网络系统资源共享、管理用户对不同资源访问的应用程序,它是最主要的网络软件。

4. 网络管理及网络应用软件:网络管理软件是用来对网络资源进行管理和对网络进行维护的软件;网络应用软件是为网络用户提供服务并为网络用户解决实际问题的软件。

网络软件最重要的特征是:网络管理软件所研究的重点不是在网络中互连的各个独立的计算机本身的功能,而是在如何实现网络特有的功能。

要构成 LAN,必须有其基本部件。LAN 既然是一种计算机网络,自然少不了计算机,特别是个人计算机(PC)。几乎没有一种网络只由大型机或小型机构成。因此,对于 LAN 而言,个人计算机是一种必不可少的构件。计算机互连在一起,当然也不可能没有传输媒体,这种媒体可以是同轴电缆、双绞线、光缆或辐射性媒体。第三个构件是任何一台独立计算机通常都不配备的网卡,也称为网络适配器,但在构成 LAN 时,则是不可少的部件。第四个构件是将计算机与传输媒体相连的各种连接设备,如 DB-15 插头座、RJ-45 插头座等。具备了上述四种网络构件,便可搭成一个基本的 LAN 硬件平台,如图 8.1.1 所示。

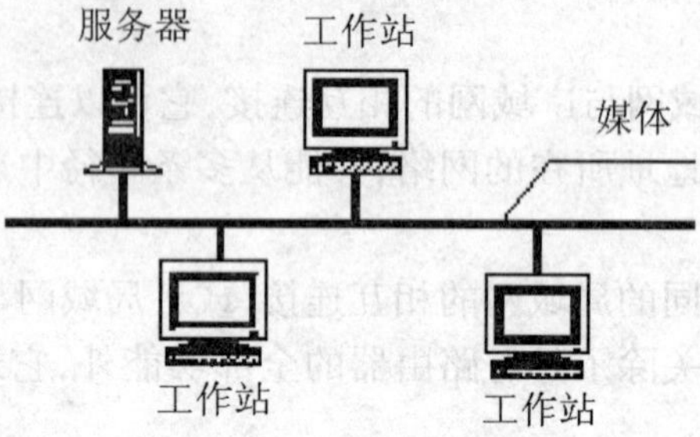

图 8.1.1 LAN 硬件结构图

有了 LAN 硬件环境,还需要控制和管理 LAN 正常运行的软件,即 NOS 是在每个 PC 机原有操作系统上增加网络所需的功能。例如,当需要在 LAN 上使用字处理程序时,用户的感觉犹如没有组成 LAN 一样,这正是 LAN 操作发挥了对字处理程序访问的管理。在 LAN 情况下,字处理程序的一个拷贝通常保存在文件服务器中,并由 LAN 上的任何一个用户共享。

由上面介绍的情况可知,组成 LAN 需要下述 5 种基本结构:

(1)计算机(特别是 PC 机);

(2)传输媒体;

(3)网络适配器;

(4)网络连接设备;

(5)网络操作系统。

上述 5 个基本构件除计算机外,将在以后的系列专题中详细介绍。

五、LAN 的网络拓扑结构

网络拓扑结构是指用传输媒体互连各种设备的物理布局。将参与 LAN 工作的各种设备用媒体互连在一起有多种方法,实际上只有几种方式能适合 LAN 的工作。

如果一个网络只连接几台设备,最简单的方法是将它们都直接相连在一起,这种连接称为点对点连接。用这种方式形成的网络称为全互连网络,如图 8.1.2 所示。图中有 6 个设备,在全互连情况下,需要 15 条传输线路。如果要连的设备有 n 个,所需线路将达到 $n(n-1)/2$ 条!显而易见,这种方式只有在涉及地理范围不大,设备数很少的条件下才有使用的可能。即使属于这种环境,在 LAN 技术中也不使用。这里所以给出这种拓扑结构,是因为当需要通过互连设备(如路由器)互连多个 LAN 时,将有可能遇到这种广域网(WAN)的互连技术。

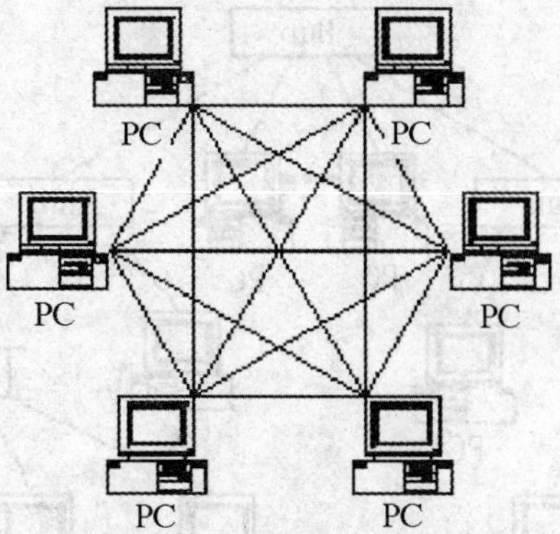

图 8.1.2　网络拓扑结构图

目前大多数 LAN 使用的拓扑结构有 3 种：

1. 星行拓扑结构；
2. 环行拓扑结构；
3. 总线型拓扑结。

（一）星型拓扑结构

星型结构是最古老的一种连接方式，大家每天都使用的电话都属于这种结构，如图 8.1.3 所示。其中，图 8.1.3（a）为电话网的星型结构，图 8.1.3（b）为目前使用最普遍的以太网（Ethernet）星型结构，处于中心位置的网络设备称为集线器，英文名为 Hub。

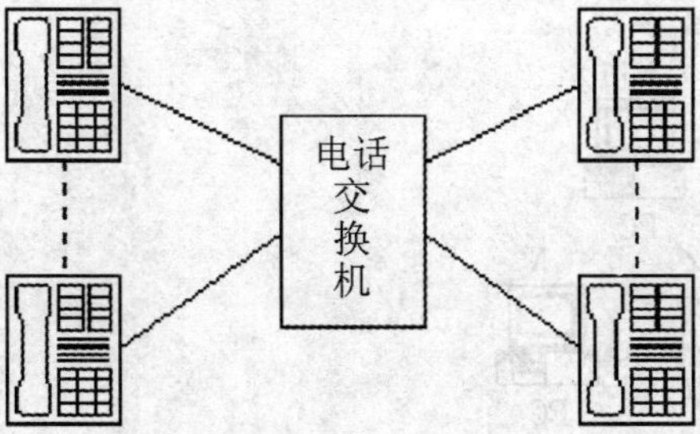

（a）电话网的星型结构

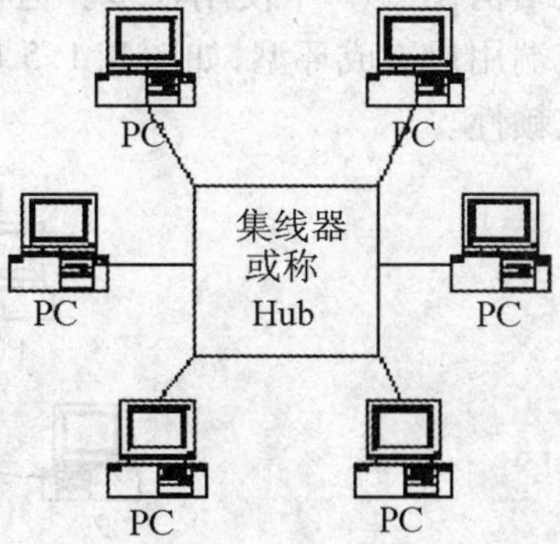

（b）以 Hub 为中心的结构

图 8.1.3　星型拓朴结构图

这种结构便于集中控制，因为端用户之间的通信必须经过中心站。由于这一特点，也带来了易于维护和安全等优点。端用户设备因为故障而停机时，也不会影响其他端用户间的通信，但这种结构非常不利的一点是，中心系统必须具有极高的可靠性，因为中心系统一旦损坏，整个系统便趋于瘫痪。对此中心系统通常采用双机热备份，以提高系统的可靠性。

这种网络拓扑结构的一种扩充便是星行树，如图 8.1.4 所示。每个 Hub 与端用户的连接仍为星型，Hub 的级连而形成树。然而，应当指出，Hub 级连的个数是有限制的，并随厂商的不同而有变化。

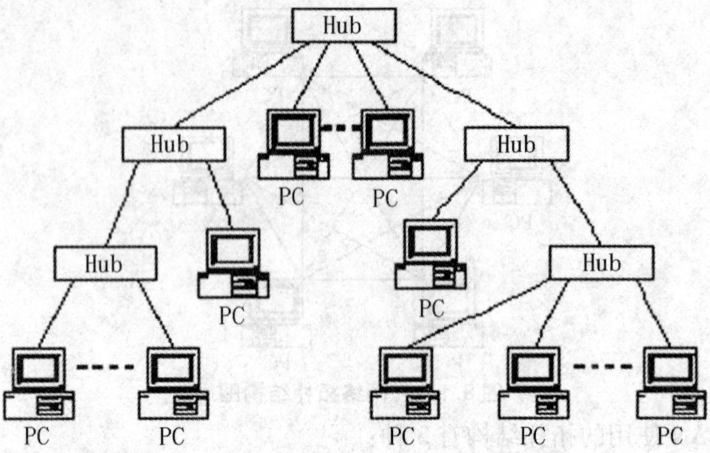

图 8.1.4 星行树结构

还应指出,以 Hub 构成的网络结构,虽然呈星型布局,但它使用的访问媒体的机制却仍是共享媒体的总线方式。

星型拓扑结构的优点:网络结构简单,便于管理、集中控制,组网容易,网络延迟时间短,误码率低,故障诊断、隔离容易,访问协议简单;星型拓扑结构的缺点:网络共享能力较差,通信线路利用率不高,扩展困难,对中央节点的依赖性强。

(二)环型网络拓扑结构

环型结构在 LAN 中使用较多。这种结构中的传输媒体从一个端用户到另一个端用户,直到将所有端用户连成环型,如图 8.1.5 所示。这种结构显而易见消除了端用户通信时对中心系统的依赖性。

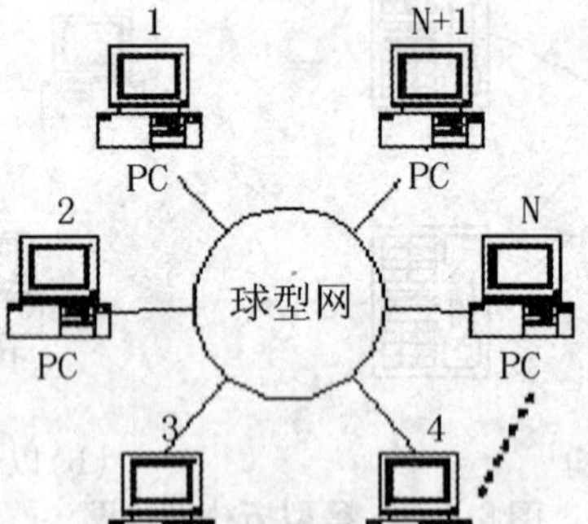

图 8.1.5 环型结构图

环行结构的特点是,每个端用户都与两个相临的端用户相连,因而存在着点到点链路,但总是以单向方式操作。于是,便有上游端用户和下游端用户之称。例如图 8.1.5 中,用户 N 是用户 N+1 的上游端用户,N+1 是 N 的下游端用户。如果 N+1 端需将数据发送到 N 端,则几乎要绕环一周才能到达 N 端。

环上传输的任何报文都必须穿过所有端点,因此,如果环的某一点断开,环上所有端间的通信便会终止。为克服这种网络拓扑结构的脆弱,每个端点除与一个环相连外,还连接到备用环上,当主环故障时,自动转到备用环上。

环形网的优点是:信息在网络中沿固定方向流动,两个结点间仅有惟一的通路,大大简化了路径选择的控制;某个结点发生故障时,可以自动旁路,可靠性较高,同时当网络确定时,其延时固定、实时性强;环形网的缺点是由于信息是串行穿过多个结点环路接口,当结点过多时,使网络响应时间变长、影响传输效率,同时由于环路封闭、扩充不方便,而且故障诊断、网络重新配置较困难。

(三)总线拓扑结构

总线结构是使用同一媒体或电缆连接所有端用户的一种方式,也就是说,连接端用户的物理媒体由所有设备共享,如图 8.1.6 所示。使用这种结构必须解决的一个问题是确保端用户使用媒体发送数据时不能出现冲突。在点到点链路配置时,这是相当简单的。如果这条链路是半双工操作,只需使用很简单的机制便可保证两个端用户轮流工作。在一点到多点方式中,对线路的访问依靠控制端的探询来确定。然而,在 LAN 环境下,由于所有数据站都是平等的,不能采取上述机制。对此,研究了一种在总线共享型网络使用的媒体访问方法:带有碰撞检测的载波侦听多路访问,英文缩写成 CSMA/CD。

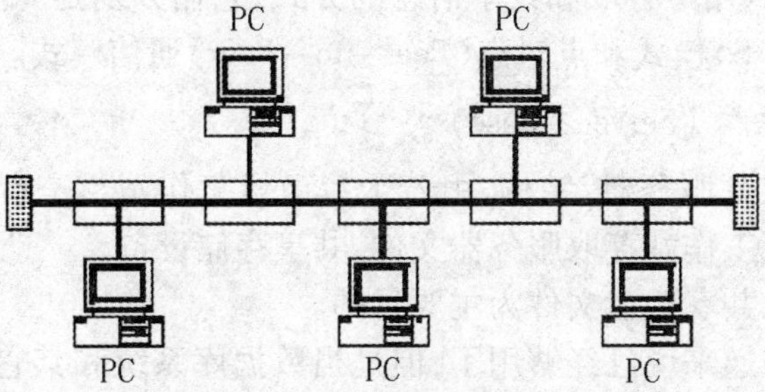

图 8.1.6　总线结构图

这种结构具有费用低、数据端用户入网灵活、站点或某个端用户失效不影响其他站点或端用户通信的优点。缺点是一次仅能一个端用户发送数据,其他端用户必须等待到获得发送权。媒体访问获取机制较复杂。尽管有上述一些缺点,但由于布线要求简单,扩充容易,端用户失效、增删不影响全网工作,所以是 LAN 技术中使用最普遍的一种。

总线拓扑结构的优点是:结构简单灵活、安装使用方便、非常便于扩充,可靠性高、设备量少、价格低、共享资源能力强;总线拓扑结构的缺点是通信介质或中间某一接口出现故障,整个网络随即瘫痪。

六、网络操作系统

网络操作系统(NOS)是网络的心脏和灵魂,是向网络计算机提供服务的特殊的操作系统,它在计算机操作系统下工作,使计算机操作系统增加了网络操作所需要的能力。例如像前面已谈到的当你在 LAN 上使用字处理程序时,你的 PC 机操作系统的行为像在没有构成 LAN 时一样,这正是 LAN 操作系统软件管理了你对字处理程序的访问。网络操作系统运行在称为服务器的计算机上,并由连网的计算机用户共享,这类用户称为客户。

NOS 与运行在工作站上的单用户操作系统或多用户操作系统由于提供的服务类型不同而有差别。一般情况下,NOS 是以使网络相关特性最佳为目的的。如共享数据文件、软件应用以及共享硬盘、打印机、调制解调器、扫描仪和传真机等。一般计算机的操作系统,如 DOS

和 OS/2 等,其目的是让用户与系统及在此操作系统上运行的各种应用之间的交互作用最佳。

为防止一次由一个以上的用户对文件进行访问,一般网络操作系统都具有文件加锁功能。如果没有这种功能,将不会正常工作。文件加锁功能可跟踪使用中的每个文件,并确保一次只能一个用户对其进行编辑。文件也可由用户的口令加锁,以维持专用文件的专用性。

NOS 还负责管理 LAN 用户和 LAN 打印机之间的连接。NOS 总是跟踪每一个可供使用的打印机以及每个用户的打印请求,并对如何满足这些请求进行管理,使每个端用户的操作系统感到所希望的打印机犹如与其计算机直接相连。

NOS 还对每个网络设备之间的通信进行管理,这是通过 NOS 中的媒体访问法来实现的。

NOS 的各种安全特性可用来管理每个用户的访问权利,确保关键数据的安全保密。因此,NOS 从根本上说是一种管理器,用来管理连接、资源和通信量的流向。

七、LAN 的几种工作模式

局域网的工作模式是根据局域网中各计算机的位置来决定的,目前局域网主要存在着两种工作模式,它们涉及到用户存取和共享信息的方式,它们分别是:专用服务器结构(Server - Base)、客户/服务器(C/S)模式和点对点(Peer - to - Peer)通信模式。

(一)专用服务器结构 (Server - Base)

又称为"工作站/文件服务器"结构,由若干台微机工作站与一台或多台文件服务器通过通信线路连接起来组成工作站存取服务器文件,共享存储设备。

文件服务器自然以共享磁盘文件为主要目的。

对于一般的数据传递来说已经够用了,但是当数据库系统和其它复杂而被不断增加的用户使用的应用系统到来的时候,服务器已经不能承担这样的任务了,因为随着用户的增多,为每个用户服务的程序也增多,每个程序都是独立运行的大文件,给用户感觉极慢,因此产生了客户机/服务器模式。

(二)客户机/服务器模式 (client/server)

这是一种基于服务器的网络,其中一台或几台较大的计算机集中进行共享数据库的管理和存取,称为服务器,而将其他的应用处理工作分散到网络中其他微机上去做,构成分布式的处理系统,服务器控制管理数据的能力已由文件管理方式上升为数据库管理方式,因此,C/S 由的服务器也称为数据库服务器,注重于数据定义及存取安全后备及还原,并发控制及事务管理,执行诸如选择检索和索引排序等数据库管理功能,它有足够的能力做到把通过其处理后用户所需的那一部分数据而不是整个文件通过网络传送到客户机去,减轻了网络的传输负荷。C/S 结构是数据库技术的发展和普遍应用与局域网技术发展相结合的结果。

它有足够的能力做到把通过其处理后用户所需的那一部分数据而不是整个文件通过网络传送到客户机去,减轻了网络的传输负荷。C/S 网络模式是数据库技术的发展和普遍应用与局域网技术发展相结合的结果。这种模式与下面所讲的点对点模式主要存在以下两个方面的不同:

1. 后端数据库负责完成大量的任务处理,如果 C/S 型数据库查找一个特定的信息片段,在搜寻整个数据库期间并不返回每条记录的结果,而只是在搜寻结束时返回最后的结果。

2. 如果数据库应用程序的客户机在处理数据库事务时失败,服务器为了维护数据库的完整性,将自动重新执行这个事件。

(三)对等式网络:(Peer – to – Peer)

在拓扑结构上与专用 Server 与 C/S 相同。在对等式网络结构中,没有专用服务器,在这种网络模式中,每一个工作站既可以起客户机作用也可以起服务器作用。有许多网络操作系统可应用于点对点网络,如微软的 Windows for Workgroups 、Windows NT WorkStation、Windows 9X 和 Novell Lite 等。

点对点对等式网络有许多优点,如它比上面所介绍的 C/S 网络模式造价低,它们允许数据库和处理机能分布在一个很大的范围里,还允许动态地安排计算机需求。当然它的缺点也是非常明显的,那就是提供较少的服务功能,并且难以确定文件的位置,使得整个网络难以管理。

第二节　Internet

因特网(Internet)是目前世界上最大的计算机网络,更确切地说是网络的网络(或者互连的网络),几乎覆盖了整个世界。该网络组建的最初目的是为研究部门和大学服务,便于研究人员及其学者探讨学术方面的问题,因此有科研教育网(或国际学术网)之称。进入 90 年代,因特网向社会开放,利用该网络开展商贸活动成为热门话题。大量的人力和财力的投入,使得因特网得到迅速的发展。成为企业生产、制造、销售、服务、人们日常工作、学习、娱乐等生活中不可缺少的一部分。

一、Internet 的起源与发展

(一)Internet 的起源

Internet 最初起源于美国国防部高级研究项目署(ARPA)在 1969 年建立的一个实验性网络 ARPANET。该网络将美国许多大学和研究机构中从事国防研究项目的计算机连接在一起,是一个广域网。1974 年 ARPANET 研究并开发了一种新的网络协议,即 TCP/IP 协议(Transmission Control Protocol/Internet Protocol:传输控制协议/互连协议),使得连接到网络上的所有计算机能够相互交流信息。

20 世纪 80 年代局域网技术迅速发展,1981 年 ARPA 建立了以 ARPANET 为主干网的 Internet 网,1983 年 Internet 已开始由一个实验型网络转变为一个实用型网络。

(二)Internet 的实用化

1986 年建立的美国国家科学基金会网络 NSFNET 是 Internet 的一个里程碑,它将美国的五个超级计算机中心连接起来,该网络使用 TCP/IP 协议与 Internet 连接。NSFNET 建成后,Internet 得到了快速的发展。到 1988 年 NSFNET 已经接替原有的 ARPANET 成为 Internet 的主干网。1990 年,ARPANET 正式宣布停止运行。

(三)Internet 的商业化

Internet 的第二次大发展得益于 Internet 的商业化。1992 年,专门为 NSFNET 建立高速通信线路的公司 ANS(Advanced Networks and Services)建立了一个传输速率为 NSFNET 30 倍的商业化的 Internet 骨干通道———ANSNET,Internet 主干网由 ANSNET 代替 NSFNET 是 Internet 商业化的关键一步。以后出现了许多专门为个人或单位接入 Internet 提供产品和服务的公司——ISP（Internet Service Provider：Internet 服务提供商）。1995 年 4 月，NSFNET 正式关闭。

（四）Internet 的公众化

今年来，随着 Internet 的不断发展，Internet 已经发展到各个国家的各个行业，发达国家到 2001 年底，Internet 用户普及率已经超过 90%。Internet 为个人生活与商业活动提供了更为广阔的空间和环境。网络广告、电子商务、电子政务、电子办公已经成为大家所熟悉的名字术语。Internet 的公众化主要体现在：

1. Internet 用户的普及：到 2001 年地全球已经超过 2.5 亿用户；

2. Internet 应用范围广泛：从国防军事、教育科研到金融贸易，从远程教育到远程医疗，从政府办公到日常事务到处都与 Internet 紧密相连。

二、Internet 在中国

Internet 在我国的发展起步较晚，但由于起点比较高，所以发展速度很快。1986 年，北京市计算机应用技术研究所开始与国际连网，建立了中国学术网 CANET（Chinese Academic Network）。1987 年 9 月，CANET 建成中国第一个国际互联网电子邮件结点，并于 9 月 14 日发出了中国第一封电子邮件，揭开了中国人使用互联网的序幕。回顾我国 Internet 的发展，可以分为 3 个阶段。

（一）第一阶段：起步阶段（1986 年 ~ 1994 年）

这个阶段主要以拨号上网为主，主要使用电子邮件服务，这个阶段是以中科院高能所为代表的。

1987 年 9 月 20 日，钱天白教授发出我国第一封电子邮件，揭开了中国人使用 Internet 的序幕。

1988 年，中国科学院高能物理研究所采用 X.25 协议使该单位的 DECnet 成为西欧中心 DECnet 的延伸，实现了计算机国际远程连网以及与欧洲和北美地区的电子邮件通信。

1991 年，中国科学院高能物理研究所采用 DECNET 协议，以 X.25 方式连入美国斯坦福线性加速器中心（SLAC）的 LIVEMORE 实验室，并开通电子邮件应用。

（二）第二阶段：发展阶段（1994 年 ~ 1995 年）

1994 年 10 月，由原国家计委投资、国家教委主持的中国教育和科研计算机网（CERNET）开始启动。

1995 年 4 月，中国科学院启动京外单位连网工程（俗称“百所连网”工程），实现国内各学术机构的计算机互连并和 Internet 相连。取名“中国科技网（CSTNet）”。

（三）第三阶段：商业化发展阶段（1995 年至今）

1995 年 5 月，中国电信开始筹建中国公用计算机互联网（CHINANET）全国骨干网。

1996 年 1 月，中国公用计算机互联网（CHINANET）全国骨干网建成并正式开通，全国范围的公用计算机互连网络开始提供服务。

1996 年 9 月 6 日，中国金桥信息网（CHINAGBN）连入美国的 256 KB 专线正式开通。中国金桥信息网宣布开始提供 Internet 服务，主要提供专线集团用户的接入和个人用户的单点上网服务。

1996 年 12 月，中国公众多媒体通信网（169 网）开始全面启动，广东视聆通、天府热线、上海热线作为首批站点正式开通。

根据中国互联网络信息中心（CNNIC）发布的最新《中国互联网络发展状况统计报告》。截止到 2004 年 12 月底止，我国上网计算机总数约 4 160 万台。我国上网用户人数约 9 400 万人。CN 下注册的域名总数为 432077 个，WWW 站点数（包括. cn、. com、. net、 . org 下的网站）约 668900 个，我国国际线路的总容量为 74 429 MB。连接的国家有美国、加拿大、澳大利亚、英国、德国、法国、日本、韩国等。

到 2004 年 12 月，经国务院批准，我国全国性的骨干互联网有 10 个。其中，经营性的互联网络有 6 个：

1. 中国公用计算机互联网（ChinaNet）：由中国电信负责建设与经营管理，俗称 163。ChinaNet 的主页地址是：http://www. bta. net. cn，国际线路的容量为 46 268 MB。

2. 宽带中国 CHINA169 网：由中国网通集团公司经营，俗称 169。国际线路的容量为 19087（含有 CNCNet 网）MB。

3. 中国联通公用计算机互联网（UNINet）：由中国联合通信有限公司负责建设与经营管理。UNINet 的主页地址是：http://sms. cnuninet. com，国际线路的容量为 1645 MB。

4. 中国网通公用互联网（CNCNet）：由中国网络通信有限责任公司负责建设与经营管理。CNCNet 的主页地址是：http://www. cnc. net. cn。

5. 中国移动互联网（CMNet）：由中国移动通信集团公司负责建设与经营管理。CMNet 的主页地址是：http://www. chinamobile. com，国际线路的容量为 1130MB。

6. 中国卫星集团互联网（CSNET）：已经经国务院批准正在建设之中。

非经营性的互联网络有 4 个：

7. 中国教育科研网（CERNet）：中国教育科研网由国家投资建设，教育部负责管理 CERNet 的主页地址为：http//www. cernet. edu. cn，国际线路的容量为 1022MB。

8. 中国科技网（CSTNet）：中国科技网由国家投资和世界银行贷款建设，由中国科学院网络运行中心负责运行管理。CSTNet 的主页地址为：http://www. cnc. ac. cn，国际线路的容量为 5275MB。

9. 中国国际经济贸易互联网（CIETNet）：面向全国外经贸系统事业单位的专用互联网。由外贸经济合作部下属的中国国际电子商务中心负责建设和管理。中国经贸网的网址是：http://www. ciet. net，国际线路的容量为 2MB。

10. 中国长城互联网（CGWNet）：已经经国务院批准正在建设之中。中国长城互联网（CGWNet）的主页地址为：http://wwwchina. net。

三、Internet 的特点

（一）全球信息浏览

Internet 已经与 180 个国家和地区的近 2 亿用户连通，快速方便地与本地、异地其他网络用户进行信息通信是 Internet 的基本功能。一旦接入 Internet 网络，即可获得世界各地的有关政治、军事、经济、文化、科学、商务、气象、娱乐和服务等方面的最新信息。

(二)检索、交互信息方便快捷

Internet 用户和应用程序不必了解网络互连等细节,用户界面独立于网络。对 Internet 上提供的大量丰富信息资源能快速地传递、方便地检索。

(三)灵活多样的接入方式

由于 Internet 所采用的 TCP/IP 协议采取开放策略,支持不同厂家生产的硬件、软件和网络产品,任何计算机,无论是大、中型计算机,还是小型、微型、便携式计算机,甚至掌上电脑,只要采用 TCP/IP 协议,就可实现与 Internet 的互联。

(四)收费低廉

政府在 Internet 的发展过程中给予了大力的支持。Internet 的服务收费较低,并且还在不断下降。

四、Internet 的基本组成

(一)物理网络

Internet 最基本的部件是物理网络,Internet 上的所有计算机是通过成千上万根电缆、光缆或无线通讯设备以及连接器组成的一个有机的物理网络;物理网络是传播信息的真实载体。

(二)通讯协议

实体间控制和数据交换的规则的集合;在 Internet 上传送的每个消息至少通过三层协议:网络协议(network protocol),它负责将消息从一个地方传送到另一个地方;传输协议(transport protocol),它管理被传送内容的完整性;应用程序协议(Application protocol),作为对通过网络应用程序发出的一个请求的应答,它将传输转换成人类能识别的东西。

(三)网络工具

六大基本工具,远程登录、文件传输、网络漫游和资源挖掘工具、电子邮件工具、网络聊天工具以及流媒体播放工具。

五、Internet 的未来发展方向

1. 未来 INTERNET 的用户需求将向 WWW、移动性和多媒体方向发展;

2. 未来 INTERNET 的应用将包括与广播媒体、通信业务以及出版媒体的综合;

3. INTERNET 社会就是信息社会。信息社会将具有五大特征:技术的多样性、业务的综合性、行业的融合性、市场的竞争性和用户的选择性。

4. 未来 INTERNET 将给任何人(ANYBODY)、在任何时间(ANYTIME)任何地点(ANYWHERE)、以任何接入方式(ANY CONNECTION)和可承受的价格,提供任何信息(ANY INFORMATION)并完成任何业务(ANY SERVICE)。

六、Internet 信息服务

Internet 是一种应用广泛的计算机网络,它有两个突出特点:一是促进人们相互之间的信息沟通,二是为人类提供了信息资源的共享。在 Internet 上,共享的资源不是硬件,而是各种信息服务,Internet 之所以发展如此迅速,就是它恰好满足了人们对网络信息服务的需求。Internet 的信息服务可分为电子邮件服务、远程登录服务、文件传输服务、新闻讨论组服务以及WWW 服务等。

(一)电子邮件(email)

电子邮件(简称 E－mail)又称电子信箱、电子邮政,它是一种用电子手段提供信息交换的通信方式。它是全球多种网络上使用最普遍的一项服务。这种非交互式的通信,加速了信息的交流及数据传送,它是一个简易、快速的方法。通过连接全世界的 Internet,实现各类信号的传送、接收、存贮等处理,将邮件送到世界的各个角落。到目前为止,可以说电子邮件是 Internet 资源使用最多的一种服务,E－mail 不只局限于信件的传递,还可用来传递文件、声音及图形、图像等不同类型的信息。

电子邮件不是一种“终端到终端”的服务,是被称为“存贮转发式”服务。这正是电子信箱系统的核心,利用存贮转发可进行非实时通信,属异步通信方式。即信件发送者可随时随地发送邮件,不要求接收者同时在场,即使对方现在不在,仍可将邮件立刻送到对方的信箱内,且存储在对方的电子邮箱中。接收者可在他认为方便的时候读取信件,不受时空限制。在这里,“发送”邮件意味着将邮件放到收件人的信箱中,而“接收”邮件则意味着从自己的信箱中读取信件,信箱实际上是由文件管理系统支持的一个实体。因为电子邮件是通过邮件服务器(mail server)来传递文件的。

电子邮件的传输是通过简单邮件传输协议(Simple Mail Transfer Protocol,简称 SMTP)这一系统软件来完成的,它是 Internet 下的一种电子邮件通信协议。

电子邮件的基本原理,是在通信网上设立“电子信箱系统”,它实际上是一个计算机系统。系统的硬件是一个高性能、大容量的计算机。硬盘作为信箱的存储介质,在硬盘上为用户分一定的存储空间作为用户的“信箱”,每位用户都有属于自己的一个电子信箱。并确定一个用户名和用户可以自己随意修改的口令。存储空间包含存放所收信件、编辑信件以及信件存档三部分空间,用户使用口令开启自己的信箱,并进行发信、读信、编辑、转发、存档等各种操作。系统功能主要由软件实现。

电子邮件的通信是在信箱之间进行的。用户首先开启自己的信箱,然后通过键入命令的方式将需要发送的邮件发到对方的信箱中。邮件在信箱之间进行传递和交换,也可以与另一个邮件系统进行传递和交换。收方在取信时,使用特定账号从信箱提取。

E－mail 像普通的邮件－样,也需要地址,它与普通邮件的区别在于它是电子地址。所有在 Internet 之上有信箱的用户都有自己的一个或几个 Email address,并且这些 Email address 都是惟一的。邮件服务器就是根据这些地址,将每封电子邮件传送到各个用户的信箱中,Email address 就是用户的信箱地址。就惟普通邮件一样,你能否收到你的 E－mail,取决于你是否取得了正确的电子邮件地址(你需要先向邮件服务器的系统管理人员申请注册)。

一个完整的 Internet 邮件地址由以下两个部分组成,格式如下:

loginname@ hostname. domain

即:登录名@ 主机名域名

中间用一个表示“在”(at)的符号“@ ”分开,符号的左边是对方的登录名,右边是完整的主机名,它由主机名与域名组成。其中,域名由几部分组成,每一部分称为一个子域(Subdomain),各子域之间用圆点“. ”隔开,每个子域都会告诉用户一些有关这台邮件服务器的信息。

假定用户 webmaster 的本地机(必须具有邮件服务器功能)为 cug. edu. cn,则其 E－mail 地

址为:webmaster@ dns. cug. edu. cn

它告诉我们:这台计算机在中国(cn),隶属于教育机构(edu)下的中国地质大学(cug),机器名是 dns。在@ 符号的左边是用户的登录名:webmaster。

在输入网络地址时,我们还有几点要提醒大家注意:

1. 在地址中不要输入任何空格。无论是在用户名、计算机名还是在@ 和圆点的两侧都不要含有空格。

2. 不要随便使用大写字符。检查用户名和机器名中是否含有大写字符。大部分地址都是完全由小写字符组成的。

3. 不要漏掉分隔网络地址各部分的圆点符号。

(二)远程登录

远程登录是 Internet 提供的最基本的信息服务之一。Telnet 是远程网络的缩写,在此表示一种网络通信协议。远程登录是在 Telnet 协议的支持下使用本地计算机暂时成为远程计算机仿真终端的过程。用户可通过本地计算机上键盘和显示器与远程计算机交互作用,使用该系统对外开放的功能和资源。

Telnet 是一个强有力的远程登录工具。登录时必须事先成为该远程计算机系统的合法用户,拥有响应的账号和口令。目前,国内 Telnet 最广泛的应用就是 BBS(电子公告牌)。

(三)文件传输

FTP(File Transfer Protocol)是文件传输协议的英文缩写,是一种与 Telnet 类似的联机服务。允许用户从远程计算机上获得一个文件副本传送到本地计算机上,或将本地计算机上的一个文件副本传送到远程计算机上。同样,远程计算机在进行文件传输时要求输入用户的账号和口令。但 Internet 上有许多 FTP 服务器都提供免费软件和信息,用户登录时不记名,这种 FTP 服务称为匿名 FTP 服务。

FTP 采用"客户机/服务器"工作方式,客户端要在自己的计算机上安排 FTP 客户程序。使用 FTP 可传送任何类型的文件,如文本文件、二进制文件、声音文件、图像文件和数据压缩文件等。

FTP 就是完成两台计算机之间的拷贝。从远程计算机拷贝文件至自己的计算机上,称之为"下载(download)"文件。若将文件从自己计算机中拷贝至远程计算机上,则称之为"上载(upload)"文件。

FTP 的传输有两种模式:ASCII 传输模式和二进制数据传输模式。

1. ASCII 传输模式

假定用户正在拷贝的文件包含简单的 ASCII 码文本,如果在远程机器上运行的不是 UNIX,当文件传输时 ftp 通常会自动地调整文件的内容以便于把文件解释成另外那台计算机存储文本文件的格式。

但是常常有这样的情况,用户正在传输的文件包含的不是文本文件,它们可能是程序、数据库、字处理文件或者压缩文件(尽管字处理文件包含的大部分是文本,其中也包含有指示页尺寸、字库等信息的非打印字符)。在拷贝任何非文本文件之前,用 binary 命令告诉 ftp 逐字拷贝,不要对这些文件进行处理,这也是下面要讲的二进制传输。

2. 二进制传输模式

在二进制传输中,保存文件的位序,以便原始和拷贝的是逐位一一对应的。即使目的地机器上包含位序列的文件是没意义的。例如,macintosh 以二进制方式传送可执行文件到 IBM VM 系统,在对方系统上,此文件不能执行(但是,它可以从 VM 系统上以二进制方式拷贝到另一 macintosh,是可以执行的)。

如果你在 ASCII 方式下传输二进制文件,即使不需要也仍会转译。这会使传输稍微变慢,也会损坏数据,使文件变得不能用(在大多数计算机上,ASCII 方式一般假设每一字符的第一有效位无意义,因为 ASCII 字符组合不使用它。如果你传输二进制文件,所有的位都是重要的)。如果你知道这两台机器是同样的,则二进制方式对文本文件和数据文件都是有效的。

(四)新闻讨论组

新闻组(Usenet)是一个在 Internet 上提供给网络用户用来彼此交换信息或是讨论某一共同话题的系统。在新闻组上交流的信息或文章称为网络新闻或网络论坛,可以将任何问题张贴上网,它会随着网络散播到世界各地。新闻讨论组的存在,使 Internet 的应用从简单的浏览上升到积极的参与。在 Internet 上,提供网络新闻服务的主机叫做 News(新闻)服务器。

在新闻组上,一些相关的信息或讨论自成一个新闻讨论组,按讨论组命名系统的规定,讨论组的命名方式是分级的,其中最高级如表 8-1 所示。

表 8-1

biz	商业类	sci	科学类
comp	计算机类	soc	社会、文化、宗教类
news	网络新闻类	talk	辩论类
rec	娱乐类	misc	杂类

讨论组第二级的名字是对第一级分类的细化,它对讨论的主题进行更为详细的规定,从而指定某一分类下更具体的主题。若有必要,讨论组还可以规定第三级、第四级名称,直到满足该讨论组的描述要求为止。例如:comp. mail. misc 是关于使用电子邮件的技巧新闻讨论组,rec. photo 是关于摄影的讨论组,sci. edu 是关于自然科学问题的讨论组等。

除了以上介绍的 Email、Telnet、FTP 和 Usenet 以外,传统的 Internet 信息服务还有 Gopher(基于菜单的信息查询服务)、Archie(文档查询服务)以及 Wais(广域信息服务系统)等,有兴趣的读者可参考有关书籍。

(五)全球信息网 WWW

全球信息网即 WWW(World Wide Web),又被人们称为 3W、万维网等,是 Internet 上最受欢迎、最为流行的信息检索工具。Internet 网中的客户使用浏览器只要简单地点击鼠标,即可访问分布在全世界范围内 Web 服务器上的文本文件,以及与之相配套的图像、声音和动画等,进行信息浏览或信息发布。

WWW 的起源于 1989 年,瑞士日内瓦 CERN(欧洲粒子物理实验室)的科学家 Tim Berners Lee 首次提出了 WWW 的概念,采用超文本技术设计分布式信息系统。到 1990 年 11 月,第一个 WWW 软件在计算机上实现。一年后,CERN 就向全世界宣布 WWW 的诞生。1994 年,Internet 上传送的 WWW 数据量首次超过 FTP 数据量,成为访问 Internet 资源的最流行的方法。近年来,随着 WWW 的兴起,在 Internet 上大大小小的 Web 站点纷纷建立,势不可挡。当今的

WWW 成了全球关注的焦点，为网络上流动的庞大资料找到了一条可行的统一通道。

WWW 之所以受到人们的欢迎，是由其特点所决定的。WWW 服务的特点在于高度的集成性，它把各种类型的信息（比如文本、声音、动画、录像等）和服务（如 News、FTP、Telnet、Gopher、Mail 等）无缝链接，提供了丰富多彩的图形界面。WWW 特点可归纳为：

1. 客户可在全世界范围内查询、浏览最新信息；
2. 信息服务支持超文本和超媒体；
3. 用户界面统一使用浏览器，直观方便；
4. 由资源地址域名和 web 网点（站点）组成；
5. Web 站点可以相互链接，以提供信息查找和漫游访问；
6. 用户与信息发布者或其他用户相互交流信息。

由于 WWW 所具有上述突出特点，它在许多领域中得到广泛应用，大学研究机构，政府机关，甚至商业公司都纷纷出现在 Internet 网上，高等院校通过自己的 Web 站点介绍学院概况、师资队伍、科研和图书资料以及招生招聘信息等。政府机关通过 Web 站点为公众提供服务、接受社会监督并发布政府信息。生产厂商通过 Web 页面用图文并茂的方式宣传自己的产品，提供优良的售后服务。

第三节　Intranet

简单地说，Intranet 就是建立于企业内部的 Internet，即把 Internet 技术运用于企业内部，称之为企业网或内部网。从技术上说，Intranet 主要由企业级的 TCP/IP 网络协议和 Web 服务器/浏览器系统构成，而 TCP/IP 技术能使 Intranet 与遍及全球的 Internet 很方便地互联起来，从而使企业内部网很自然地成为全球信息网的一个组成部分。

大家知道，过去的企业内部网采用的基本上都是局域网，采用工作站/文件服务器结构或者客户机/服务器结构来管理企业内部的业务，而一旦涉及远程管理和远程信息的获取与交换时，就显得无能为力。Intranet 是一种继承 Internet 的 TCP/IP、WWW、FTP 和 Telnet 等技术成果的企业内部网，它能以较少的投资和较短的开发周期，创建或将企业内部 MIS（管理信息系统）改造成一个开放、安全、高效的企业信息系统。基于 Intranet 的系统可在不改变原有系统功能要求的基础上，增加许多新的网络服务功能，实现与 Internet 的互联。例如，可把公司的简介、新闻、产品信息、文件档案等放在 Web 主页上，向公众提供；有些公司还利用 Intranet 进行客户服务、接受定单、信息反馈等，并将其视为重要的对外联系的窗口。通过 Intranet 将企业所需要的信息连接起来，产生的效益是过去局域网无法比拟的。

一、Intranet 的构成

如果 Intranet 只是一个单纯的企业局域网，不需要与 Internet 连接，Intranet 的构成相对简单，只需配备 Intranet 服务器，包括 WWW 服务器、E－mail 服务器、数据库服务器等，并在客户机上安装 Intranet 客户端软件即可。当 Intranet 与 Internet 连接时，网络安全就显得很重要了，采用防火墙安全技术是将 Intranet 与 Internet 可靠分离的一个重要方法。这样，一方面企业内部网由于采用了 Internet 技术，可获得 Internet 上的信息资源；另一方面，由于采用了防火墙技术，内部网又相对独立、安全。其结构如下图所示。

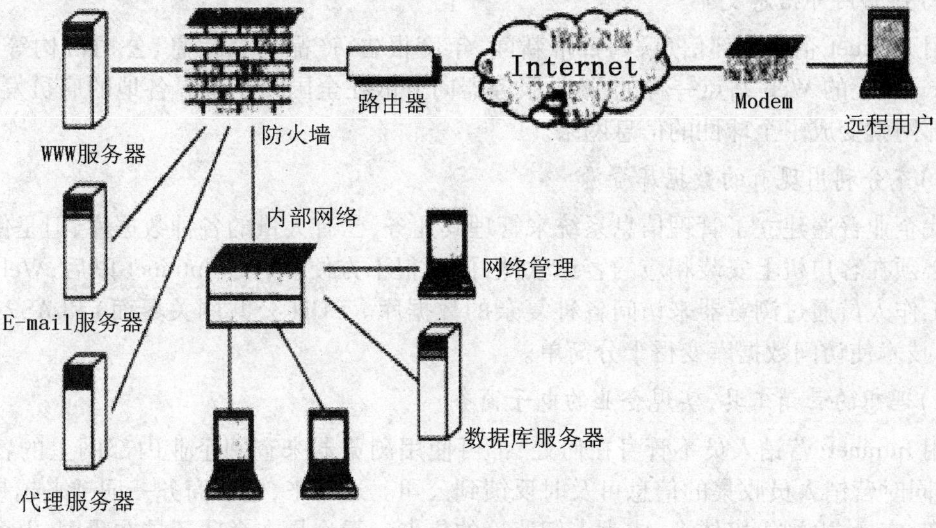

图 8.3.1 Intranet 连接外网结构图

从 Intranet 的构成环境来看,Intranet 主要由网络硬件、网络软件、网络协议和网络应用系统等部分组成。

(一)网络硬件

Intranet 的硬件采用局域网技术和广域网技术。局域网采用了以太网、令牌环网、FDDI、ATM 和高速以太网等多种技术:在广域网中则采用了 X.25、帧中继、ATM 和 ISDN 等。其主要构成是路由器、交换设备、集线器等。同时,Intranet 在广域网上可通过虚拟网络的方式来实现。从计算机硬件方面来看,Intranet 主要由各种服务器和用户工作站组成。远程用户可通过拨号进入企业 Intranet。

(二)网络软件

Intranet 的网络软件可分为:网络操作系统、数据库管理系统、防火墙软件和各种应用代理服务。如 WWW 服务、E－mail 服务、域名服务、代理服务等。

(三)网络协议

Intranet 中采用 Internet 的 TCP/IP 协议。TCP/IP 协议具有广泛的兼容性和可伸缩性,从局域网到广域网,可连接不同的计算机网络、不同的网络设备。

(四)网络应用系统

为用户提供良好的运行、管理和调度网络资源的环境,提供网络开发平台并制作出各种用户所需的界面。

二、Intranet 的主要功能

Intranet 是 Internet 在企业内部信息系统的应用和延伸。其服务对象原则上是企业内部员工,并以联系企业内部员工的工作为主,促进企业内部的沟通,提高工作效率,强化企业管理。其主要功能如下:

（一）企业内部信息发布

利用 Intranet 企业内部信息，如日常新闻、年度报告、产品价格信息、公司机构等，可通过如同 Internet 上的 Web 站点一样的 Web 服务器向分散在全国乃至世界各地的雇员发布，这样企业内部网就变成了全球性的信息网络。

（二）充分利用现有的数据库资源

现代企业普遍建立了管理信息系统来管理其业务，已有大量的各种数据库，但是使用这些数据库必须在客户机上安装相应的客户软件，使用很不方便。有了 Intranet 以后，Web 技术使一般的工作人员通过浏览器来访问各种复杂的数据库。CGI（公共网关界面）和 ASP（动态服务器页）技术使访问数据库变得十分简单。

（三）理想的营销工具，实现企业的电子商务

利用 Intranet，营销人员不管身在何处，都可使用浏览器来查阅企业内部网上的各种多媒体信息，同时营销人员收集的信息可及时反馈到公司。近年来，电子商务一词越来越频繁地出现在报刊、广播、电视等媒体上，成为人们谈论的焦点。无论是在全球还是在我国，电子商务都以比人们预料的还要快得多的速度发展着。企业利用 Intranet，可实现网上销售、网上支付、网上服务等，在全球经济一体化的今天，电子商务已成为时代发展的潮流。

（四）协同工作环境

现代企业的集团性质，使企业（公司）内的工作群体往往在分散的环境下协同工作，必须使用具有交互性质的工具来完成群体各成员间的信息交流。使用 Intranet、WWW 页面和动态 Web 技术就会成为工作群体之间进行协同工作的理想环境。

第四节 Extranet

联邦捷运企业（简称 Fedex）向公众公开了它的货运跟踪系统，Fedex 的客户可以访问 Fedex 的 Web、浏览货运表、填写必要的表格，甚至可以跟踪自己货物的运行路线。Fedex 的 Web 站点是最早的和最著名的 Extranet 的例子之一。

Extranet 是一个可为外部用户提供选择性服务的 Intranet，但严格的来说，它并不是一个 Intranet 的应用，尽管任何人都可以访问 Fdex 的 Web，但对此感兴趣的仅仅是它的客户有关准确的 Extranet 定义还在讨论中，但大多数人都能接受的 Extranet 的定义是：Extrnet 是一个使用 Internet/Intranet 技术使企业与其客户和其他企业相连来完成其共同目标的合作网络。Extranet 可以作为公用的 Internet 和专用的 Intranet 之间的桥梁，也可以被看作是一个能被企业成员访问或与其他企业合作的企业 Intranet 的一部分。

一、Extranet 的特性

Extranet 通常与 Intranet 一样位于防火墙之后，但不像 Internet 为大众提供公共的通信服务和 Intranet 只为企业内部服务和不对公众公开，而是对一些有选择的合作者开放或向公众提供有选择的服务。Extranet 访问是半私有的，用户是由关系紧密的企业结成的小组，信息在信任的圈内共享。Extranet 非常适合于具有时效性的信息共享和企业间完成共有利益目的的活动。

Extranet 具有以下特性:

1. Extranet 不限于组织的成员,它可超出组织之外,特别是包括那些组织想与之建立联系的供应商和客户;

2. Extranet 并不是真正意义上的开放,它可以提供充分的访问控制使得外部用户远离内部资料;

3. Extranet 是一种思想,而不是一种技术,它使用标准的 Web 和 Internet 技术,与其他网络不同的是对建立 Extranet 应用的看法和策略;

4. Extranet 的实质就是应用,它只是集成扩展(并非系统设计)现有的技术应用。

二、Extranet 的应用

Extranet 可以用来进行各种商业活动,当然 Extranet 并不是进行商业活动的唯一方法,但使用 Extranet 代替专用网络用于你的企业与其它企业进行商务活动,其好处是巨大的。Extranet 把企业内部已存在的网络扩展到企业之外,使得可以完成一些合作性的商业应用(如企业和其客户及供应商之间的电子商务、供应链管理等)。

Extranet 可以完成以下应用:

(一)信息的维护和传播

通过 Extranet 可以定期地将最新的销售信息以各种形式分发给世界各地的销售人员,而取代原有的文本拷贝和昂贵的专递分发。任何授权的用户都可以从世界各地用浏览器对 Extranet 进行访问、更新信息和通信,使得增加/修改每日变化的新消息、更新客户文件等操作变得容易。

(二)在线培训

浏览器的点击操作和直观的特性使得用户很容易地就可加入到在线的商业活动中。此外,灵活的在线帮助和在线用户支持机制也使得用户可以容易发现其需要的答案。

(三)企业间的合作

Extranet 可以通过 Web 给企业提供一个更有效的信息交换渠道,其传播机制可以给客户传递更多的信息。通过 Extranet 进行的电子商务可以比传统的商业信息交换更有效和更经济地进行操作和管理,并能大规模地降低花费和减少跨企业之间的合作与商务活动的复杂性。

(四)销售和市场

Extranet 使得销售人员可以从世界各地了解最新的客户和市场信息,这些信息由企业来更新维护,并由强健的 Extranet 安全体系结构保护其安全性。所有的信息都可以根据用户的权限和特权通过 Web 访问和下载。

(五)客户服务

Extranet 可以通过 Web 安全有效地管理整个客户的运行过程,可为客户提供订购信息和货物的运行轨迹,可为客户提供解决基本问题的方案,发布专用的技术公告,同时可以获取客户的信息为将来的支持服务,使用 Extranet 可以更加容易地实现各种形式的客户支持(桌面帮助、电子邮件及多媒体电子邮件等)。

(六)产品、项目管理和控制

管理人员可迅速地生成和发布最新的产品、项目与培训信息,不同地区的项目组的成员可以通过网上来进行通信、共享文档与结果,可在网上建立虚拟的实验室进行跨地区的合作。Extranet 中提供的任务管理和群体工作工具应能及时地显示工作流中的瓶颈,并采取相应的措施。

使用 Extranet 可以带来以下的好处:

1. 为客户提供多种及时有效的服务,可以改善客户的满意度;

2. 因为职员不必将其时间花费在信息的查找上而提高其生产率;

3. 因为减少纸张的拷贝、打印通信与分发的费用,大大地降低生产费用;

4. 可以通过网上实现跨地区的各种项目合作;

5. 与以前的仅仅是文字信息不同,Extranet 中的信息可以以各种形式体现;

6. 可将不同厂商的各种硬件、数据库和操作系统集成在一起,并且利用浏览器的开放性使得应用只需开发一次即可为各种平台使用;

7. 可以引用、浏览原有系统中的信息(仍由原有系统进行维护)。

三、Extranet 的体系结构与主要技术

Extranet 通常是 Intranet 和 Internet 基础设施上的逻辑覆盖,仅用访问控制和路由表进行控制,而不是建立新的物理网络。Extranet 通常连接两个或多个已经存在的 Intranet,每个 Intranet 由分布在各地的多个 Web 和其他设施构成。Extranet 在其体系结构中需要标准性、灵活性、可扩展性和可扩充性来帮助企业建立自己的商业与其他应用:

(一)工业标准

专用封闭的系统和设备具有很大的局限性,它可能会严重地妨碍与新的应用接口的灵活性、系统向大的 HTTP 或数据库服务器的可移植性、与新的元素、用户或特性结合的可扩充性。Extranet 最好是建立在基于工业标准的基础上(如 HTTP 或 SQL 协议),这样使得系统在增长和维护方面具有最大的灵活性。

(二)软件的体系结构

Extranet 建立在大量并行的用户的软件运行时具有最大效率的基础上。CGI、PERL 和其他通用的描述性语言在与具有大量用户的 Internet 环境集成时具有严重的局限性。由于 C++和面向对象的程序语言的兼容性和可靠性,所以被推荐作为 Extranet 的软件平台和进行应用开发。

(三)多种技术的集成

成功的 Extranet 技术应该是使得 Internet、Intranet 和 Extranet 环境紧密自然地集成在一起。这使得企业可以在受控的网络(Extranet)、专用封闭的网络(Inta net)、开放的网络(Internet)等环境中工作和连接。

现有开放的应用技术与标准广泛支持 Internet 技术的应用,这使得所有的 Extranet 的应用提供广泛的特性和功能,这些技术和标准是建立 Extranet 和网络企业的基石:· HTML 和 HTTP 支持与平台无关的内容的创建、出版和信息共享;Java、JavaScript 和 CORBA(Common Object Request Broker Architecture)使得可以开发与平台无关的软件,并使用分布式对象进行开发;· SMTP(Simple Mail Transfer Protocol)、IMAP(Internet Message Access Protocl)、MIME(Multipurpose Internet Mail Extensions)、S/MIME(Secure MIME)、NNTP(Netor kNews Transport Protocol)

和 RTP(Real Time Protocol)是几个可提供 E－mail、讨论、会议等应用能力的协议,可用来提供与平台无关的通信与合作; · LDAP(Lightweight Directory Access Protocol)、X. 509 和 SNMP(Simple NetworkMn agement Protocol)提供了目录和安全服务与网络管理能力。网络通信是 Extranet 建立过程中的重要技术,只有较好地解决了这个问题,才能使得 Extranet 在效率、安全和应用方面达到较高的水平。

Extranet 中的网络通信应达到以下的技术要求:

1. 所有组织间的通信应该通过公用的 Internet 相连,而不是通过私有的专线;

2. 应该能在 Extranet 的多个站点之间进行点到点和点到多点的通信;

3. 所有的 Extranet 参与者将能够使用标准的网络协议和应用进行项目之间的通信;

4. 对于那些要求适当的网络带宽和低的连接延时来支持多媒体数据流、大文件传输和低响应时间的特定应用,Extranet 将能够使用标准的网络协议使得在发送和接收者之间保留相应的的带宽;

5. 企业间所有数据通信将通过企业的防火墙,并使用满足局域安全要求的协议进行通信在 Extranet 环境中参与者不应对特定产品具有强制性的要求;

6. 企业间安全的专用通信将不依赖于专用的机制或产品。

四、Extranet 中的应用技术

Extranet 应用能为电子商务或其他的商业应用提供有用的工具。

集成能力使得 Extrant 可以扩展它的功能来更好地满足企业的需要。Extranet 中开发和集成的应用必须继承系统的整个安全体系结构,维护 Extranet 环境中已存在的元素的集成,并为系统管理员和用户群体提供各种应用集成解决方案,否则 Extranet 可能会变成一个个应用孤岛,而不是紧密地结合在一起。Extranet 的基于 Web 的应用极大加强站点的能力使其能够完成 Internet 的大量功能。通过在线的通信、协作和会议将分布网络中的不同平台和系统合为一个整体。Extranet 中的主要应用技术包括:

(一)事务管理

每个 Extranet 的关键之一就是事务管理。系统中的任何要求都是某一种类型的事务。事务包括 Extranet 环境中在线的产品购置、错误报告的传送或其他请求/提交。不管何种事务,Extranet 必须具有管理这些事务的能力,并且能够传送所要求的结果来满足用户和系统管理员的需要。

(二)动态的 Web 页生成

有效的 Extranet 解决方案应基于动态的 Web 站点和应用来设计。Web 中的元素包括 HTML 文件、JavaApplet、ActiveX 控件、应用模块等,对若干个 Web 元素方便地集成为紧密可靠的应用,可以快速地生成一个大规模的面向商业的 Extranet 系统。Extranet 应用具有根据用户的权限、特权和喜好动态生成 Web 页内容和用户应用接口的能力,Web 页可根据每个用户对系统的请求来创建,并能够根据用户的查询来选择其内容、数据库、应用或其他工作元素动态地生成。所以用户不仅可以看见最新的系统信息,还可以根据个人或 Extraet 站点管理员定义的方式观察这些内容。使用这种技术,多个用户可以同时访问同一个系统,并且能够以不同的或定制的角度来得到信息。

(三)站点操作

Extranet 的操作需要强大的站点和系统管理工具,用户的审计管理、用户注册、授权系统和加密技术等都用来控制在系统中谁能够浏览、谁能够操纵数据。通过 Web 浏览器远程地对 Web 站点进行操作和维护的能力消除了 Extranet 中依赖于客户和专用软件的障碍。

此外,强壮的系统实用工具(如错误日志、系统报告、事件监视和通知及其他能力等),可以确保 Extranet 的完整性。

(四)多种平台的兼容性

由于对企业各种遗留系统和数据库等集成的复杂性,Extranet 软件必须对于多种平台和不同的工业标准是开放的、可移植的和可互操作的。在操作系统、HTTP 服务器和数据库等水平必须与工业标准兼容,这使得在 Extranet 中可以完成对已存在的系统最大限度地集成。

(五)名字和目录服务

Extranet 环境将提供一套方法来发现关于在 Extranet 环境中注册的对象(人员、位置等等)的信息。这些服务将提供一个高度透明的定位机制,使得用户无需利用特定的导航信息即可定位一个对象,并为 Extranet 的参与者提供一个公共视图。

Extranet 中的安全技术建立一个 Extranet 涉及许多技术:Web、Internet、数据库访问、群件应用和安全(防火墙)等。安全是其中的中心课题,Extranet 中的安全性和审计能力是至关重要的,Extranet 可以被视为许多不同企业的 Intranet 的交集,解决系统的安全性、共享性、标准化和合理的技术体系结构同时又要向互联网开放的问题需要花费大量的时间和劳力。在这个体系结构中的安全模型必须具有充分的灵活性,对在线内容保持合适的访问控制,并且应该能够提供基于个人、组、团体、传输类型等访问控制。组织中的成员必须能够获取和交换信息,但同时又必须保证私有的信息或内容不被公众和未授权的 Extranet 的成员获取。例如,供应商可能需要和分销商联系,但这个信息对零售商是保密的。一个成功的安全制定模型应在单个用户或用户组水平都可控制的,并允许根据整个用户或特定用户的需要来加以修改以得到有效的执行。

在 Extranet 中的安全性应能做到以下几方面:

1. 每个用户应有一个用于确认证明的身份证明集,并且这些用户将在 Extranet 环境中进行授权;

2. 用户的身份证明应能被重建、撤销;

3. 被创建或修改的数据对象应该具有相应的参与者签名,并且相应的数据对象应具有时间戳;

4. 在组内对资源的访问应根据 Extranet 的身份证明进行管理;

5. 所有在组织间传递的确认数据应使用标准的加密算法进行加密,并且其保密程度应能确保数据的高度保密性和集成性;

6. Extranet 的系统管理员应担负建立项目安全政策、用户权限分配等的责任,并且控制对项目资源的访问;

7. 所有用户的应用应该是安全的而且无需修改程序。

在 Extranet 中可采取以下措施来保证系统的安全性:确认与授权:每个用户都将获得一个身份证明使得其可以访问相应的资源。这些身份证明将基于 X. 509v3 身份证明、用户的私有账户和口令来确定,这些身份证明将由管理员来验证。每个站点的管理员能根据本机的情况来管理用户的授权决定。Extranet 环境的有效访问控制可通过创建一个中心的授权服务器来取得。这个服务器必须具有控制各个组织内的信息访问控制的能力。

防火墙:Extranet 需要具有在企业的合作者之间传送和接收安全加密的数据的能力。能够提供这种服务的虚拟专用网络 VPN(Virtual Private Network)必须在不同的网络设备之间也具有这种功能。对于大多数建立了 Extranet 的企业来说,都是通过建立中心防火墙来防止非法的访问,它可以检查进出的信息以防止未授权的信息传输和访问。防火墙可以根据出入网络的信息包的 IP 地址(源/目的地址)、信息的流向(进/出)、访问的类型等来限制非法用户的访问和用户的未授权访问。数字签名:应用和数据对象应该被进行数字签名以提供其是被授权方的证据。这个对应用对象的签名将能确认应用的元素没被修改和其源于同一个受信源。

审计管理:用户管理和审计(特别是用户数量很大时)是一种耗时费力的工作,在 Extrant 中应能提供一种有效的审计管理工具以降低与审计管理有关的花费。Extranet 中的成员如何察看信息必须被一个强壮的审计管理系统和安全系结构所定义、控制和支持。这个模型必须具有一定的灵活性使其可以与 Extranet 的动态特性和用户集同步,同时应功能强大并使得私有信息对公众和未经授权的 Extranet 的成员是保密的。此外,有效的 Extranet 记录和对整个系统的用户行为的跟踪将为系统提供强有力的分析和系统审计手段。

第五节　VPN

在国外,VPN 已经迅速发展起来,2001 年全球 VPN 市场将达到 120 亿美元。在中国,虽然人们对 VPN 的定义还有些模糊不清,对 VPN 的安全性、服务质量(QoS)等方面存有疑虑,但互联网和电子商务的快速发展使我们有理由相信,中国的 VPN 市场将逐渐热起来。

对国内的用户来说,VPN(虚拟专用网,Virtual Private Network)最大的吸引力在哪里?是价格。据估算,如果企业放弃租用专线而采用 VPN,其整个网络的成本可节约 21% ~45%,至于那些以电话拨号方式连网存取数据的公司,采用 VPN 则可以节约通讯成本 50% ~80%。

为什么 VPN 可以节约这么多的成本?这就先要从 VPN 的概念谈起。

一、认识 VPN

现在有很多连接都被称作 VPN,用户经常分不清楚,那么一般所说的 VPN 到底是什么呢?顾名思义,虚拟专用网不是真的专用网络,但却能够实现专用网络的功能。虚拟专用网指的是依靠 ISP(Internet 服务提供商)和其他 NSP(网络服务提供商),在公用网络中建立专用的数据通信网络的技术。在虚拟专用网中,任意两个节点之间的连接并没有传统专网所需的端到端的物理链路,而是利用某种公众网的资源动态组成的。IETF 草案理解基于 IP 的 VPN 为:"使用 IP 机制仿真出一个私有的广域网"是通过私有的隧道技术在公共数据网络上仿真一条点到点的专线技术。所谓虚拟,是指用户不再需要拥有实际的长途数据线路,而是使用 Internet 公众数据网络的长途数据线路。所谓专用网络,是指用户可以为自己制定一个最符合自己需求的网络。

用户现在在电信部门租用的帧中继(Frame Relay)与 ATM 等数据网络提供固定虚拟线路(PVC - Permanent Virtual Circuit)来连接需要通讯的单位,所有的权限掌握在别人的手中。如于错误识别次数与识别总次数的比值。对于一个条形码系统来说，误码率高是比一次识别率低更为严重的问题。

7. 条形码符号长度

条形码符号长度是选择阅读器时应考虑的一个因素。有些光电扫描器由于制造技术的影响，规定了最大扫描尺寸，如 CCD 扫描器、移动光束扫描器均有此限制。有些应用系统中，条形码符号的长度是随机变化的，如图书的索引号、商品包装上条形码符号长度等。在变长度的应用领域中，选择阅读器时应注意条形码符号长度的影响。

8. 阅读器的价格

阅读器由于功能不同，价格也不一致，因此在选择阅读器时，要注意产品的性能价格比，应以满足应用系统要求且价格较低作为选择原则。

9. 特殊功能

需从几个入口处进入，将几台阅读器连接在一台计算机上，使各入口处、阅读器采集到的信息送给同一台计算机，因而要求阅读器具有联网功能，以保证计算机准确接收信息并及时处理。当应用系统对条形码阅读器有特殊要求时，应进行特殊选择。

例如：LK — 700 系列条形码阅读器是结合 20 键密码键盘，可识别条形码的码制有 UPC、：EAN、JAN、39、交叉 25、93、CODEBAR、128 等。又如 LK – PT921 激光一体条形码数据阅读器具有每秒 36 线的扫描速度，O ~ 205mm 扫描景深，屏幕可显示 4 行 8 列汉字或 8 位 16 列字符，可存储 7000 条条形码记录，采用 RS232 串口通讯.，速率 9600BPS，可识别 UPC、EAN、39、CODEBAR、93、128 等码制。

（四）几种常见的条形码阅读器

1. 光笔条码扫描器

光笔条码扫描器是一种轻便的条码读入装置。在光笔内部有扫描光束发生器及反射光接收器。扫描方式为在条码符号上从左到右，或从右到左移动笔式扫描器进行读取。扫描器需要操作人员手持，以一定的速度移动。数据的读取是一次扫描决定的，当光笔通过斑点或缺损位置时无法读取。这种扫描器对于有弯曲面的商品条码的读取有困难。对于没有经验的操作者来说，也容易造成首次读取失败。

这种方式的扫描，光笔必须与被扫描阅读的条码接触，才能达到读取数据的目的。光笔扫描的优点是成本低、耗电低、耐用，适合数据采集，可读较长的条码符号；其缺点是光笔对条码有一定的破坏性，随着条码应用的推广，目前已逐渐被 CCD 取代。

2. 手持式条码扫描器

手持式条码扫描器具有小型、方便使用的特点。阅读时只须将读取头（光源）接近或轻触条码即可进行自动读取。

手持式条码扫描器具有以下优点：不须移动即可进行自动扫描，读取条码信息；条码符号缺损对扫描器识读影响很小；弯曲面（300 以内）商品的条码也能读取；扫描速度 30 ~ 100 次/S，读取速度快。

手持式条码扫描器所使用的光源有激光（氦 – 氖激光、半导体激光）和可见光 LED（发光二级管）。LED 类扫描又称 CCD 条码扫描器，如图 4.3.2 所示。

果用户需要一些别的服务,需要填写许多的单据,再等上相当一段时间,才能享受到新的服务。更为重要的是两端的终端设备不但价格昂贵,而且管理也需要一定的专业技术人员,无疑增加了成本,而且帧中继、ATM 数据网络也不会像 Internet 那样,可立即与世界上任何一个使用 Internet 网络的单位连接。而在 Internet 上,VPN 使用者可以控制自己与其他使用者的联系,同时支持拨号的用户。

所以,我们说的虚拟专用网一般指的是建筑在 Internet 上能够自我管理的专用网络,而不是 Frame Relay 或 ATM 等提供虚拟固定线路(PVC)服务的网络。以 IP 为主要通讯协议的 VPN,也可称之为 IP - VPN。

由于 VPN 是在 Internet 上临时建立的安全专用虚拟网络,用户就节省了租用专线的费用,在运行的资金支出上,除了购买 VPN 设备,企业所付出的仅仅是向企业所在地的 ISP 支付一定的上网费用,也节省了长途电话费。这就是 VPN 价格低廉的原因。

越来越多的用户认识到,随着 Internet 和电子商务的蓬勃发展,经济全球化的最佳途径是发展基于 Internet 的商务应用。随着商务活动的日益频繁,各企业开始允许其生意伙伴、供应商也能够访问本企业的局域网,从而大大简化信息交流的途径,增加信息交换速度。这些合作和联系是动态的,并依靠网络来维持和加强,于是各企业发现,这样的信息交流不但带来了网络的复杂性,还带来了管理和安全性的问题,因为 Internet 是一个全球性和开放性的、基于 TCP/IP 技术的、不可管理的国际互联网络,因此,基于 Internet 的商务活动就面临非善意的信息威胁和安全隐患。

还有一类用户,随着自身的发展壮大与跨国化,企业的分支机构不仅越来越多,而且相互间的网络基础设施互不兼容也更为普遍。因此,用户的信息技术部门在连接分支机构方面也感到日益棘手。

用户的需求正是虚拟专用网技术诞生的直接原因。

二、VPN 的特点

在实际应用中,用户需要的是什么样的 VPN 呢?一般情况下,一个高效、成功的 VPN 应具备以下几个特点:

(一)安全保障

虽然实现 VPN 的技术和方式很多,但所有的 VPN 均应保证通过公用网络平台传输数据的专用性和安全性。在非面向连接的公用 IP 网络上建立一个逻辑的、点对点的连接,称之为建立一个隧道,可以利用加密技术对经过隧道传输的数据进行加密,以保证数据仅被指定的发送者和接收者了解,从而保证了数据的私有性和安全性。在安全性方面,由于 VPN 直接构建在公用网上,实现简单、方便、灵活,但同时其安全问题也更为突出。企业必须确保其 VPN 上传送的数据不被攻击者窥视和篡改,并且要防止非法用户对网络资源或私有信息的访问。Extranet VPN 将企业网扩展到合作伙伴和客户,对安全性提出了更高的要求。

(二)服务质量保证(QoS)

VPN 网应当为企业数据提供不同等级的服务质量保证。不同的用户和业务对服务质量保证的要求差别较大。如移动办公用户,提供广泛的连接和覆盖性是保证 VPN 服务的一个主要因素;而对于拥有众多分支机构的专线 VPN 网络,交互式的内部企业网应用则要求网络能提供良好的稳定性；对于其他应用（如视频等）则对网络提出了更明确的要求，如网络时延及误码率等。所有以上网络应用均要求网络根据需要提供不同等级的服务质量。在网络优化方面，构建 VPN 的另一重要需求是充分有效地利用有限的广域网资源，为重要数据提供可靠的带宽。广域网流量的不确定性使其带宽的利用率很低，在流量高峰时引起网络阻塞，产生网络瓶颈，使实时性要求高的数据得不到及时发送；而在流量低谷时又造成大量的网络带宽空闲。QoS 通过流量预测与流量控制策略，可以按照优先级分配带宽资源，实现带宽管理，使得各类数据能够被合理地先后发送，并预防阻塞的发生。

（三）可扩充性和灵活性

VPN 必须能够支持通过 Intranet 和 Extranet 的任何类型的数据流，方便增加新的节点，支持多种类型的传输媒介，可以满足同时传输语音、图像和数据等新应用对高质量传输以及带宽增加的需求。

（四）可管理性

从用户角度和运营商角度应可方便地进行管理、维护。在 VPN 管理方面，VPN 要求企业将其网络管理功能从局域网无缝地延伸到公用网，甚至是客户和合作伙伴。虽然可以将一些次要的网络管理任务交给服务提供商去完成，企业自己仍需要完成许多网络管理任务。所以，一个完善的 VPN 管理系统是必不可少的。VPN 管理的目标为：减小网络风险、具有高扩展性、经济性、高可靠性等优点。事实上，VPN 管理主要包括安全管理、设备管理、配置管理、访问控制列表管理、QoS 管理等内容。

三、VPN 自建还是外包

由于 VPN 低廉的使用成本和良好的安全性，许多大型企业及其分布在各地的办事处或分支机构成了 VPN 顺理成章的用户群。对于那些最需要 VPN 业务的中小企业来说，一样有适合的 VPN 策略。当然，不论何种 VPN 策略，它们都有一个基本目标：在提供与现有专用网络基础设施相当或更高的可管理性、可扩展性以及简单性的基础之上，进一步扩展公司的网络连接。

（一）大型企业自建 VPN

大型企业用户由于有雄厚的资金投入作保证，可以自己建立 VPN，将 VPN 设备安装在其总部和分支机构中，将各个机构低成本且安全地连接在一起。企业建立自己的 VPN，最大的优势在于高控制性，尤其是基于安全基础之上的控制。一个内部 VPN 能使企业对所有的安全认证、网络系统以及网络访问情况进行控制，建立端到端的安全结构，集成和协调现有的内部安全技术。

企业还可以确保得到业内最好的技术以满足自身的特殊需要，这要优于 ISP 所提供的普通服务。而且，建立内部 VPN 能使企业有效节省 VPN 的运作费用。企业可以节省用于外包管理设备的额外费用，并且能将现有的远程访问和端到端的网络集成起来，以获取最佳性价比的 VPN。

虽然 VPN 外包能避免技术过时，但并不意味着企业可以节省开支。因为，企业最终还要为高额产品支付费用，以作为使用新技术的代价。虽然 VPN 外包可以简化企业网络部署，但这同样降低了企业对公司网的控制等级。网络越大，企业就越依赖于外包 VPN 供应商。因此，自建 VPN 是大型企业的最好选择。

(二) 中小型企业外包 VPN

虽然每个中小型企业都是相对集中和固定的，但是部门与部门之间、企业与其业务相关企业之间的联系依然需要廉价而安全的信息沟通，在这种情况下就用得上 VPN。电信企业、IDC 目前提供的 VPN 服务，更多的是面向中小企业，因为可以整合现有资源，包括网络优势、托管和技术力量来为中小企业提供整体的服务。中小型企业如果自己购买 VPN 设备，则财务成本较高，而且一般中小型企业的 IT 人员短缺、技能水平不足、资金能力有限，不足以支持 VPN，所以，外包 VPN 是较好的选择。

1. 外包 VPN 比企业自己动手建立 VPN 要快得多，也更为容易。

2. 外包 VPN 的可扩展性很强，易于企业管理。有统计表明，使用外包 VPN 方式的企业，可以支持多于 2300 名用户，而内部 VPN 平均只能支持大约 150 名用户。而且，随着用户数目的增长，对用于监控、管理、提供 IT 资源和人力资源的要求也将呈指数增长。

3. 企业 VPN 必须将安全和性能结合在一起，然而，实际情况中两者不能兼顾。例如，对安全加密级别的配置经常降低 VPN 的整体性能。而通过提供 VPN 外包业务的专业 ISP 的统一管理，可大大提高 VPN 的性能和安全。ISP 的 VPN 专家还可帮助企业进行 VPN 决策。

4. 对服务水平协议(SLA)的改进和服务质量(QoS)保证，为企业外包 VPN 方式提供了进一步的保证。

四、VPN 安全技术

由于传输的是私有信息，VPN 用户对数据的安全性都比较关心。

目前 VPN 主要采用四项技术来保证安全，这四项技术分别是隧道技术(Tunneling)、加解密技术(Encryption & Decryption)、密钥管理技术(Key Management)、使用者与设备身份认证技术(Authentication)。

隧道技术是 VPN 的基本技术，类似于点对点连接技术，它在公用网建立一条数据通道(隧道)，让数据包通过这条隧道传输。隧道是由隧道协议形成的，分为第二、三层隧道协议。第二层隧道协议是先把各种网络协议封装到 PPP 中，再把整个数据包装入隧道协议中。这种双层封装方法形成的数据包靠第二层协议进行传输。第二层隧道协议有 L2F、PPTP、L2TP 等。

五、VPN 发展趋势

在国外，Internet 已成为全社会的信息基础设施，企业端应用也大都基于 IP，在 Internet 上构筑应用系统已成为必然趋势，因此基于 IP 的 VPN 业务获得了极大的增长空间。

在中国，制约 VPN 的发展、普及的因素大致可分为客观因素和主观因素两方面。

(一) 客观因素包括因特网带宽和服务质量 QoS 问题

在过去无论因特网的远程接入还是专线接入，以及骨干传输的带宽都很小，QoS 更是无法保障，造成企业用户宁愿花费大量的金钱去投资自己的专线网络或是宁愿花费巨额的长途话费来提供远程接入。现在随着 ADSL、DWDM、MPLS 等新技术的大规模应用和推广，上述问题将得到根本改善和解决。譬如，过去专线接入速率最高才 2Mbps，而从今年开始，中国的企业用户可以享受到 10Mbps，乃至 100Mbps 的 Internet 专线接入，而骨干网现在最高已达到

40Gbps,并且今后几年内将发展到上百乃至上千个 Gbps,这已不是技术问题而是时间问题。随着互联网技术的发展,可以说 VPN 在未来几年内将会得到迅猛发展。

(二)主观因素之一是用户总害怕自己内部的数据在 Internet 上传输不安全

其实前面介绍的 VPN 技术已经能够提供足够安全的保障,可以使用户数据不被查看、修改。主观因素之二,也是 VPN 应用最大的障碍,是客户自身的应用跟不上,只有企业将自己的业务完全和网络联系上,VPN 才会有了真正的用武之地。

可以想像,当我们消除了所有这些障碍因素后,VPN 将会成为我们网络生活的主要组成部分。在不远的将来,VPN 技术将成为广域网建设的最佳解决方案,它不仅会大大节省广域网的建设和运行维护费用,而且增强了网络的可靠性和安全性。同时,VPN 会加快企业网的建设步伐,使得集团公司不仅仅只是建设内部局域网,而且能够很快地把全国各地分公司的局域网连起来,从而真正发挥整个网络的作用。VPN 对推动整个电子商务、电子贸易将起到不可低估的作用。

六、VPN 解决方案

(一)Cisco 的 VPN 解决方案

Cisco 公司与路由器集成的 VPN 解决方案是一种较为常见的基于硬件的构建策略。各种用户,从电信运营商、小型分支机构到家庭和小型办公环境,都可以找到适合自己需求的解决方案。其中 7100 系列 VPN 路由器是一款集成了高性能路由和 VPN 服务功能的产品,其硬件配置特别针对 VPN 应用及拓扑结构作了全面优化,内置有适应不同连接要求的多种网络端口,并具有 VPN 隧道交换、数据加密、安全服务、防火墙、带宽管理等多种功能和服务。利用 7100 系列 VPN 路由器,用户能够将 VPN 服务扩展至远程访问、远程办公、Extranet 连接及公共数据服务网络。借助 7100 的 VPN 解决方案的周边安全机制、侵入检测及先进的带宽管理和服务身份确认等功能,还有先进的带宽管理性能,可以保证用户的实时交易数据等高优先级数据流优先通过,满足了电子商务等活动的需要。对于用户要求的安全性能,7100 系列 VPN 路由器则提供了身份验证、完整性检验及实时检测等多种防护措施;对远程访问用户,也可以实行身份验证、授权访问资源及账号等“aaa”(authentication、authorization 及 accounting)控制。

(二)华为的 VPN 解决方案

华为的 VPN 解决方案包括 AccessVPN、IntranetVPN、ExtranetVPN 及结合防火墙的 VPN 解决方案。各方案中,Quidway 系列路由器具有 VPN 网关功能,是组建 VPN 的重要设备。因为 Quidway 系列路由器支持各种 VPN 技术,包括隧道技术、IPsec、密钥交换技术、防火墙技术、QoS 与配置管理等,并可继续发展,支持越来越多的先进技术,所以为用户提供了很好的选择和性价比。

(三)网际先进(Internet Appliance)公司的 VPN 解决方案

利用网际先进公司的 VPN 产品,用户能够自己建立和发起 VPN,其灵活性和安全性完全由用户自己掌握。因为网际先进的 VPN 产品是 CPE 端设备,也就是说不依赖于 ISP 提供 VPN 服务。这些产品可以提供目前国际上加密位数最高的三重 DES(168 位)加密算法,其动态变换会话密钥的功能允许管理者定义多长时间必须修改一次会话密钥(session key),完全保证了用户的数据的安全性。

网际先进目前提供三种 VPN 应用解决方案，分别是远程访问 VPN、Intranet VPN 和 Extranet VPN。在此就不一一详细叙述了。

实验实训：

1. 使用 Internet 提供的几种基本服务。
2. 动手建立一个 Intranet。

教学建议：

1. 建立一个 Intranet，以实例讲解。
2. 结合企业 VPN 的案例讲解 VPN 技术的优势。

※ 思考题

1. 总线型的拓扑结构的优缺点？现在哪些网络使用总线型的拓扑结构？
2. 简述 Internet 的发展历程。
3. 什么是 Internet？Internet 的特点有哪些？
4. 什么是 WWW 浏览器、WWW 服务器？WWW 是怎样工作的？
5. Internet 的基本信息服务有哪些？
6. 什么是 Intranet？Intranet 与 Internet 有何不同？
7. Intranet 由哪些部分构成？它的主要功能有哪些？
8. Extranet 的优点？
9. VPN 的优势？

参考资料：

1. 高传善等编著：《数据通信与计算机网络》，高等教育出版社，2001 年
2. 方美琪主编：《电子商务概论》，清华大学出版社，2000 年
3. 宋文官主编：《电子商务实用教程》，高等教育出版社，2003 年
4. 赛迪网：http://www.ccidnet.com
5. 豆豆技术网：http://tech.ddvip.com/

◆——第九章　数据组织与管理技术

＊本章主要内容

- 数据组织与数据管理
- 数据库技术
- 数据库设计
- 数据仓库与数据挖掘

＊**导入案例**

汽车生产企业的产品数据管理(PDM)

一个生产汽车的企业,一般一年有一个新车型,车型的变化将导致零部件的变化,汽车的零部件有上万个,如果用传统图纸记载数据的方法,反映由于一个型号的变化而导致上万个零件的变化基本上是难以实现的,这就必须要用一个庞大的数据库来管理,建立关联关系来进行设计。

商业超市的数据管理

美国沃尔玛超市的一位数据管理人员在进行信息整理时,意外地发现了一个数据联系:啤酒与尿布的销售成正比。这位数据管理员由此断定,很多父亲在给孩子买尿布的同时会捎上些啤酒。于是他建议在尿布旁边放上啤酒。这样一来,尿布和啤酒的销量都在不经意间上升了。"啤酒搭着尿布卖"是一个经典的关于数据挖掘的故事,它告诉人们可以利用手中没有规律的数据,找出物与人之间的规律。这个故事曾经给中国企业带来了极大的惊奇与震撼。就这样,伴随着神奇的"啤酒搭着尿布卖"的故事,数据仓库走进了中国人的视野。

第一节　数据组织与数据管理

一、数据组织

(一)数据组织的概念

数据组织指的是数据按照便于计算机处理的形式组织起来,目的是为了对数据进行有效的管理。

(二)数据组织的四个层次

为了高效率地对数据进行处理,必须把大量的,分散在企业中的各种数据加以有目的的,有次序的组织后,以一定的层次存储到计算机的各种硬件介质中去。

数据通常按四个层次进行组织。这四个层次是:数据项、记录、文件和数据库。

1. 数据项

数据项是描述一个数据处理对象的某些属性的。例如，数据处理的对象是一名职工，则可描述的属性可能有姓名、性别和出生日期等，这些可以作为数据项。

2. 记录

记录是与一个公共标志有关的数据项的集合。以工资系统为例，其处理对象是一名职工，则诸如该职工的工作证号、姓名、应得工资等数据项，就形成了该职工的记录。

3. 文件

为了某一特定目的而形成的相关记录的集合叫文件。这里所说的文件，并非指日常所说的书面文件。在数据处理中，文件指与计算机输入、输出、存储直接有关的数据文件（简称文件）。

表 9.1.1 表示了一个文件名为 STUINFO. DBF 的文件，存储了学生的一些信息。它由学号、姓名、性别、出生日期、系别五个属性组成，是五个数据项。其中共存有四条记录。

表 9.1.1　　文件 STUINFO. DBF 示意

学　号	姓　名	性　别	出生日期	系　别
10001	李小同	男	1986. 10. 6	工商管理系
20006	张　超	男	1985. 5. 9	计算机系
20012	陈　军	男	1985. 7. 10	电子信息系
30024	方　薇	女	1984. 12. 22	外语系

4. 数据库

数据库是数据组织层次中目前已达到的最高级别。简单地说，数据库是逻辑相关文件的集合。严格的说，数据库不仅是文件的简单集合，而且还包含着对文件的重新组织，其目的主要是为了改善数据存取，并使数据的重复程度减少到最小。

二、数据管理

(一)数据管理的概念

所谓数据管理是指数据的收集、整理、存储、维护、查询、传输、显示和打印等操作，是数据处理的基本内容。

数据管理的基本任务是通过制定一系列的标准、规范，使用一定的工具，实现对数据资源的管理，以最大限度地提高数据的共享程度，降低数据的冗余度。

数据管理的特点是：所涉及的数据量大、数据需要长期保存，而且数据需要能为多个应用程序所共享。

(二)数据管理技术的发展

数据管理技术的发展历程，经历了人工管理、文件管理、数据库管理和高级数据库阶段四个发展阶段。每一阶段的发展以数据存储冗余不断减小、数据独立性不断增强、数据操作更加方便和简单为标志，各有各的特点。下面简单描述数据管理的四个阶段：

1. 人工管理阶段

在计算机出现之前，人们运用常规的手段从事记录、存储和对数据加工，也就是利用纸张来记录和利用计算工具（算盘、计算尺）来进行计算，并主要使用人的大脑来管理和利用这些数据。而早期的计算机主要用于数值计算，也无管理数据的软件，因此从计算机内记录的数据上看，数据量小，数据无结构。用户直接管理，且数据间缺乏逻辑组织，数据仅依赖特定的应用，缺乏独立性。

2. 文件系统阶段

这一阶段的数据管理技术得益于计算机的处理速度和存储能力的惊人提高，这一时期的数据处理系统是把计算机中的数据组织成相互独立的被命名的数据文件，并可按文件的名字来进行访问，对文件中的记录进行存取的数据管理技术。数据可以长期保存在计算机外存上，可以对数据进行反复处理，并支持文件的查询、修改、插入和删除等操作，这就是文件系统。文件系统实现了记录内的结构化，但从文件的整体来看却是无结构的。其数据面向特定的应用程序，因此数据共享性、独立性差，且冗余度大，管理和维护的代价也很大。

3. 数据库系统阶段

20 世纪 60 年代后期，计算机性能得到进一步提高，更重要的是出现了大容量磁盘，存储容量大大增加且价格下降。在此基础上，才有可能克服文件系统管理数据时的不足，而满足和解决实际应用中多个用户、多个应用程序共享数据的要求，从而使数据能为尽可能多的应用程序服务，这就出现了数据库这样的数据管理技术。数据库的特点是数据不再只针对某一个特定的应用，而是面向全组织，具有整体的结构性，共享性高，冗余度减小，具有一定的程序与数据之间的独立性，并且对数据进行统一的控制。

4. 高级数据库阶段

自 20 世纪 80 年代以来，以分布式数据库和面向对象数据库技术为代表，使数据库管理技术进入了高级数据库阶段。此后，随着数据管理应用领域的不断扩大，如知识库、多媒体数据库、工程数据库、统计数据库、模糊数据库、主动数据库、空间数据库、并行数据库、面向对象数据库以及数据仓库等新型数据库系统如雨后春笋般大量涌现，为数据管理和信息的共享与利用带来了极大的方便。

该阶段的特点是数据库技术与各种新技术的结合与交叉。例如：分布式数据库是数据库技术与通信和网络技术相结合的产物；面向对象数据库是数据库技术与面向对象技术相结合的产物；多媒体数据库是数据库技术与多媒体技术相结合的产物；知识库是数据库技术与人工智能技术相结合的产物；并行数据库是数据库技术与并行技术相结合的产物；模糊数据库是数据库技术与模糊数学理论相结合的产物等。

当前，数据库技术发展的现状是：在数据模型方面，关系模型与面向对象模型并存，关系模型仍然为主流数据模型，将两者相结合而产生的关系——对象模型具有广阔的应用前景；在数据分布方面，集中式数据库与分布式数据库并存，分布式应用越来越广；在数据处理方式方面，出现了并行数据库且日益显示出其巨大的威力；在数据库外部连接方面，强调开放性、互连性和与 Internet 的连接，产生了 Web 数据库和许多与网络应用相关的新技术，使数据库的应用提高到一个新的阶段。

第二节　数据库技术

数据库技术是计算机科学技术中发展最快、应用最广泛的领域之一，它是计算机信息系统与应用程序的核心技术和重要基础。自从 20 世纪 50 年代中期计算机的应用由科学计算扩展到数据处理，数据库技术的重要性就日益被人们所认识。时至今日，数据库技术已经形成了较为完善的理论体系和实用技术,成为计算机科学技术的一个重要的分支。在现代物流信息技术中,数据库技术无疑是处于重要的位置。

一、数据库与数据库系统

(一)数据库的定义

数据库(database, DB)是长期存储在计算机内、有组织的、可共享的大量数据集合。

(二)数据库的特征

数据库具有以下特征:

1. 数据的共享性

存储在数据库中的数据可以构成多种组合,以适应多个用户的需求。在保证数据的安全性和一致性的前提下,允许多个用户同时访问数据库。

2. 数据的独立性

数据的独立性是指应用程序对数据库系统的非依赖性。在文件系统中数据存储方式的微小变化都要求重编应用程序,而在数据库系统中,数据具有物理独立性和逻辑独立性,当数据存储方式和逻辑结构改变时,并不需要改变用户应用程序。

3. 数据的最小冗余性

数据库系统不仅向人们提供描述数据本身的手段,也向人们提供了数据之间联系的手段。因而,人们可以从系统的角度出发来考虑一个企业或一个社会组织的各项管理工作所需要的数据,把这些能为尽可能多的应用服务的数据组织在一起,消除冗余数据,提高存储空间利用率,减少更新重复数据项的操作,避免由于冗余数据存在而引起的数据不一致。

4. 数据的统一管理与控制

为了提供用户存储,检索,更新数据的手段,以及用户开发使用数据库时进行并发控制,为保证数据完整性、安全性、保密性,数据库提供了统一的管理软件,即数据库管理系统(database management system,简称 DBMS)进行管理和控制。

(三)数据库系统的组成与结构

1. 数据库系统的组成

数据库系统(database system, DBS)是实现有组织地、动态地存储大量关联数据、方便用户访问的计算机软件、硬件、数据和人员组成的系统,它由数据库、数据库管理系统、数据库管理员、数据库应用程序和用户五个部分组成。图 9.2.1 给出了数据库系统构成示意图。

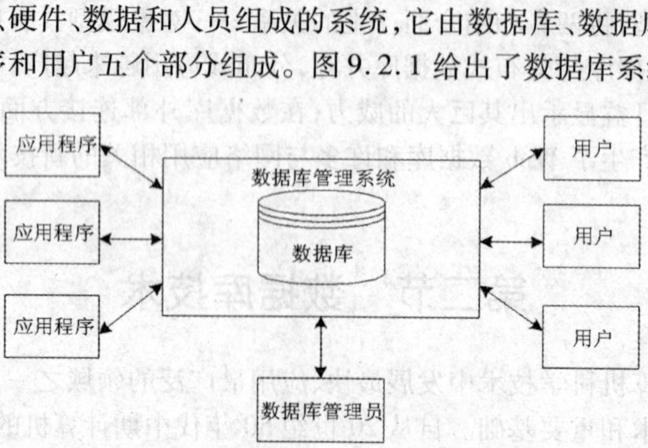

图 9.2.1 数据库系统组成示意图

2. 数据库系统的结构

数据库系统有着严谨的体系结构,虽然各厂家、各用户使用的数据库管理系统产品类型和规模可能相差很大,但它们在体系结构上通常都具有相同的特征。

美国国家标准委员会(ANSI)所属的标准计划和要求委员会(Standards Planning And Requirements Committee, SPARC)在1975年公布了关于数据库标准报告,提出了数据库的三级组织结构,称为SPARC分级结构。三级结构对数据库的组织从内到外三个层次描述,分别称为内模式、模式和外模式。

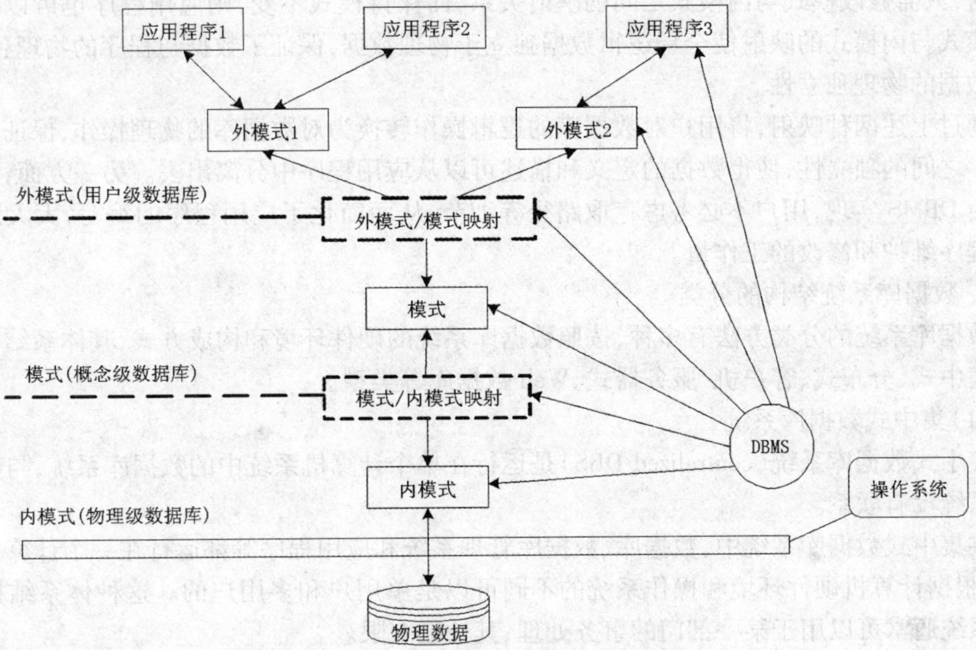

图9.2.2　数据库系统的三层体系结构

(1)内模式

内模式也称为存储模式,又称物理级数据库,它是数据库在物理存储器上具体实现的描述,是数据在数据库内部的表示方法,也是数据物理结构和存储方法的描述。一个数据库只有一个内模式。它是整个数据库的最底层表示。

(2)模式

模式也称为逻辑模式或概念模式,它对应于概念级数据库,是对数据库中全体数据的逻辑结构和特征的描述,它包括:概念记录类型、记录之间的联系、所允许的操作以及数据的完整性、安全性约束等数据控制方面的规定。它是数据库系统模式结构的中间层,一个数据库只有一个模式。

(3)外模式

外模式也称为子模式或用户模式,外模式是应用程序和数据库系统之间的接口,表示应用程序所需要的那部分数据库结构的描述,是概念模式的逻辑子集。用户可以使用数据定义语言(DDL)和数据操纵语言(DML)来定义数据库的结构和对数据库进行操纵。

外模式是保证数据库安全性的一个有力措施。每个用户只能看见和访问所对应的外模式中的数据,数据库中的其余数据不可见的。

(4)“外模式/模式”之间的映射

这种映射将用户数据库与概念数据库联系；当数据逻辑结构（即模式）因某种原因改变时，只需修改外模式与模式间的映射关系，而不必修改局部逻辑结构（即外模式）。由于应用程序是依据数据的外模式编写，则应用程序也可以不必修改，实现了数据与程序的逻辑独立性，简称数据的逻辑独立性。

(5)“模式/内模式”之间的映射

这种映射把概念数据库与物理数据库联系起来。当数据库的物理存储结构（即内模式）改变时，只需修改模式与内模式之间的映射关系，而保持模式不变，则应用程序也可以不必改变。模式与内模式的映射使全局逻辑数据独立于物理数据，保证了数据与程序的物理独立性，简称数据的物理独立性。

通过上述两种映射，将用户对数据库的逻辑操作转换为对数据库的物理操作，保证了数据与程序之间的独立性，使得数据的定义和描述可以从应用程序中分离出去。另一方面，数据的存取由 DBMS 实现，用户不必考虑存取路径等细节，从而简化了应用程序的编写，大大降低了应用程序维护和修改的工作量。

3. 数据库系统结构的分类

数据库系统的分类方法有多种，按照数据库系统的硬件环境和构成方式，其体系结构又可分为集中式、分布式、客户机/服务器式、Web 数据库等类型。

(1)集中式数据库系统

集中式数据库系统（centralized DBS）是运行在单个计算机系统中的数据库系统，与其他计算机系统没有联系。

在集中式数据库系统中，数据库、数据库管理系统和应用程序等都运行在一个计算机系统中，它根据计算机硬件环境和操作系统的不同可以是单用户和多用户的。这种体系结构的数据库系统通常可以用于某一部门的事务处理，其功能有限。

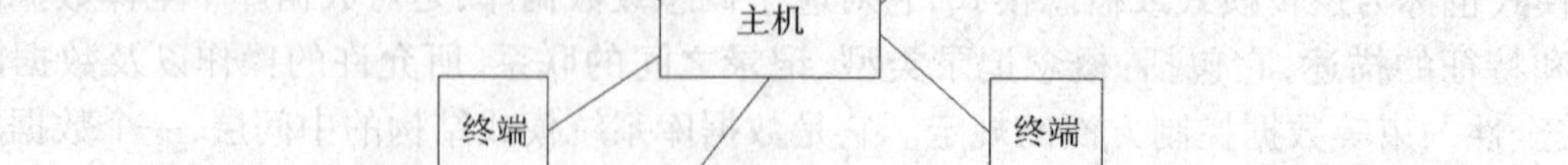

图 9.2.3　单用户集中式数据库系统

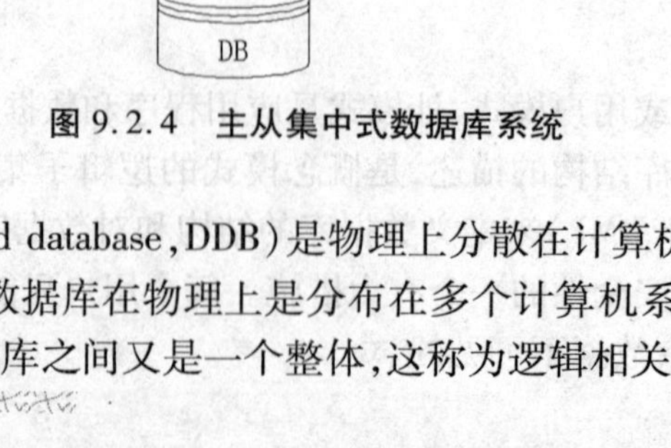

图 9.2.4　主从集中式数据库系统

(2)分布式数据库系统

分布式数据库（distributed database，DDB）是物理上分散在计算机网络各结点上，逻辑上属于同一系统的数据集合。即数据库在物理上是分布在多个计算机系统的辅助存储器上，这称为数据的分布性；而这些数据库之间又是一个整体，这称为逻辑相关性。

在分布式数据库管理系统的统一管理下，网络中的每个结点都具有自治能力，并能够执行局部应用，每个结点也可以通过网络通信子系统执行全局应用。

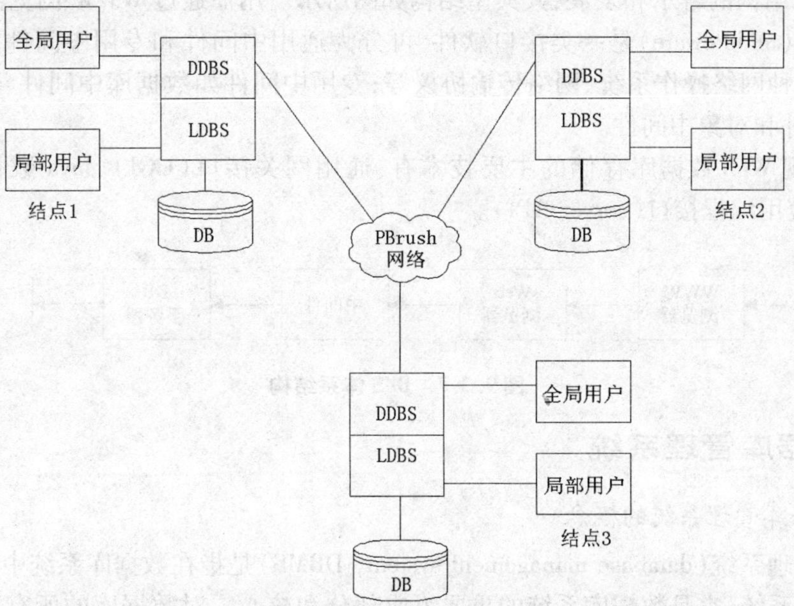

图 9.2.5　**分布式数据库系统**

（3）客户机/服务器式数据库系统

客户机/服务器（client/server，C/S）体系结构的数据库系统由两大部分组成，一组客户机（又称为前端）和一个服务器（又称为后端）。

系统中运行的各种应用程序，包括用户编写的应用程序和厂商提供的应用程序放在系统的客户端，而服务器端则存放数据库和运行数据库管理系统，实现数据定义、数据操纵、数据安全性和完整性等功能。客户机和服务器之间通过使用通讯网络（如局域网或 Internet 等）连接起来。客户端发出的服务请求，传送到服务器端，服务器只将处理的结果返回给客户端，从而减少了网络的数据传输量，同时充分发挥了客户机和服务器两者的各自处理能力并提供了一个开放式的分布计算环境。

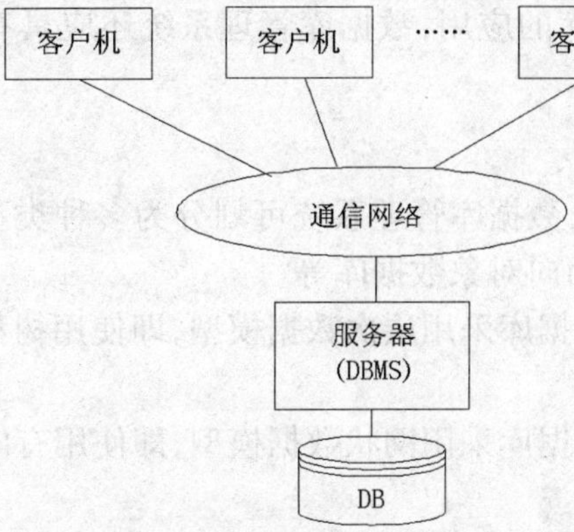

图 9.2.6　**C/S 体系结构**

(4)Web 数据库系统

Web 数据库系统通常使用浏览器/服务器(browser/server,B/S)的体系结构。B/S 体系结构是 C/S 体系结构的继承和发展,其典型结构如图所示。用户通过 WWW 浏览器访问 Web 数据库。中间件(middleware)是一类接口软件,可分为通用中间件和专用中间件两种类型。通用中间件如各种网络操作系统、网络传输协议等;专用中间件如数据库中间件、事务处理中间件、组件中间件和对象中间件。

目前,实现 Web 数据库存储的主要技术有:通用网关接口(CGI)、Java 数据库接口(JDBC)、服务器应用编程接口(server API)。

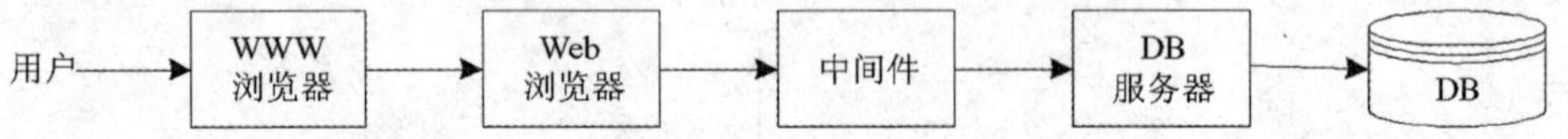

图 9.2.7　B/S 体系结构

二、数据库管理系统

(一)数据库管理系统的概念

数据库管理系统(database management system, DBMS)是指在数据库系统中实现对数据进行管理的软件系统,它是数据库系统的重要组成部分和核心。对数据库的所有操作都是由数据库管理系统实现的。

(二)数据库管理系统的主要功能

数据库管理系统(DBMS)的功能主要包括五个方面:

1. 数据定义:科学地组织和存储数据。通过提供数据定义语言(DDL)而实现。如定义数据表的结构。

2. 数据操纵:高效地获取和维护数据,通过提供数据操纵语言(DML)而实现,如:查询、插入、修改、删除。

3. 事务管理功能:数据库管理系统通过并发控制、存取控制、完整性控制、安全性控制以及系统恢复等机制实现事务管理功能,以保证数据库系统有效正确的运行。

4. 维护功能:包括数据库的初始化、数据转储、数据库性能监测、数据库重组等。

5. 其他功能:为了扩大数据库的应用,数据库管理系统还应具有与其他类型数据库之间的格式转换以及网络通信等功能。

(三)数据库管理系统的类型

由于所采用的数据模型不同,数据库管理系统可划分为多种类型。如:层次型数据库、网状型数据库、关系型数据库以及面向对象数据库等。

1. 层次型数据库。层次型数据库采用层次数据模型,即使用树型结构来表示数据库中的记录及其联系。

2. 网状型数据库。网状型数据库采用网状数据模型,即使用有向图(网络)来表示数据库中的记录及其联系。

3. 关系型数据库。关系型数据库采用关系数据模型,即使用二维表格的形式表示数据库中的数据及其联系。由于关系模型比较简单、易于理解且有完备的关系代数作为其理论基础,所以被广泛使用。典型的关系数据库系统有 DB2、Oracle、Sybase、Informix 以及在微型机中广泛使用的 Access、Visual FoxPro、Delphi 等。

4. 面向对象数据库。面向对象数据库采用面向对象数据模型，是面向对象技术与数据库技术相结合的产物。面向对象数据库技术支持面向对象的基本概念，在建模时，可以将数据作为对象存储；在功能方面除具有传统 DBMS 的功能外，还支持永久对象、长事务处理和嵌套处理，具有模式演化的能力，能维护数据的完整性，适合在分布环境下工作。此外，面向对象数据库系统还支持消息传递，提供功能完备的数据库设计语言，提供类似 SQL 的非过程化查询语言。面向对象数据库的这些优势，使得复杂数据库的设计变得容易。但由于相对比较复杂且理论尚不够完备，所以尚未达到关系型数据库的普及程度。目前，在许多关系型数据库系统中已经引入并具备了面向对象数据库系统的某些特性。

三、数据模型

（一）数据模型的概念

数据模型（data model）是对数据及数据间逻辑联系的表示形式。在数据库中采用数据模型这个工具来抽象、表示和处理现实世界中的数据和信息，数据模型是数据库技术的核心。

（二）数据模型的组成

数据模型用来表示数据库的整体逻辑结构，通常由数据结构、数据操纵和数据的完整性约束三部分组成。

1. 数据结构。数据结构是所研究的对象类型的集合，这些对象是数据库的组成部分，如数据项、记录、域、属性、元组等，是对数据库系统静态特性的描述。

2. 数据操纵。数据操纵是指对数据库中各种对象实例的操作。例如根据用户的要求，对数据库中的数据进行增加、删除、查询、修改等各种操作。

3. 数据的完整性约束。数据的完整性约束是指在给定的数据模型中，数据及其数据关联所遵守的一组规则，以保证数据的正确性、有效性和相容性。

（三）数据模型的分类

数据模型按不同的应用层次可划分为两类：一类是概念数据模型，又称概念模型。概念模型是一种面向客观世界，面向用户的模型，主要用于数据库设计，例如 E－R 模型，扩充 E－R 模型等属于概念模型。另一类是逻辑数据模型，常称为数据模型。它是一种面向数据库系统的模型，主要用于 DBMS 的实现，如层次模型、网状模型、关系模型均属于这类数据模型。

（四）概念模型

概念模型（conceptual data model）是对信息世界的抽象，是现实世界到机器世界的一个中间层次，是数据库设计的有力工具，也是数据库设计人员和用户之间进行交流的语言，建立概念模型涉及到以下一些术语。

1. 概念模型的名词术语

（1）实体（entity）

实体是客观存在并相互区别的事物，可以是具体的人、事、物或抽象的概念。如：一个职工、一个学生、一个部门、学生的一次选课、老师与系的工作关系。

（2）属性（attribute）

属性是实体所具有的某一特性。一个实体可以由若干个属性值来描述。如:一个学生实体可以由“学号、姓名、性别、出生日期”等属性的属性值来描述。

(3)码(key)

码能够标识实体的属性。任意两个同类的实体不可能有相同的码。如:学号能唯一标识一个学生实体,所以学号是学生实体的码。

(4)域(domain)

域是属性的取值范围。例如:学号属性的域为8位字符,性别属性的域为(男、女),出生日期属性的域为小于1980-1-1的值。

(5)实体集(entity set)

具有相同属性的实体的集合称为实体集。例如,全体学生是一个实体集,全体老师也是一个实体集。

(6)联系(relationship)

实体之间的对应关系称为联系,它反映了现实世界事物之间的相互关联。联系包括两种,一种是实体内部各属性之间的联系,例如:学生中相同民族的有很多人,但一个学生只能是一个民族;另一种是实体之间的联系,例如:一个学生可以参与多个学生社团,一个学生社团也可以吸收多个学生。

2. 实体之间的联系

实体之间的联系包括三类:一对一的联系(1:1),一对多的联系(1:n),多对多的联系(m:n)。

(1)一对一联系(1:1)。是指实体集A中的一个实体至多对应实体集B中的一个实体。例如,旅客与飞机坐席,每位旅客具有一个飞机坐席;病人与床位,每位病人占据一张床位。

(2)一对多联系(1:n)。是指实体集A中至少有一个实体对应于实体集B中一个以上的实体。例如,学校与系,一个大学设置多个系;班级与学生,每个班级有多名学生。

(3)多对多联系(m:n)。是指实体集A中至少有一个实体对应于实体集B中的一个以上的实体,且实体集B中至少有一个实体对应于实体集A中的一个以上的实体。例如,学生与课程,每个学生选修多门课程,一门课程可供多名学生选读;工厂与产品,每个工厂生产多种产品,每个产品可由多个工厂生产等。

3. E-R模型

E-R模型即实体-联系模型,它是一个概念模型,是一种使用实体-联系图(entity-relationship diagram,E-R图)表示数据逻辑关系的模型。它首先从现实世界中抽象出实体类型和实体间的联系,然后使用图形符号来表示实体及其联系。

(1)E-R图的基本符号

描述规则如下:

实体型:用矩形表示,矩形框内写明实体名。

属性:用椭圆形表示,并用无向边将其与相应的实体连接起来。

联系:用菱形表示,菱形框内写明联系名,并用无向边分别与有关实体连接起来,同时在无向边旁标上联系的类型(1:1、1:n或m:n)。

(2)E-R图的设计步骤

设计一个E-R图可以按以下步骤进行:首先,确定实体类型;其次,确定联系类型;再次,确定实体类型和联系类型的属性;最后,画出 E－R 图。

例 设有某仓储单位需要建立数据库用于记录存储货物情况。该数据库记录的信息包括:仓库名称、仓库地点、仓库面积;货物编号、货物名称、货物价格;存储日期、存储数量。假定仓库名称唯一,无同编号货物,货物的存储日期均不相同。试画出该仓储管理数据库的 E－R 图。

解 该仓储管理数据库的 E－R 图设计步骤如下:

①确定实体联系:在该数据库中包含两个实体:即仓库和货物。

②确定联系类型:在该数据库中的联系为存储。

③确定实体类型和联系类型的属性:

仓库(地点,面积)

货物(编号,名称,价格)

存储(日期,数量)

④画出 E－R 图:如图所示。

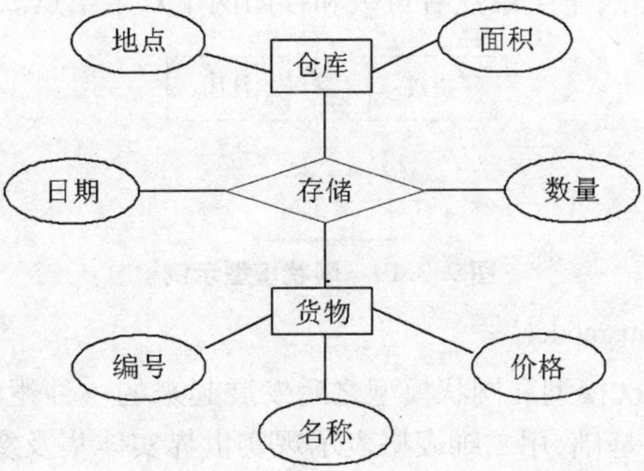

图 9.2.8　仓储管理数据库 E－R 图

(五)层次模型(hierarchical model)

用树形结构表示实体类型以及实体间的联系是层次系统的主要特征。IBM 公司 1969 年推出的 IMS(Information Management System)商用数据库系统的数据模型是最典型的层次模型系统,曾在 20 世纪 70 年代商业领域中广泛应用。

层次结构是一棵有向树,树的节点(实体)是记录型,节点(实体)的属性称为数据项或字段,节点(实体)间的联系用有向连线表示。上一层节点和下一层节点的联系是一对多的联系(或一对一的联系)。层次模型的特征是:有且只有一个节点无双亲,该结点称为根。

其他结点有且仅有一个双亲结点。图 9.2.9 给出了层次数据模型的一个例子。其中:总厂是根结点,也是分厂和处室的双亲结点;分厂和处室是兄弟结点;在总厂和分厂、处室两个实体之间存在一对多的联系;同样,在分厂与车间、科室两个实体之间也存在一对多的联系。

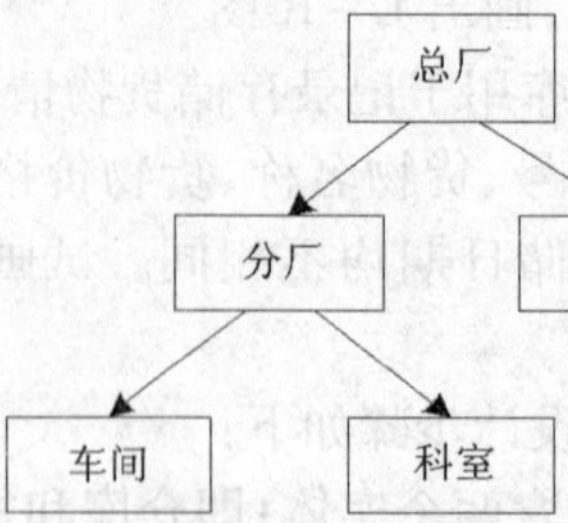

图 9.2.9　层次模型示例

（六）网状模型（network model）

用网状结构表示实体类型及实体之间联系的数据模型称为网状模型，用于设计网状数据库。

与层次结构不同的是，在网状模型中允许一个以上的结点无双亲，一个结点可以有多于一个的双亲。因此，层次模型实际上是网状模型的一个特例。网状模型比层次模型更具有普遍性，更容易表现现实世界中事物间的复杂联系。图 9.2.10 是网状模型的一个例子。其中：班级和社团结点没有双亲结点，学生结点有班级和社团两个双亲结点。

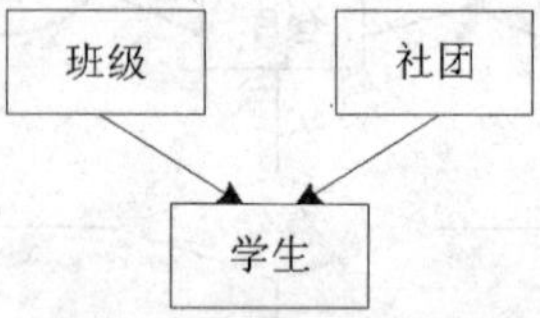

图 9.2.10　网状模型示例

（七）关系模型（relation model）

关系数据模型是在层次模型和网状模型之后发展起来的一种逻辑数据模型，它以集合论中的关系（relation）概念为基础，用二维表格表示现实世界实体集及实体集间的联系。由于它具有严格的数学理论基础且其表示形式更加符合现实世界中人们的常用形式，所以使得基于关系模型的关系数据库系统很快就成为数据库系统的主流。自 20 世纪 80 年代以来，新推出的 DBMS 几乎都支持关系数据模型，非关系系统的产品也大都增加了与关系模型的接口。

1. 关系模型的概念

所谓关系数据模型就是实体和联系均用二维表来表示的数据模型。它的数据逻辑结构是一张二维表，由行和列组成。

2. 关系模型的特点

关系模型的主要特点是使用二维表格表示实体集，用外键表示实体间的联系。在关系模型中，数据之间的联系像一张二维表格。表格与表格之间通过相同的栏目建立联系。例如档案表、成绩表、工资表等，其中数据的联系都是关系型的。

关系模型概念单一、清晰，无论是实体，还是实体间的联系，都用关系来表示。表中每一行为一个元组，即一个记录，一个记录描述一个可以互相区别的实体；表中每一列称为属性，属性反映实体的特征，亦称为字段或数据项；属性的取值范围称为域，表中每一列中的分量（属性值）是同一类型的数据，它们取自同一个域；能够惟一标识每个实体的属性称为关键字或码。二维表的首行称为关系框架。

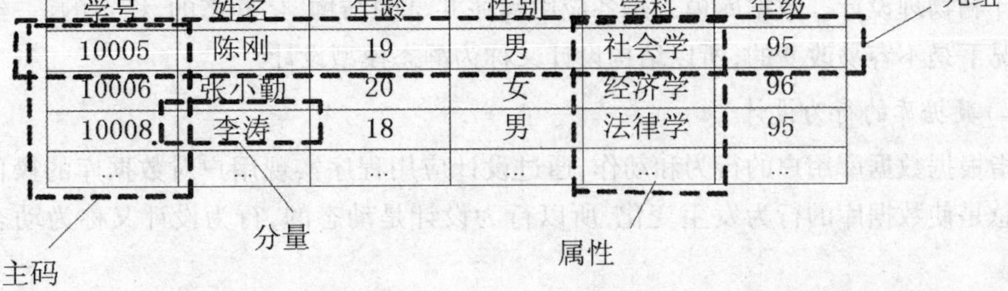

图 9.2.11　关系模型的数据结构

由于关系模型有很强的数据表示能力和坚实的数学基础，最易被使用者接受，因此它是目前应用最广的一种模型。

(八)面向对象模型(object - oriented model)

在面向对象的数据模型中，最重要的概念是对象(object)和类(class)。对象是对现实世界中的实体在问题空间中的抽象。针对不同的应用环境，我们面对的对象也不同。一个对象由属性、方法和消息集组成。其中，属性用于描述对象的状态、组成和特性，而方法用于描述对象的行为特征。消息是用来请求对象执行某一操作或回答某些信息的要求，它是对象向外提供的界面。同享同一属性集和方法集的所有对象的集合称为类。每个对象称为它所在类的一个实例。类的属性值域可以是基本数据结构，也可以是类。一个类可以组成一个类层次，一个面向对象的数据库模式是由若干个类层次组成的。

面向对象数据结构比网状、层次、关系数据模型具有更加丰富的表达能力。但正因为面向对象模型的丰富表达能力，模型相对复杂，实现起来较困难。所以，尽管面向对象系统很多，但大多数是实验型或专用的，尚未通用。

第三节　数据库设计

一、数据库设计的任务

数据库设计是指根据用户需求研制数据库结构的过程，具体地说，是指对于一个给定的应用环境，构造最优的数据模式，建立数据库及其应用系统，使之能够有效地存储数据，满足用户的信息要求和处理要求。

二、数据库设计的内容

数据库设计包括两方面的内容：

(一)数据库的结构设计

指根据给定的应用环境,进行数据库的模式或子模式的设计。它包括数据库的概念设计、逻辑设计和物理设计。数据库模式是各应用程序共享的结构,是静态的、稳定的,一经形成后通常情况下是不容易改变的,所以结构设计又称为静态模型设计。

(二)数据库的行为设计

是指根据数据库用户的行为和动作,通过设计应用程序实现用户对数据库的操作。用户的行为总是使数据库的行为发生变化,所以行为设计是动态的,行为设计又称为动态模型设计。

三、数据库设计的方法

关系型数据库的设计是一项综合性的技术,"三分技术、七分管理、十二分基础数据"。在设计中要做到硬件、软件和管理界面相结合,结构(数据)设计和行为(处理)设计相结合。

数据库设计方法目前可分为四类:直观设计法、规范设计法、计算机辅助设计法和自动化设计法。

(一)直观设计法

也叫手工试凑法,它是最早使用的数据库设计方法。这种方法依赖于设计者的经验和技巧,缺乏工程理论和科学原则的支持,设计的质量很难保证,常常是数据库运行一段时间后又发现各种问题,这样再重新进行修改,增加了系统维护的代价,因此这种方法越来越不适应信息管理发展的需要。

(二)规范设计法

1978年10月,来自三十多个国家的数据库专家在美国新奥尔良(New Orleans)市专门讨论数据库设计问题,他们运用软件工程的思想和方法,提出数据库设计的规范,这就是著名的新奥尔良法,它是目前公认的比较完整和权威的一种规范设计法。新奥尔良法将数据库设计分成需求分析(分析用户需求)、概念设计(信息分析和定义)、逻辑设计(设计实现)和物理设计(物理数据库设计)。

目前,常用规范设计方法大多起源于新奥尔良法,并在设计的每个阶段采用一些辅助方法来具体实现。比如基于E-R模型的数据库设计方法,基于3NF的数据库设计方法、基于视图的数据库设计方法都是比较典型的数据库设计方法。

(三)计算机辅助设计法

是指在数据库设计的某些过程中模拟某一规范化设计的方法,并以人的知识或经验为主导,通过人机交互方式实现设计中的某些部分。目前许多计算机辅助软件工程(Computer Aided Software Engineering,Case)工具可以自动或辅助设计人员完成数据库设计中的许多任务。比如Sybase公司的Power Designer和Oracle公司的Designer 2000。

四、数据库设计步骤

按照规范化设计方法，数据库设计一般分为以下几个步骤。

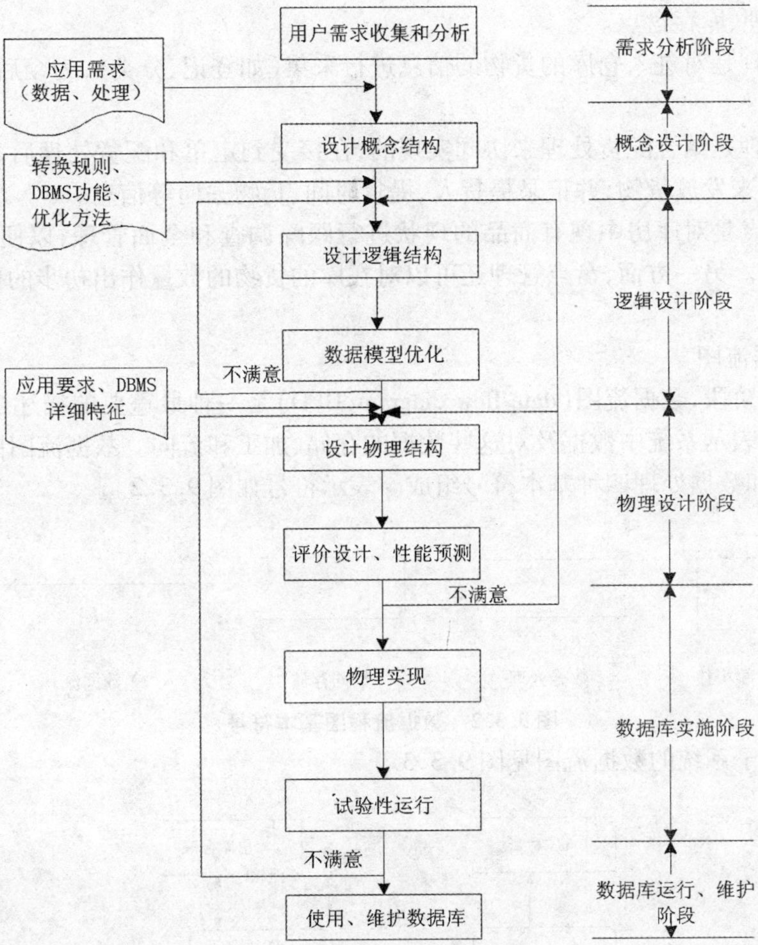

图 9.3.1　数据库设计过程图

（一）需求分析

1. 收集、确定用户需求

需求分析的任务是通过详细调查现实世界要处理的对象（组织、部门、企业等），充分了解原系统工作概况，明确用户的各种需求，然后在此基础上确定新系统的功能。需求分析是数据库设计的起点和基础，需要获取用户对数据库的信息要求、处理要求、安全及完整性要求。

需求分析是数据库设计的基础，决定以后各步设计的速度与质量，需求分析做的不好，可能会导致整个数据库设计的返工重做。需求分析阶段要注意两点：其一，要收集将来系统应用所涉及的数据，应充分考虑到可能的扩充和改变，使设计易于更改，系统易于扩充。其二，必须强调用户的参与，数据库的使用会涉及到不同层次和方面的用户，数据库的设计和建立会对他们今后的工作产生重要的影响，因此用户的参与是数据库设计不可分割的一部分。

2. 分析整理需求

进行需求分析首先要调查清楚用户的实际要求，与用户达成共识，然后分析与表达这些要求。对于复杂的系统，需经过分析后划分为多个子系统进行处理。

下面是第三方物流配送信息系统的“库存管理子系统”的用户需求分析：

库存管理的主要任务是为了对整个库存商品的现状进行跟踪的调查和全面管理。包括入库管理、出库管理、库存盘点。

(1)入库管理是对进入仓库的货物的信息进行采集(如登记、分类)，为今后的配货或出货做准备。

(2)出库管理是结合配货处理来协同实现的，在接受到定单和配货处理后，出库管理员根据定单上的要求来发放货物，并记录提货人、提货时间、货物去向等信息。

(3)库存盘点是对库房中现有商品的现状进行跟踪调查和全面管理，以便随时了解能否满足配送的需求。另一方面，盘点管理还可以对在库的货物的数量作出初步的预测，以便提前准备配货。

3. 形成数据流图

在需求分析阶段，数据流图(data flow diagram，DFD)是一种最重要的描述工具，它以图形化的直观形式来表示系统中数据及对这些数据的存储、加工和流向。数据流图由外部实体、数据流、数据存储和数据处理四种基本符号组成。表示符号如图 9.3.2。

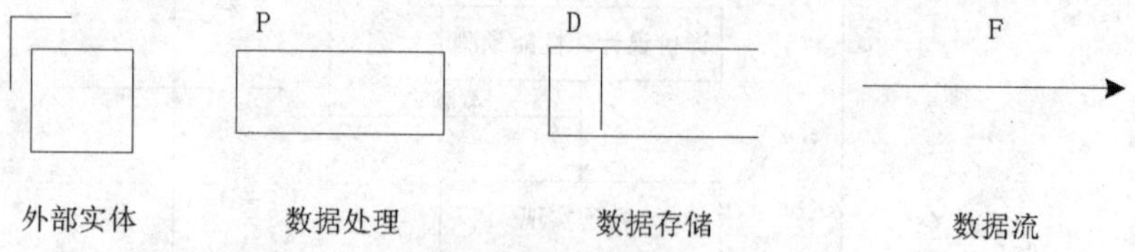

图 9.3.2 数据流程图基本符号

如库存管理子系统的数据流图见图 9.3.3。

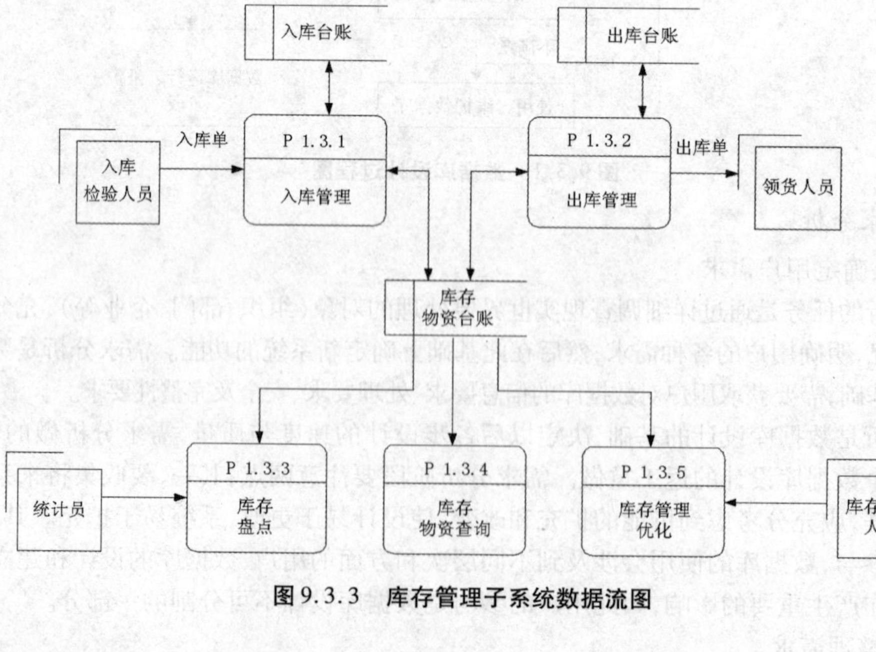

图 9.3.3 库存管理子系统数据流图

4. 绘制数据字典

数据字典(data dictionary,DD)就是用来定义数据流图中的各个成分的具体含义的,它以一种准确的、无二义性的说明方式为系统的分析、设计及维护提供了有关元素的一致的定义和详细的描述。它和数据流图共同构成了系统的逻辑模型,是需求规格说明的主要组成部分。

数据字典是为分析人员查找数据流图中有关名字的详细定义而服务的,它有以下四类条目:数据流、数据项、数据存储、数据处理。

(1)数据流条目:定义数据流的组成,一般包含若干数据项,通常列出该数据流的各组成数据项。如表9.3.1。

表9.3.1　　数据流条目一览表

数据流名称	数据项
物资资料	物资代码、物资名称、规格
入库记录	入库编号、入库时间、物资来源单位、入库物资、所在库位、经手人
入库内容	入库编号、入库物资代码、库房编号、入库物资规格、入库数量
出库记录	出库编号、出库时间、所属订单编号、入库编号、物资去向、物资数量、经手人
出库内容	出库编号、出库物资代码、库房编号、出库物资规格、出库数量
仓库盘点	库房编号、盘点时间、物资代码、规格、数量

(2)数据存储描述:定义数据的组成以及数据的组织方式,如入库记录数据可用下面方法描述:

入库记录 = 入库编号 + 入库时间 + 物资来源单位 + 入库物资 + 所在库位 + 经手人

(3)数据项描述:定义数据项,一般包括名称、类型、长度、允许范围等。如表9.3.2。

表9.3.2　　数据项描述条目

数据项名称	类型	长度(字节)	范围
入库编号	字符	10	
物资来源单位	字符	50	
单位编号	字符	10	
入库数量	数字	10	
入库时间	日期	8	
经手人	字符	10	

(4)数据处理描述:说明数据处理的逻辑关系,即输入与输出之间的逻辑关系。同时,也要说明数据处理的触发条件、错误处理等问题。注意,对于处理的描述,只说明处理功能"处理什么",不说明"如何处理"。

(二)概念结构设计

概念结构设计就是将需求分析得到的用户需求抽象为信息结构即概念模型,以便更好地、更准确地用某一DBMS实现。

在概念结构设计中,我们采用实体 - 联系方法。实体 - 联系方法(E - R 模型)中包含实体、联系与属性三种基本成分,分别用矩形、菱形、椭圆形表示。应用 E-R 方法进行概念设计,主要是定义实体、定义联系和分配属性模型。主要有如下步骤:

1. 标识实体集;
2. 标识联系集;
3. 标识属性集;
4. 标识关键字;
5. 构造 E-R 图。

利用以上的步骤,再根据前面数据流程图分析的结果,可以构造出库存管理子系统的 E-R 图。

(1)标识实体集,属性集及其属性(将实体集和属性集放在一起标识):

物资资料(物资代码、物资名称、规格);

入库记录(入库编号、入库时间、物资来源单位、入库物资、所在库位、经手人);

入库内容(入库编号、入库物资代码、库房编号、入库物资规格、入库数量);

出库记录(出库编号、入库编号、出库时间、所属订单编号、物资去向、物资数量、经手人);

出库内容(出库编号、出库物资代码、库房编号、出库物资规格、出库数量);

仓库盘点(库房编号、盘点时间、物资代码、规格、数量)

。(2)构造 E-R 图

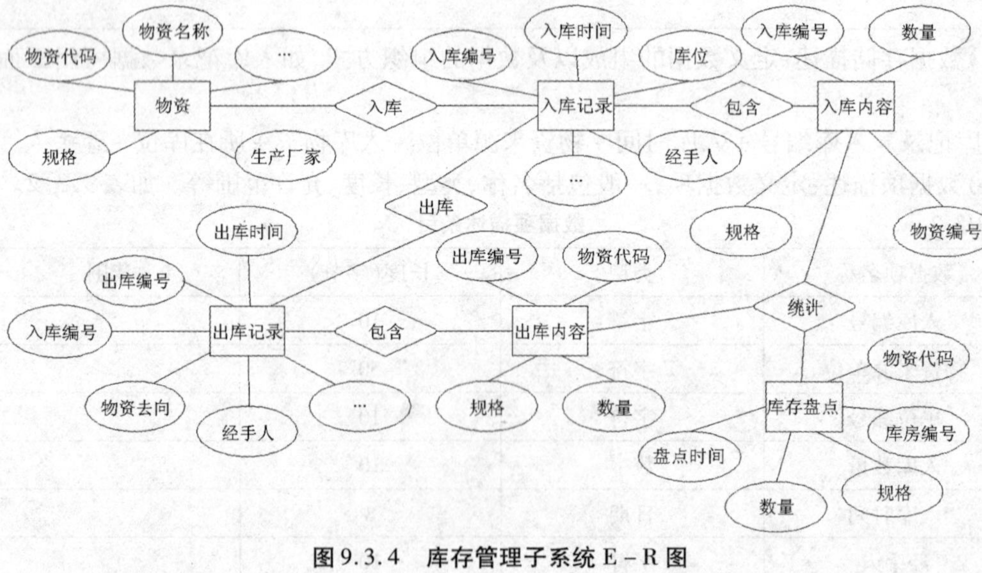

图 9.3.4 库存管理子系统 E-R 图

(三)逻辑结构设计

概念结构设计得到的 E-R 模型是用户的模型,它独立任何一种数据模型,独立于任何一种具体的 DBMS。数据库逻辑结构设计的任务就是把概念结构阶段所设计好的 E-R 图转化为与选用的 DBMS 产品所支持的数据模型相符合的逻辑结构(称为物理数据模型,简称物理模型)。同时为了进一步提高数据库应用系统的性能,设计出的物理数据模型还应该根据应用需要做适当的修改、调整。数据库逻辑结构设计关系如图 9.3.5 所示。

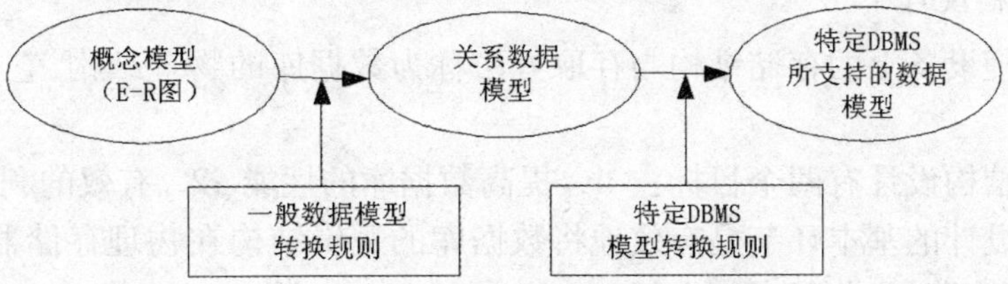

图 9.3.5　数据库逻辑结构设计关系图

需要说明的是，构造 E－R 图是个反复的过程，而且在逻辑模型的具体设计过程中，可能还会对 E－R 图中的局部结构和流程做适当的修改。

根据图 9.3.4 所示的 E－R 模型转换成关系模型，实体对应数据表，实体属性对应表的字段，关系对应表的参照完整性即外部键设计。目前关系模型的数据库有很多种类，如：Oracle，Sybase，MS SQL Server，Informix 等，在本系统中，我们选用的微软公司的 SQL Serve 作为后台数据库。将上述 E－R 图转换为 SQL Server 数据库，数据库结构设计举例如表 9.3.3～表 9.3.5 所示。

表 9.3.3　　入库记录表

字段名称	类型	宽度	小数位数	主键/外键	字段说明
RKBH	字符型	10		主键	入库编号
RKSJ	日期型	8			入库时间
WZLYDW	字符型	50			物资来源单位
RKWZ	字符型	10			入库物资
RKKW	字符型	10			入库库位
JSR	字符型	10			经手人

表 9.3.4　　出库记录表

字段名称	类型	宽度	小数位数	主键/外键	字段说明
CKBH	字符型	10		主键	出库编号
RKBH	字符型	10		外键	入库编号
CKSJ	日期型	8			出库时间
DDBH	字符型	50			所属订单编号
WZQX	字符型	10			物资去向
WZSL	数字型	10			物资数量
JSR	字符型	10			经手人

表 9.3.5　　仓库盘点表

字段名称	类型	宽度	小数位数	主键/外键	字段说明
KFBH	字符型	10		主键	库房编号
PDSJ	日期型	8			盘点时间
WZDM	字符型	10			物资代码
WZGG	字符型	20			物资规格
WZSL	数字型	10			物资数量

(四)物理结构设计

数据库在物理设备上的存储结构与存取方法称为数据库的物理结构,它依赖于给定的计算机系统。

数据库物理结构设计有两个目标: 1. 提高数据库的性能 ;2. 有效的利用存储空间。

数据库物理设计的基本环节是有效地将数据库的逻辑结构在物理存储器上实现,即确定存储结构、建立存取路径、分配存储空间。

(五)数据库实施与维护

完成数据库的物理设计后,设计人员就要用 RDBMS 提供的数据定义语言和其他实用程序将数据库逻辑设计和物理设计结果严格描述出来,成为 DBMS 可以接受的源代码,再经过调试产生目标模式,然后在组织数据入库,并进行试运行,这就是数据库的实施过程。数据库实施包括两项工作:一项是数据的载入,另一项是应用程序的编码和调试。数据库应用程序的设计一般与数据库设计同时进行,在数据入库的同时还要调试应用程序,并测试整个系统的工作效率,不足之处及时分析原因并做出处理。

在数据库正式投入运行后,由于应用环境的不断变化,数据库运行过程中的物理存储也会不断变化,对数据库要进行长期的评价、调整、修改、优化等维护工作。数据库维护工作主要由 DBA 来完成,主要内容包括:数据库的备份和恢复;数据库的安全性、完整性控制;数据库性能的分析、监督和改造;数据库的重组织与重构造。

第四节　数据仓库与数据挖掘

当今,数据库技术及其应用已从关系模型发展到面向对象模型,从单机应用发展到分布式应用,从局域网数据库应用发展到 Web 数据库应用,从联机事务处理(OLTP)发展到联机分析处理(OLAP),从数据库发展到数据仓库,从数据的统计分析发展到数据挖掘。随着计算机技术和网络技术的飞速发展及数据库应用的不断深化,数据仓库和数据挖掘技术及其应用已经成为计算机科学技术领域的热点之一。

一、数据仓库

(一)数据仓库的概念

数据仓库(data warehouse,简称 DW)是最近几年出现的、发展迅速的一种技术,它可以充分利用数据仓库中已存在的信息、帮助决策者进行决策。企业和组织管理的核心是决策,决策需要数据,通常的数据库系统适合联机事务处理(OLTP),并不能很好地支持企业和组织的决策,企业或组织在作决策时,需要综合分析组织中各个部门的数据(这些数据可能在不同的位置,甚至可能由不同的系统管理着),在这种实际需求的背景下,数据仓库技术应运而生。

目前,数据仓库一词尚没有一个统一的定义,著名的数据仓库专家 W. H. Inmon 在其著作《Building the Data Warehouse》一书中给予如下描述:数据仓库(Data Warehouse)是一个面向主题的(Subject Oriented)、集成的(Integrate)、相对稳定的(Non - Volatile)、反映历史变化(Time Variant)的数据集合,用于支持管理决策。

对于数据仓库的概念我们可以从两个层次予以理解,首先,数据仓库用于支持决策,面向分析型数据处理，它不同于企业现有的操作型数据库；其次，数据仓库是对多个异构的数据源有效集成，集成后按照主题进行了重组，并包含历史数据，而且存放在数据仓库中的数据一般不再修改。

与其他数据库应用不同的是，数据仓库更像一种过程，是对分布在企业内部各处的业务数据的整合、加工和分析的过程。

（二）数据仓库的特点

根据数据仓库概念的含义，数据仓库有以下五个特点：

1. 面向主题。操作型数据库的数据组织面向事务处理任务，各个业务系统之间各自分离，而数据仓库中的数据是按照一定的主题域进行组织。主题是一个抽象的概念，是指用户使用数据仓库进行决策时所关心的重点方面，一个主题通常与多个操作型信息系统相关。

2. 集成的。面向事务处理的操作型数据库通常与某些特定的应用相关，数据库之间相互独立，并且往往是异构的。而数据仓库中的数据是在对原有分散的数据库数据抽取、清理的基础上经过系统加工、汇总和整理得到的，必须消除源数据中的不一致性，以保证数据仓库内的信息是关于整个企业的一致的全局信息。

3. 相对稳定的。操作型数据库中的数据通常实时更新，数据根据需要及时发生变化。数据仓库的数据主要供企业决策分析之用，所涉及的数据操作主要是数据查询，一旦某个数据进入数据仓库以后，一般情况下将被长期保留，也就是数据仓库中一般有大量的查询操作，但修改和删除操作很少，通常只需要定期的加载、刷新。

4. 反映历史变化。操作型数据库主要关心当前某一个时间段内的数据，而数据仓库中的数据通常包含历史信息，系统记录了企业从过去某一时点（如开始应用数据仓库的时点）到目前的各个阶段的信息，通过这些信息，可以对企业的发展历程和未来趋势做出定量分析和预测。企业数据仓库的建设，是以现有企业业务系统和大量业务数据的积累为基础。数据仓库不是静态的概念，只有把信息及时交给需要这些信息的使用者，供他们做出改善其业务经营的决策，信息才能发挥作用，信息才有意义。而把信息加以整理归纳和重组，并及时提供给相应的管理决策人员，是数据仓库的根本任务。因此，从产业界的角度看，数据仓库建设是一个工程，是一个过程。

5. 支持管理决策。数据仓库支持 OLAP（联机分析处理）、数据挖掘和决策分析。OLAP 是一种数据分析技术，它具有对数据进行汇总、合并、聚集以及从不同的角度观察数据的功能，可提供面向分析的多维模型，使决策者能够以更加自然的方式来分析数据。数据挖掘则以数据仓库和多维数据库中的数据为基础，发现数据中的潜在模式和进行预测。因此，数据仓库的功能是支持管理层进行科学决策，而不是事务处理。

（三）数据仓库系统体系结构

数据仓库系统由以下几大部分组成：

数据源：是数据仓库系统的基础，是整个系统的数据源泉。通常包括企业内部信息和外部信息。内部信息包括存放于企业操作型数据库中（通常存放在 RDBMS 中）的各种业务数据和办公自动化（OA）系统包含的各类文档数据。外部信息包括各类法律法规、市场信息、竞争对手的信息以及各类外部统计数据及各类文档等。

数据的存储与管理：是整个数据仓库系统的核心。在现有各业务系统的基础上，对数据进行抽取、清理，并有效集成，按照主题进行重新组织，最终确定数据仓库的物理存储结构，同时组织存储数据仓库元数据（具体包括数据仓库的数据字典、记录系统定义、数据转换规则、数据加载频率以及业务规则等信息)。按照数据的覆盖范围,数据仓库存储可以分为企业级数据仓库和部门级数据仓库(通常称为"数据集市",Data Mart)。数据仓库的管理包括数据的安全、归档、备份、维护、恢复等工作。这些功能与目前的 DBMS 基本一致。

OLAP 服务器:对分析需要的数据按照多维数据模型进行再次重组,以支持用户多角度、多层次的分析,发现数据趋势。其具体实现可以分为:ROLAP、MOLAP 和 HOLAP。ROLAP 基本数据和聚合数据均存放在 RDBMS 之中;MOLAP 基本数据和聚合数据均存放于多维数据库中;而 HOLAP 是 ROLAP 与 MOLAP 的综合,基本数据存放于 RDBMS 之中,聚合数据存放于多维数据库中。

前端工具与应用:前端工具主要包括各种数据分析工具、报表工具、查询工具、数据挖掘工具以及各种基于数据仓库或数据集市开发的应用。其中数据分析工具主要针对 OLAP 服务器,报表工具、数据挖掘工具既针对数据仓库,同时也针对 OLAP 服务器。

(四)数据仓库的技术要求

数据仓库的技术要求主要包括:对大量数据的组织和管理、支持高性能的复杂分析、对提取出来的数据进行集成以及对高层决策的最终用户提供工具。

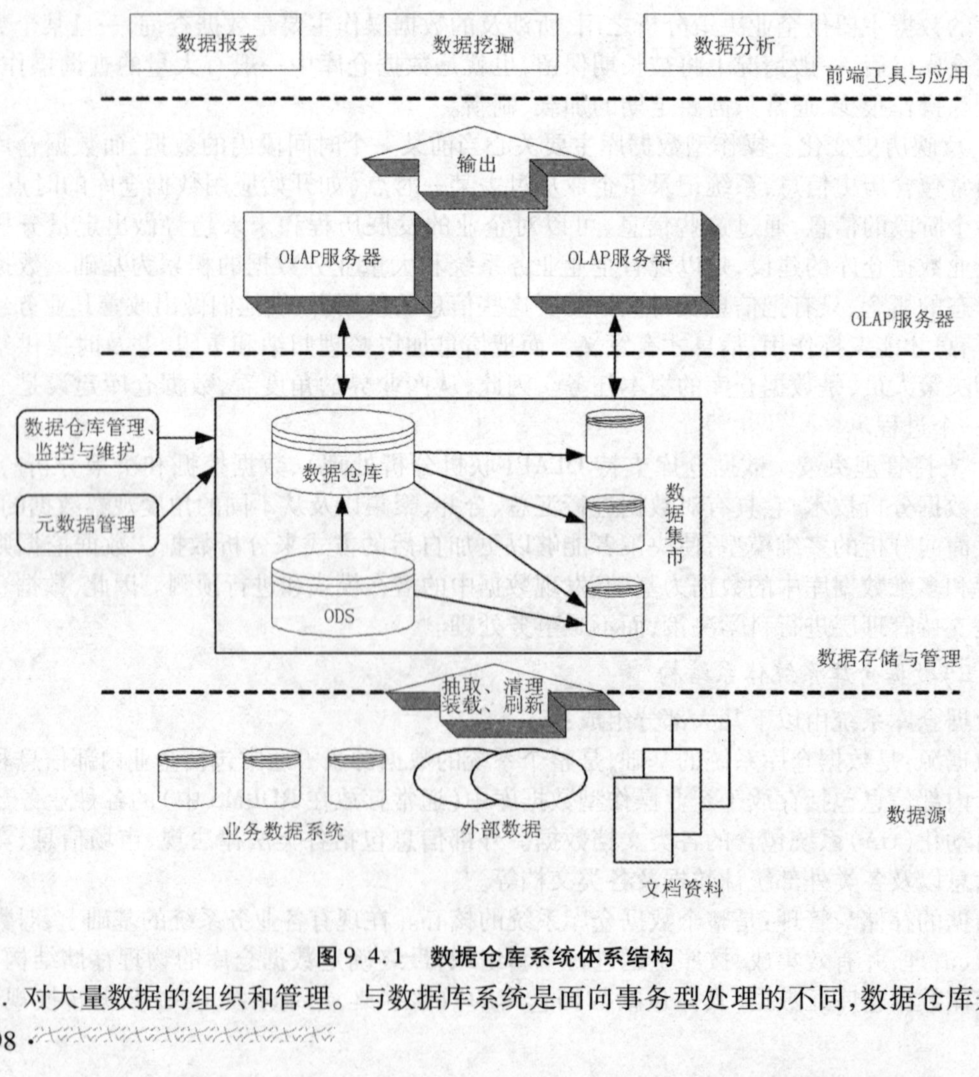

图 9.4.1　数据仓库系统体系结构

1. 对大量数据的组织和管理。与数据库系统是面向事务型处理的不同,数据仓库是为了进行支持决策分析而建立的一种数据存储的集合。数据仓库中的数据大部分是从企业内部的数据库系统中提取得来的，所以不必关心它的数据安全性和完整性，而更关心的是数据的一致性，为此要求进行大量数据的组织和管理。

2. 支持高性能的复杂分析。数据库系统支持的是事务型处理，主要是指数据的增、删、改、查等，主要是针对某一种具体应用。数据仓库是面向分析的，大都是对数据的复杂查询。复杂分析时通常涉及大量的聚集、综合等，在进行复杂查询时经常会使用多表的连接、累计、分类、排序等操作，因此要有较好的并行处理能力。

3. 对提取出来的数据进行集成。数据仓库中的数据是从多个应用领域中提取出来的，在不同的应用领域和不同的数据库系统中都有不同的结构和形式。如果直接对这些数据进行分析，会得到不同的结果，所以如何对数据进行集成也是构建数据仓库的一个重要方面。

4. 对高层决策的最终用户提供工具。数据仓库只是一个数据存储的集合，如果没有各种分析应用工具，一个庞大的数据仓库是毫无意义的。这些工具的设计对于开发一个完整的数据仓库及其应用体系是至关重要的。

（五）数据仓库应用和发展前景

随着对数据仓库技术的研究、开发和应用，国内外一些著名的计算机企业如 IBM、Infomix、Micorsoft、NCR、Oracle、Sybase 等都纷纷推出了自己的数据仓库解决方案，形成了百花争艳的局面。近几年由于信息技术的飞速发展，尤其是分布式技术的发展，数据仓库在我国展现出广阔的发展空间和良好的发展前景。在金融、保险、电信等行业中，信用分析、风险分析、欺诈检测、商品销售分析、顾客忠诚度分析等方面有着巨大的潜在应用需求。

随着数字化定制经济模式逐步走向市场，在未来大规模定制经济环境下，数据仓库将成为企业获得竞争优势的关键武器，使数据仓库面临着良好的发展前景。

二、数据挖掘

（一）数据挖掘的概念

“数据挖掘”这个名字来源于它有点类似于在山脉中挖掘有价值的矿藏。随着数据库技术的迅速发展以及数据库管理系统的广泛应用，人们积累的数据越来越多。激增的数据库背后隐藏着许多重要的信息，人们希望能够对其进行更深层次的分析，以便更好地利用这些数据。目前的数据库系统可以高效地实现对数据的录入、查询、统计等功能，但无法发现数据中存在的关系和规则，无法根据现有的数据预测未来的发展趋势。缺乏挖掘数据背后隐藏的知识的手段，导致了“数据爆炸但知识贫乏”的现象。如何开发和使用更强有力的数据分析工具、从更深的层次来利用宝贵的数据资源成为亟待解决的课题。因此，自20世纪80年代后期以来，联机分析处理（OLAP）和数据挖掘技术应运而生。

1995 年，在加拿大蒙特利尔召开了第一届知识发现和数据挖掘国际学术会议，数据挖掘一词被很快流传开来。人们将存储在数据库中的数据看作是形成知识的源泉，形象将它们比喻成矿石。数据挖掘（data mining，DM）就是从大型数据库或数据仓库中提取隐含的、未知的、非平凡的及有潜在应用价值信息或模式的高级处理过程，因此又称为数据库中的知识发现（knowledge discovery in database，KDD）。

（二）数据挖掘常用的方法和技术

数据挖掘是一个交叉性学科。数据挖掘算法的设计和实现需要涉及人工智能、机器学习、模式识别、统计学、智能数据库、知识获取、可视化技术、高性能计算与专家系统等多个领域。下面对数据挖掘常用方法和技术作一介绍：

1. 生物学方法

在人工智能领域中常常用生物学的原理来解决实际问题，其中神经网络方法和遗传算法就是典型的代表。

所谓神经网络方法是通过采用神经网络设计的系统模拟人脑神经元结构进行数据挖掘，神经网络通过学习待分析数据中的模式来构造模型，一般可对隐类型进行分类，用于非线性的、复杂的数据。由于人工神经网络还是一个新兴学科，还有更漫长的路要走。

所谓遗传算法（genetic algorithms，GA）是一种借鉴生物界自然选择和进化机制发展起来的高度并行、随机、自适应搜索算法。它模拟生物进化机制，并采用遗传结合、遗传变异、以及自然选择等设计方法来建立人工系统的模型。遗传算法提供一种求解复杂系统优化问题的通用框架，可应用于函数优化、人工智能、数据挖掘等众多领域。

2. 信息论方法

在数据挖掘中，决策树（decision tree）是一种广泛使用的图解法决策分析工具，决策树是建立在信息论基础之上，对数据进行分类的一种方法。首先，通过一批已知的训练数据建立一棵决策树。然后，利用建好的决策树，对数据进行预测。例如：在金融领域中将贷款对象分为低贷款风险与高贷款风险两类。通过决策树，我们可以很容易地确定贷款申请者是属于高风险的还是低风险的。

在决策树的构造过程中，最有影响和最早的决策树方法是由 Quinlan 提出的著名的基于信息熵的 ID3 算法。这种信息论方法使得对一个对象分类所需的期望测试数目达到最小，从而获得一棵简单的决策树。

3. 集合论方法

在数据挖掘中常用的集合论方法有约略集（又称为粗糙集或粗集）方法和模糊集方法等。这些方法可应用于关联规则挖掘和分类规则挖掘等。

4. 统计学方法

在数据挖掘中，统计学可应用于预测、聚类规则挖掘和时序数据的趋势分析等。例如，在数据属性之间存在两种关系：函数关系（能用函数公式表示的确定性关系）和相关关系（不能用函数公式表示，但仍是相关确定性关系），对它们的分析可采用统计学方法。对函数关系的分析可以采用回归的方法，对相关关系则可以采用相关分析和主成分分析等方法。

5. 可视化技术

可视化数据分析技术拓宽了传统的图表功能，使用户对数据的剖析更清楚、更直观。有些工具甚至提供动画能力，使用户可以“飞越”数据，观看到数据不同层次的细节。例如，把数据仓库中的多维数据或者把数据挖掘获得的模式和规则变成多种图形，这对揭示数据的状况、内在本质及规律性起到了重要的作用。

（三）数据挖掘的过程

数据挖掘过程可以分为数据准备、挖掘、评价以及巩固和运用四个阶段。

1. 数据准备阶段

数据准备包括：数据的选择（选择相关的数据）、净化（消除噪声、冗余数据）、推测（推算缺失数据）、转化（离散值数据与连续值数据之间的相互转换、数据值的分组分类、数据项之间的计算组合等)、数据缩减(减少数据量)等。经过处理过的数据一般存储在数据仓库中。数据准备是否做得充分将影响到数据挖掘的效率和准确度以及最终模式的有效性。

2. 挖掘阶段

根据数据挖掘的目标,采用人工智能、集合论、统计学等方法,应用相应的数据挖掘算法和工具,分析数据并通过可视化工具表述所获得的模式或规则。

3. 评价阶段

对数据挖掘中得到的模式进行评估,确定哪些是有效的、有用的模式。

4. 巩固和运用阶段

对模型在实际应用中的表现进行监控,如果模型表现不好,则对模型作进一步的考察和修正,以反映业务运作规律的变化。

(四)数据挖掘系统的结构

根据数据挖掘过程,整个数据挖掘系统可以采用三层的 C/S 结构,如图 9.5.2 所示。其中,第一层为图形用户界面(GUI),位于系统的客户端;第二层为数据挖掘引擎,它是数据挖掘系统的核心,位于系统的应用服务器端;第三层为数据库与数据仓库,位于数据服务器端。

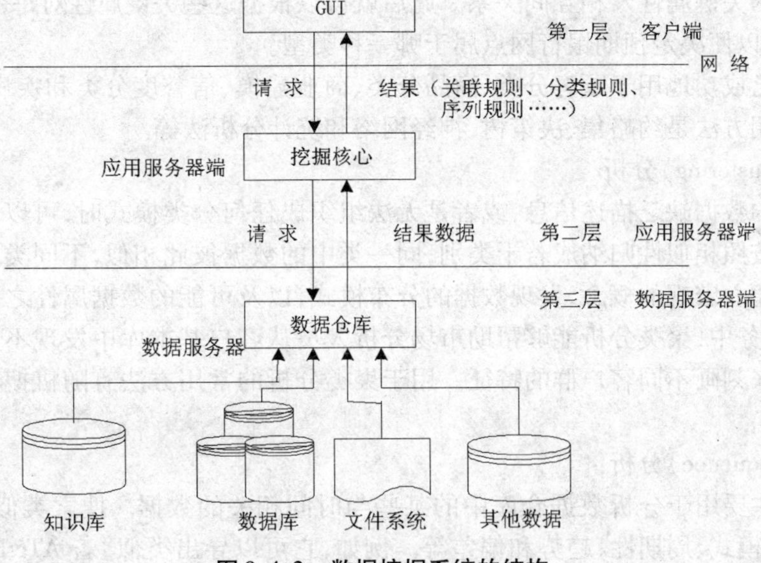

图 9.4.2　数据挖掘系统的结构

(五)数据挖掘的类型

数据挖掘类型有多种,其中比较典型的有以下几种:

1. 预测模型(predictive modeling)

所谓预测模型即从数据库或数据仓库中已知的数据推测未知的数据或对象集中某些属性的值分布。用于建立预测模型的常用方法有:回归分析、线形模型、关联规则、决策树预测、遗传算法和神经网络等。

2. 关联(associations)分析

关联分析的目的是为了挖掘隐藏在数据间的相互关系,即用于发现项目集之间的关联。在关联规则挖掘中,通常给出了置信度和支持度两个概念,对于置信度和支持度均大于给定阈值的规则称为强规则，而关联分析主要就是对强规则的挖掘。它广泛地运用于帮助市场导向、商品目录设计、客户关系管理(CRM)和其他各种商业决策过程中。

关联模型的一个典型例子是市场菜篮分析(Marketing Basket Analysis)，通过挖掘数据派生关联规则，可以了解客户的行为。

采用关联模型的成功典型案例是总部位于美国阿肯色州的 Wal Mart 零售商的“尿布与啤酒”的故事。Wal Mart 拥有世界上最大的数据仓库系统，它利用数据挖掘工具对数据仓库中的原始交易数据进行分析，得到了一个意外发现：跟尿布一起购买最多的商品竟然是啤酒。如果不是借助于数据仓库和数据挖掘，商家决不可能发现这个隐藏在背后的事实：在美国，一些年轻的父亲下班后经常要到超市去买婴儿尿布，而他们中有 30% ~40% 的人同时也为自己买一些啤酒。有了这个发现后，超市调整了货架的摆放，把尿布和啤酒放在一起，明显增加了销售额。

3. 分类(classification)分析

分类分析的目的是找出描述和区分数据类或概念的模型。根据该模型能够将已有数据划分到不同的组中，并预测新数据将属于哪一个组。例如，我们可以将银行网点分为好、一般和较差三种类型，并以此分析这三种类型银行网点的各种属性，特别是位置、盈利情况等属性，并决定它们分类的关键属性及相互间关系。此后就可以根据这些关键属性对每一个预期的银行网点进行分析，以便决定预期银行网点属于哪一种类型。

分类分析已成功地用于顾客分类、商品分类、商业建模、信誉度分类和疾病分类等。用于分类分析的常用方法是约略集、决策树、神经网络和统计分析法等。

4. 聚类(clustering)分析

当要分析的数据缺乏描述信息，或者是无法组织成任何分类模式时，可以采用聚类分析。聚类是把数据按照相似性归纳成若干类别，同一类中的数据彼此相似，不同类中的数据相异。聚类分析可以建立宏观的概念，发现数据的分布模式，以及可能的数据属性之间的相互关系。例如，在电子商务中，聚类分析能够帮助市场分析人员从客户基本库中发现不同的客户群，并且用购买模式来刻画不同客户群的特征。用于聚类分析的常用方法有随机搜索聚类法、特征聚类和 CF 数等。

5. 序列(sequence)分析

序列分析主要用于分析数据仓库中的某些与时间相关的数据。搜索类似的序列或子序列，并挖掘时序模式、周期性、趋势和偏差等。例如，它可以导出类似“若 AT&I 股票连续上涨两天且 DEC 股票不下跌，则第三天 IBM 股票上涨的可能性为 75%”的数据关系。

序列分析法通常可以使用关联规则挖掘算法的变种来实现，其区别只是要使用一些参数的设置和条件的约束。

6. Web 数据挖掘

万维网是一个巨大的、分布广泛的和全球性的信息服务中心，其中包含了丰富的超链接信息，为数据挖掘提供了丰富的资源。

Web 数据挖掘是利用数据挖掘技术对在线 Web 数据进行搜索、提取、分析和发现有价值信息与规律的过程。它是将数据挖掘技术和理论应用于对 Web 资源进行挖掘的一个新兴的研究领域，目前已经成为研究的热点之一。它可以对搜索引擎的结构进行挖掘、确定权威界面、Web 文档分类、Web 日志挖掘、智能查询、建立 Meta - Web 数据仓库以及电子商务网站的预测分析等，成为在知识经济时代企业生存、发展、获取领域动态信息、制定正确决策、争取竞争优势的有力工具。

根据挖掘对象的不同，Web 数据挖掘可分为三种类型：Web 内容挖掘、Web 结构挖掘和 Web 使用挖掘。

（六）数据挖掘的主要应用

数据挖掘可以从数据中发现趋势和模式，人们通过数据挖掘得到的回报就是将这些新发现的知识变为经营上的成果。目前，数据挖掘的研究和应用非常热门，应用主要集中在以下几个领域：

1. 在金融中的应用

数据挖掘在金融领域应用广泛，包括：金融市场分析和预测、账户分类、银行担保和信用评估等。这些金融业务都需要收集和处理大量数据，很难通过人工或使用一两个小型软件进行分析预测。而数据挖掘可以通过对已有数据的处理，找到数据对象的特征和对象之间的关系，并可观察到金融市场的变化趋势。然后利用学习到的模式进行合理的分析预测，进而发现某个客户、消费群体或组织的金融和商业兴趣等。

2. 在市场业中的应用

市场业应用是利用数据挖掘技术进行市场定位和消费者分析，辅助制定市场策略。

由于管理信息系统和 POS 系统在市场业的广泛普及，人们很容易得到顾客购买情况的数据。利用数据挖掘技术，如：相关规则、模糊推理及统计方法等，通过对顾客历史数据的分析，可以得到关于顾客购买取向和兴趣的信息，无疑为商业决策提供了可靠的依据。

3. 在工程与科学研究中的应用

数据挖掘技术可应用于各种工程与科学数据分析。

随着先进的科学数据收集工具的使用，如观测卫星、遥感器、DNA 分子技术等，面对庞大的数据，传统的数据分析工具无能为力。数据挖掘技术以其强大的智能性和自动性，在工程和科学研究中得到广泛应用。

数据挖掘在天文学和生物学中都有极为成功的案例。例如：在天文学应用中，Jet Propulsion 实验室利用决策树方法对上百万天体进行分类，效果比人工更快、更准确。这个系统还帮助发现了 10 个新的类星体。

4. 在产品制造业中的应用

制造业应用数据挖掘技术进行零部件故障诊断、资源优化、生产过程分析等。

例如：HP 公司的工程师使用 Angoss Software 的 Knowledge Seeker 来进行 HP Ⅱc 彩色扫描仪的生产过程分析。他们基于大约 200 个参数建立了一个自动数据收集系统，产生了难以手工处理的大量数据。

5. 在司法中的应用

数据挖掘技术可应用于案件调查、诈骗监测、洗钱认证、犯罪组织分析等，可以给司法工作带来巨大收益。

例如：美国财政部使用 NetMap 开发了一个叫 FAIS 的系统。这个系统对各类金融事务进行监测，识别洗钱、诈骗等。该系统从 1993 年 3 月开始运行，每周处理约 20 万个事务，针对超过 1 亿美元并可能是洗钱的事务产生了 400 多个调查报告。

6. 在物流中的应用

信息是企业最重要的有效资源,信息技术的发展推动着传统企业的发展。现代化的物流管理需要完善的信息系统的支撑。伴随着信息时代的数据量剧增的显著特征。深化物流信息管理的最有效的方法是在其中引进数据挖掘技术。

(1)选址问题

物流中心(流通中心、配送中心)选址问题属于最小成本问题,即求解是运输成本、变动处理成本和固定成本等之和为最小的最小化问题。

物流中心选址,需要考虑到中心点数量和中心点如何分布等情况。由于单一中心选址较为简单,我们着重讨论多个中心选址的问题。所谓多中心选址是指在一些已知的备选地点中选出一定数目的地点来设置物流中心(流通中心、配送中心),使形成的物流网络的总费用最小,其中包括基本的投资费用、可变费用和不变费用。对于这类问题。在实际操作中,当问题规模变得很大,或者要考虑一些市场因素(比如顾客需求量)时,数学规划就存在一些困难,因此,针对这一问题,可以用数据挖掘中的分类树方法来加以解决。

分类树(classification)的目标是连续的划分数据,使依赖变量的差别最大。分类树的真正的目的是将数据分类(classify)到不同组或分支中,在依赖变量的值上建立最强划分。用分类树的方法解决这个问题时,通常需要以下四个方面的数据:1)中心点的位置;2)每个中心点的业务需求量;3)备选点的位置;4)在中心点和备选点之间的距离。

通过分类树的方法,不仅确定了中心点的位置,同时也确定每年各个地址间物品的运输量,使整个企业必要的销售量得到保证。企业的长期折现的总成本也会达到最小值。

(2)配送问题

配送问题是现代物流系统中重要的一部分,配送问题包括配送计划的编制、配送路线的设计和优化以及配送过程中的配载(混载)问题,在许多配送体系中,管理人员需要采取有效的配送策略以提高服务水平、降低货运费用。其中要考虑到的有车辆的路径问题,车辆路径问题是为一些车辆确定一些客户的路径,每一客户只能被访问一次,且每条路径上的客户需求量之和不能超过车辆的承载能力。其次还会考虑到车辆的利用能力,如果车辆在运输过程中的空载率过高或整车的运力不完全利用,这些无疑会增加企业的运输成本;另外涉及到车辆的运输能力,就必须考虑到货品的规格大小和利润价值的大小。在采取有效的配送策略时这些因素都必须同时考虑,这时如果能够对顾客的需求和运输路径综合起来进行分类,对整个配送策略中车辆的合理选择分派会有着较好的作用。

(3)仓储问题

现代物流管理在电子商务、供应链合作、全球化、及时反应的影响下,如今对仓库的要求越来越高了:交易更频繁;处理和存储更多货品;提供更多客户自定义产品和服务以及提供更多的增值服务等等。仓库问题在物流管理中正扮演着非常重要的角色。

仓库问题包括存储货物、中转运输、顾客服务三方面的内容,在这三方面的成本计算中,仓储成本无疑在企业总的成本核算中占很大一部分,如何合理安排货品的存储、压缩货品的存储成本正成为现代物流管理者不断思考的问题,对于货品的存放问题,哪些货品放在一起可以提高拣货效率?哪些货品放在一起却达不到这样的效果呢?其实在解决这个问题上,我们可以采取数据挖掘中的关联模式分析来帮助解决这方面的问题的。关联模式分析的目的就是为了挖掘出隐藏在数据间的相互关系。即通过量化的数字,描述产品 A 的出现对产品 B 的出现有多大影响,从而来决定这两种货品在货架上的配置了。

目前已有多项与计算机相关的技术在物流领域得到广泛应用，这些技术包括电子数据交换、人工智能和专家系统、互联网技术和通信技术等。此外，伴随着信息时代的数据量剧增的显著特征，深化物流信息管理的最有效的方法是在其中引进数据挖掘技术，数据挖掘可以从数据中发现趋势和模式，人们通过数据挖掘得到的回报就是将新发现的指示转变为经营上的成果，可以提高利润，降低成本等。总之充分合理的利用数据挖掘技术，可以进行市场预测和分析，这必将为正确的决策奠定坚实的基础。同时也为物流的管理和发展指明了方向。

实验实训：给出一项实际问题，让学生完成数据库的 E－R 图或一个简单的数据库模式的设计练习，如学生选课、供应商给工程供应零件等。

教学建议：建议选择不同类型物流软件对物流信息进行简单分析。

※ 思考题

1. 试述数据管理技术经历了哪几个阶段，各阶段的主要特点是什么？
2. 什么是数据库、数据库系统和数据库管理系统？
3. 按照数据库系统的硬件环境和构成方式，其体系结构可分为哪几种类型？
4. 简述数据模型的概念、组成及分类。
5. 根据所采用的数据模型不同，数据库管理系统可分哪几种类型？
6. 简述数据库设计的步骤。
7. 数据仓库概念及特点是什么？数据仓库系统由哪几大部分组成？
8. 什么是数据挖掘？在数据挖掘中有哪些常用的方法和技术？
9. 数据挖掘的类型有哪几种？
10. 数据挖掘在国民经济的各个领域中有何应用？

参考资料：

1. 西尔伯莎茨等著，杨冬青等译：《数据库系统概念》，机械工业出版社，2003 年
2. 萨师煊等著：《数据库系统概论（第二版）》，高等教育出版社，1991 年
3. 黄梯云主编：《管理信息系统》，经济科学出版社，2000 年
4. 数据仓库之路网站：http://www.dwway.com
5. 郑德忠主编：《数据库原理及应用－FoxPro for Windows》，南京大学出版社，2002 年

第十章 物流信息系统的开发

*本章主要内容

- 物流信息系统的开发方法与原则
- 物流信息系统的开发过程
- 物流信息系统的开发方式

*导入案例

Sybase 远洋物流公司数据交换平台

行业背景

中国远洋物流公司(COSCO LOGISTICS 以下简称中远物流)是中国远洋运输集团(COSCO)下属的、规模和实力位于国内行业前列的公共物流企业。中远物流为国内外广大货主和船东提供现代物流、国际船舶代理、国际多式联运、公共货运代理、空运代理、集装箱场站管理、仓储、拼箱服务;铁路、公路和远洋运输、项目开发与管理以及租船经纪等服务。

中远物流总部在北京,下设大连、北京、青岛、上海、宁波、厦门、广州、武汉八个区域公司,在韩国、日本、新加坡、希腊和香港设有代表处,并与国外40多家货运代理企业签定了长期合作协议;在中国国内29个省、市、自治区建立了300多个业务网点,形成了功能齐全的物流网络系统。中远物流凭借国际化的网络优势,在细分市场的基础上,重点开拓了汽车物流、家电物流、项目物流、展品物流,为客户提供高附加值服务。

中远物流凭借国际化的网络优势,在细分市场的基础上,重点开拓了汽车物流、家电物流、项目物流、展品物流,为客户提供高附加值服务。目前,汽车物流主要为上海别克、一汽捷达、神龙富康等厂家提供进口汽车组装的物流配送服务,为沈阳金杯提供零公里成品车物流配送服务;家电物流客户主要有海尔、科龙、小天鹅、海信、澳柯玛及长虹等知名企业。项目物流主要开发了长江三峡水电站、秦山核电站、江苏田湾核电站、齐鲁石化工程、厦门翔鹭PTA、上海磁悬浮轨道梁等国家重点建设工程的物流项目。展品物流在完成"中华文化美国行"、"德国亚太文化周"、"亨利·摩尔巡回展"、"北京国际工程机械暨技术设备展览会"等多项具有经济和社会效应的展品物流项目的基础上,中远物流已初步形成以北京、上海和广州为中心的跨国展运物流服务核心经营体系。

应用需求

中远物流以发展现代物流事业为己任,竭诚为中外货主和船东提供全套解决方案和高效、优质的服务,以现代科技为支撑的物流操作平台建设和客户满意体系的有效运行,为客户实现价值最大化架设安全、便捷的通道。

中远物流目前的物流信息系统 LMIS 系统(Logistics Management Information System),服务于众多的客户业务。在中远物流公司业务不断蓬勃发展的今天,在客户数量不断增长的同时,更多的用户希望将 LMIS 系统和客户自己的 ERP 系统进行对接,从而实现实时的数据交换。在此基础上,需要一套切实可行的方案,将不同客户系统生成的不同格式的报文,通过一个中间平台进行相应的格式转换,进而生成可以进入 LMIS 系统的报文格式;同时,将 LMIS 系统生成的报文,根据不同客户对报文格式的不同要求生成并分发,为我们的客户提供及时的响应和实时的数据交换。中远物流作为第三方物流承运商,所涉及的业务系统众多,从长远发展的角度考虑,各系统之间也需要进行整合和对接(例如物流信息系统 LMIS 与仓库管理系统 DCNET 和车队管理系统 TMS 的整合和对接),以实现资源的最大化利用。

经过多家的比较和考虑,最终中远物流和 Sybase(中国)公司建立了合作的关系,通过引入 Sybase 公司先进的理念、丰富的数据交换经验以及良好的应用集成平台(Integration Orchestrator),构建了中远物流公司的数据交换平台。

系统结构

Sybase 的应用集成平台 Sybase IO,解决了中远物流内部系统如 LMIS 和 DCNET 的相互集成,并通过 B2B 门户网站与客户/合作伙伴的业务系统自动地进行信息交换与处理,以及整个商务过程中所涉及的信息加工和业务流程处理。

Sybase IO 通过一种总线式结构集成各系统,采用消息机制在各个系统之间以标准 XML 格式进行业务数据的传递,通过 Sybase IO 的图形界面可以无须编程地进行业务流程、消息对应、格式转换等的定制,这样当业务信息进入 Sybase IO 后会自动地进行消息格式检查、消息加工处理、业务逻辑处理、业务流处理,并按照业务要求将消息在各节点间进行传递,使得内部和外部的各个业务系统有机地工作在一起。

整个系统架构如下图所示:

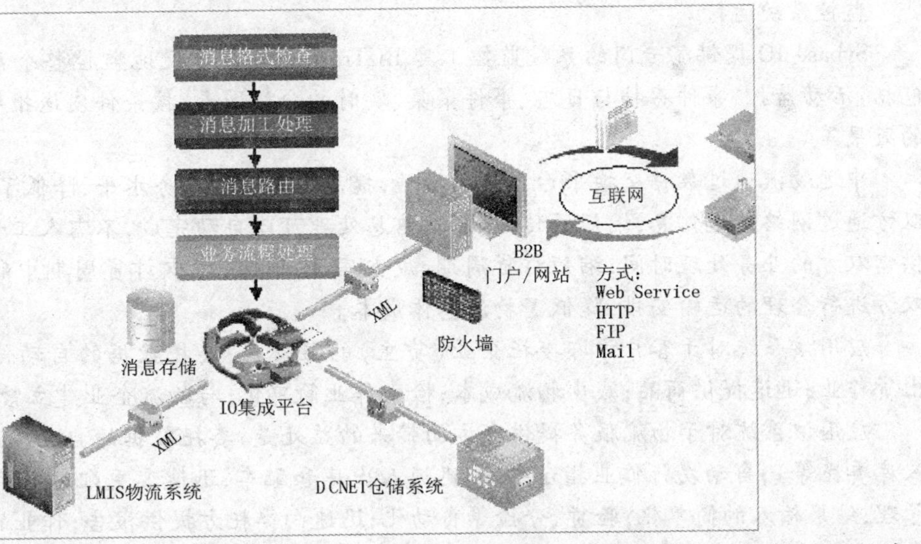

Sybase IO 和内部系统的集成是通过适配器技术完成,适配器在 IO 与各个不同系统之间进行转换,Sybase 提供了大量的成熟适配器如:XML 适配器、企业适配器、EDI 适配器、SWIFT/FIX 适配器、协议适配器、ERP 适配器、FTP/EMAIL 适配器等等,同时提供适配器开发工具以利于用户自行定制和开发。

Sybase IO 与外部系统如客户的 ERP 系统的集成是通过 internet 完成,利用 HTTP、FTP、eMail 或 Web Service 等方式将 XML 格式的业务指令与回执通过 B2B 门户网站进行双向业务数据交换。B2B 门户保存有基本的通讯认证控制信息,以便对于每个进入的指令和回执进行认证,并能够对于不同的客户选择不同通讯方式,以及具备出错重发等机制。

商务过程管理

商务过程管理越来越成为集成的焦点,如果在商务过程中缺乏灵活性,就不能根据市场变化进行调整。这一过程必须是由商务驱动并由商务人员设计和管理。因此有效的集成平台必须包括可靠的、图形的、易于使用的商务过程管理工具。在这方面,Sybase IO 优势明显,不仅提供了商务流程建模工具,还提供了信息格式定制、格式转换和映射、规则管理及应用部署等全面的设计管理工具,简化了端对端集成,从而显著地提高了集成的水平。

Sybase IO 将集成的逻辑设计和集成过程与基本的技术细节和物理实现分离开,提高了工作效率和管理功能。这样,商务管理人员就能够采用 Sybase IO 的图形建模工具来设计整体的商务过程和集成组件,而由技术人员来处理基本的体系结构细节和部署要求。由于极大地降低了用户编码的要求,从而显著地增强了灵活性、提高了投资收益、加强了对集成项目的管理。

中远物流的客户多样,信息格式各异,但通过 IO 集成一体的设计、开发工具,采用图形化方式进行格式映射,即实现了自动的消息格式转换,而无须编程和中断平台的运行,从而大大提高了整体系统效率。

商务规则的制定可以通过规则管理器,在商务流程设计上采用图形化界面的设计工具同样方便,对于业务流程中的操作进行节点定义,包括服务、端口和消息定义(Schema)的关联,并用鼠标拖拽的方式建立和改变流程即可,整个过程无须编程。

同时 Sybase IO 支持一系列的集成标准(商务过程建模标准如 BPMN、消息标准如 JM、编程标准如 EJB、Web 服务标准如 SOAP、以及消息格式标准如 XML),方便用户应用的开放和扩展。

监控系统运行

Sybase IO 提供了专门的系统监控工具 BizTracker 可以方便地监控整个系统的运行状况,包括:活动监控、事件存档与日志、事件聚集、实时的分析图表、按条件发送报警信息、系统实施的效果等。

中远物流通过数据交换平台系统的实施,提高了企业的服务水平,降低了运营成本。交易双方通过网络传递信息,缩短了传递时间,信息处理可以自动完成,不需人工干预,大幅度缩短供需双方的业务处理时间,缩短订货周期,减少库存,同时,减少订货周期中的不确定性;交易双方进行合理的运输安排,降低了物流总体成本。

应用该系统对于客户方即委托企业(货主)的益处是:委托数据的自动传送;迅速地进行出货作业;迅速提供商品;减少物流成本;检索作业简单化;与物流企业建立紧密的关系等。

应用该系统对于物流服务提供商方面带来的益处是:委托数据的自动输入(运送委托,出入库委托等);自动发行作业指示书等;迅速入出库和配车;迅速变更配送目的地;正确的库存管理;结果输入的简单化;验货、分检等自动化;迅速向委托方提供报告;作业的标准化;获得新客户;与委托方建立紧密的关系等。

通过该系统的实施,中远物流可以与客户精确及时地实现信息共享,巩固和完善了物流供应链供需双方已建立的伙伴关系,提高了物流链的稳定性和可靠性,从而使协作双方的合作更加紧密,并大大提高了物流服务的水平。

可以说基于 SYBASE IO 构建的中远物流信息交换平台为实现供应链各方物流信息和作业的协同提供了一个方便、可靠的解决方案。

第一节　物流信息系统的开发方法与原则

对于任何一个企业来说，上马一套物流信息系统绝非一件简单的事情，企业要充分了解企业自身的经营特点，熟悉自己的业务流程，并且还要借用种种的现代信息技术，掌控各种信息资源，才能有效地处理物流业务、控制物流过程，从而达到支持物流决策的目的。

物流信息系统强调应用系统化和集成化的思想来处理企业经营活动中的问题，以达到系统整体优化的最终目的。所以，在处理信息时，既要做到及时、准确、精确、适用、灵活，又要做到安全和经济。

而要想成功地建立物流信息系统，就必须做好物流信息系统的开发工作。物流信息系统的开发应当注重科学的管理方法和定量化管理模型的运用及优化作用，而不是模拟现行管理模式；强调系统对经营过程的预测与监控作用；强调系统对数据更深层次的开发与利用，进而利用信息处理技术来分析物流企业经营状况及其外部环境等因素；充分利用现代信息技术，提高物流管理水平和服务水平。

一、物流信息系统开发的基本原则

（一）坚持系统思想，运用系统方法

由于物流信息系统是一个综合信息管理系统，其本身就有着鲜明的整体性、综合性、层次性和目的性，其内部也包含了多个子系统，同时它又要求必须与管理活动和组织职能形成相互协调、相互联系的关系，因此新系统目标的确定、逻辑模型的设计必须坚持系统思想，运用系统方法进行分析与综合。

（二）内部条件与外部环境相结合

管理信息系统的运行，不但受到企业内部人、财、物等资源的限制，还受到外部环境因素的制约，例如政府的有关法令法规、自然环境、市场情况等。系统分析时，必须把内部条件与外部环境相结合，保证子系统之间、系统与环境之间相协调，使系统达到最佳的总体特性。

（三）立足原系统、高于原系统原则

尽管新系统是未知的，但是它不能凭空想像，其逻辑模型的设计必须以现行系统为基础，即立足原系统。例如，某公司承担一企业工资管理部分的系统开发，最后当开发出来的系统投入试运行时，发现所开发的系统与实际工作相差甚远，究其原因，问题出在系统分析阶段。原来在系统分析阶段，就没有对现行系统进行认真的调查研究，认为工资管理是一种非常简单的、规范的工作，忽略了该企业的特殊情况，在新系统逻辑模型的设计中，完全按开发人员个人的理解和认识设计模型，结果使得系统的使用和维护产生困难。

但是原系统，尤其是手工管理系统受人的生理限制，或其他原因，总是存在这样或那样的问题，例如在企业会计工作中，除保存凭证外，还设置总账、二级账……明细账等（如设置物品库、出库和库存的数量账、产品销售的数量账），若按现行系统建立新系统的逻辑模型，就会使数据存储大量重复，从而造成占用大量存储空间，数据不一致，操作变复杂等问题。致使企业有些工作不规范，随意性大、管理工作不完善，缩短了新系统的生命周期。

基于原系统、高于原系统的系统分析原则要求系统分析工作既不能脱离实际、凭空想象，

又要对现行系统中不合理的管理体制、管理模式、思想观念、工作方法以及传统习惯等进行大胆的改革和正确的引导，从而充分发挥信息技术的能力，提高工作效率，提高管理水平。

（四）用户参与原则

用户将来就是系统的使用者，他对整个物流信息系统是最有发言权的。同时用户在参与过程又在不断地反馈对系统的看法，这样能让系统分析员花最少的时间就能准确地了解用户的想法和需求。尽管系统分析员在系统分析阶段要熟悉业务，但是毕竟时间有限，缺乏实践，因此在系统分析的过程中，要有具有较多工作经验的业务人员参与工作，这样使系统分析员能及时掌握用户情况，便于交流，能及时修改或补充用户需求，使用户尽早熟悉系统。

另外，还有“自顶向下”与“自底向上”开发策略相结合的原则。

二、结构化系统开发方法

结构化系统开发方法是迄今为止开发方法中应用最普遍、最成熟的一种方法。目前常用的系统开发方法有：结构化系统分析与设计方法，原型方法，面向对象的方法，计算机辅助软件工程方法等等。为了能对这四种常用方法有更加具体的了解，下面进行详细讨论。

（一）结构化系统开发方法的基本思想

结构化系统开发方法的基本思想是：用系统工程的思想和方法，按用户至上的原则，以结构化、模块化的方式，自顶向下地对系统进行分析与设计。它也是迄今为止开发方法中应用最普遍、最成熟的一种。具体来说，就是先将整个系统开发过程化为若干个相对独立的阶段，如系统规划、系统分析、系统设计和系统实施等过程。

（二）结构化开发方法的特点

1. 自顶向下整体性的分析与设计和自底向上逐步实施的系统开发过程。在系统分析与设计时要从全局考虑，采用自上向下的方法，即从全局到局部、从整个系统到子系统、从子系统到功能模块，一层层自顶向下进行分析与设计，而在系统实现时，则要根据要求先编制一个个具体的功能模块，调试实现后，再向上综合成一个个子系统，再综合，自底向上逐步实现整个系统。

2. 用户至上。用户对系统开发的成败是至关重要的，故在系统开发过程中要面向用户，充分了解用户的需求和愿望。

3. 深入调查研究。强调在设计系统之前，深入用户单位，详细地调查研究，努力弄清实际业务处理过程的每一个细节，然后分析研究，制定出科学合理的新系统设计方案。其中，要对现行系统进行模拟、改建，以便于计算机处理，按照面向用户需求的观点，建立能反映实际事务的功能模块。

4. 严格区分工作阶段。把整个系统开发过程划分为若干个工作阶段，每个阶段都有其明确的任务和目标。在实际开发过程中要求严格按照划分的工作阶段，一步步地开展工作，如遇到较小、较简单的问题，可跳过某些步骤，但不可打乱或颠倒次序。

5. 充分预料可能发生的变化。系统开发是一项耗费人力、财力、物力且周期很长的工作，一旦周围环境（组织的内外部环境、信息处理模式、用户需求等等）发生变化，都会直接影响到系统的开发工作，所以结构化开发方法强调在系统调查和分析时对将来可能发生的变化给予充分的重视，强调所设计的系统对环境的变化具有一定的适应能力。

6. 工作文件标准化和文献化。新系统开发过程中的工作内容(研究记录、分析报告等)都必须形成固定格式的文本(填写在一定格式的图表上),各种图表工具都要求标准化。标准化文献供用户参考使用,供开发工作者查阅,便于开发的连续性和再扩充。

(三)结构化系统开发的生命周期

用结构化系统开发方法开发一个系统,将整个开发过程划分为五个首尾相连接的阶段,一般称之为系统开发的生命周期见图 10.1.1。

系统开发生命周期各阶段的主要工作有:

1. 系统规划阶段。系统规划阶段是根据用户的系统开发请求,进行初步调查,明确问题,确定系统目标和总体结构,确定分阶段实施进度,然后进行可行性研究。

2. 系统分析阶段。系统分析阶段是分析业务流程,分析数据与数据流程,分析功能与数据之间的关系,最后提出分析处理方式和新系统逻辑方案。

3. 系统设计阶段。系统设计阶段是进行总体结构设计、代码设计、数据库/文件设计、输入输出设计、模块结构与功能设计。与此同时,根据总体设计的要求,购置与安装一些设备,进行试验,最终给出设计方案。

4. 系统实施阶段。系统实施阶段的任务是:编制程序、人员培训、数据准备、试运行等。

5. 系统运行阶段。系统运行阶段的任务是:进行系统的日常运行管理、评价系统和局部调整。然后分析结果,如果结果良好,系统将维持现状运行;如果有问题,则对系统进行修改、维护或者是局部调整;如果出现了矛盾不可调和的大问题(这种情况一般是系统运行若干年之后,系统运行的环境已经发生了根本的变化时才可能出现),则用户将会进一步提出开发新系统的要求。开发新系统要求的提出标志着老系统生命的结束,新系统即将诞生。这个全过程就是系统开发生命周期。在每一阶段均有小循环,不满足要求时则修改或返回到起点。

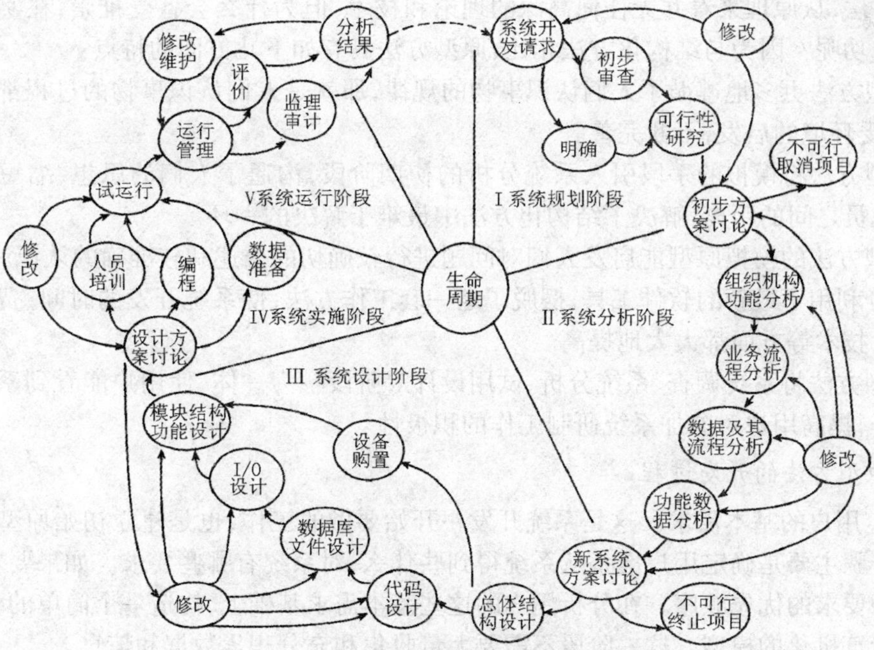

图 10.1.1　结构化系统开发生命周期

(四)结构化系统开发方法的优缺点

结构化系统开发方法的突出优点就是它强调系统开发过程的整体性和全局性,强调在整体优化的前提下来考虑具体的分析设计问题,即自上向下的观点。它强调的另一个观点是严格地区分开发阶段,一步一步地进行系统分析和设计,每一步工作都及时地总结,发现问题及时进行反馈和纠正,避免开发过程的混乱状态。

但是,随着时间的推移,这种开发方法也逐渐地暴露出了很多缺点和不足。最突出的表现是它的开发周期过长,因为此方法力争在充分了解需求后一次开发完成所有的任务。同时该方法也缺乏灵活性,即由于开发、设计的目标必须比较明确,不能适应开发过程中的环境、需求的变化。该方法也造成了开发人员和用户的交流困难。众所周知,用户和开发人员之间在业务知识和计算机技术的了解方面存在矛盾,该方法对解决这些矛盾也存在障碍。

三、原型方法

原型方法是20世纪80年代随着计算机软件技术的发展,特别是在关系数据库系统(RDBS)、第四代程序语言(4GL)和各种系统开发生成环境产生的基础上,提出的一种从设计思想、工具、手段都全新的系统开发方法。

(一)原型方法的基本思想

它的基本思想是试图改进生命周期法的缺点,在短时间内先定义用户的基本需求,通过强有力的软件环境支持,开发出一个功能并不十分完善的、实验性的、简易的信息系统原型。运用这个原型,与用户一起反复进行补充、修改、完善、发展,直至得到用户满意的系统。所以,原型方法依据的基本模型是循环或迭代模型。

(二)原型方法的特点

原型方法,从原理来看并无任何高深的理论和技术,但为什么会备受推崇,在实践中获得了巨大的成功呢?因为与结构化方法相比,原型方法具有如下几方面的特点:

1. 原型方法更多地遵循了人们认识事物的规律,那就是人们认识事物的过程都是循序渐进的,不断受环境的启发,不断完善。

2. 原型方法将模拟的手段引入系统分析的初期阶段,沟通了人们的思想,缩短了用户和系统分析人员之间的距离,解决了结构化方法中最难于解决的一环。

3. 原型方法的模拟原型能启发人们对问题进行较确切的描述和较准确的认识。

4. 充分利用了最新的软件工具,摆脱了老一套工作方法,使系统开发的时间、费用大大地减少,效率、技术等方面都大大地提高。

5. 原型方法将系统调查、系统分析、试用设计等阶段融为一体,使用户能看到系统实现后是什么样子,提高用户对参加系统研制工作的积极性。

(三)原型方法的开发过程

1. 确定用户的基本需求。这是系统开发一开始要做的工作,也是建立初始原型的必要条件。这一步骤主要是确定用户准备从系统得到些什么,对系统有哪些要求。如果要求较多,还要确定各种要求的优先顺序。在分析用户的这些基本需求基础上,构造一个简单的、并不完整和完善的计算机化的模型。这一阶段不需要大量收集和充分积累数据和信息。

2. 建立系统初始原型。根据构造的模型,采用快速技术,开发出一个尽量满足用户基本要求和习惯的初始系统模型。

3. 运行和评价原型。将开发出来的系统原型交用户使用。用户在使用过程中检验、评价这个原型，如不满意或者不满足，再提出意见和要求，请求修改完善。

4. 修改旧原型、建立新原型。根据用户提出的意见和要求，对旧原型进行修改、完善或扩充，构造新的系统原型，再重复第三步，即将修改、完善后的新原型交给用户运行和评价。

第三步和第四步是一个反复迭代的过程，直至用户满意为止。

5. 建立最终系统。用户满意的系统可能是一个新系统，也可能是完善系统的开发基础。这一步是改进数据管理的例行程序，增强辅助用户使用系统的功能，以及完成系统说明的各种资料和说明等。

原型方法的工作过程如见图 10.1.2 所示。

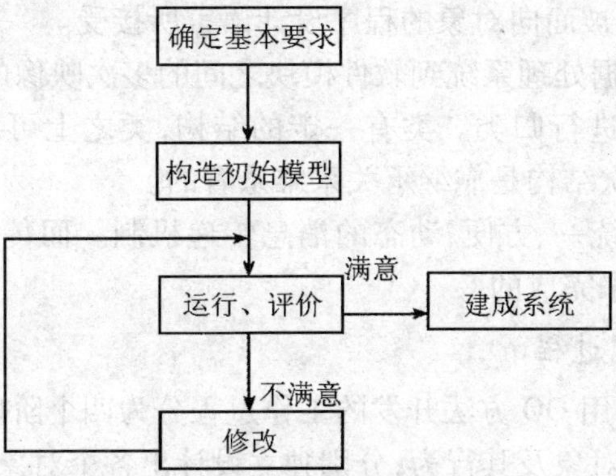

图 10.1.2　原型方法的工作过程

(四)原型法的优缺点

原型法的优点是开发周期短、见效快，开发成本低，可逐步投资，需求或设计不正确可及时修改，用户始终参与开发，能及时纠正错误。

其缺点是系统开发的管理较困难，系统的许多方面没有明确目标，而处于不断修改的状态下，开发人员控制较难，容易造成混乱。同时，原型法是一种模拟方法，对许多内部处理程序和拥有大量逻辑计算的功能模块等均无法模拟。

总之，原型方法是在信息系统研制过程中的一种简单的模拟方法，与最早人们不经分析直接编程时代以及结构化系统开发时代相比，它是人类认识信息系统开发规律道路上的“否定之否定”。它站在前者的基础之上，借助于新一代的软件工具，螺旋式地上升到了一个新的更高的起点。这“扬弃”了结构化系统开发方法的某些繁琐细节，继承了其合理的内涵，是对结构化开发方法的发展和补充。这种相互补充、相互促进的系统开发方式将会是今后若干年信息系统或软件工程中所使用的主要方法。

四、面向对象的开发方法

面向对象的系统开发方法（Object Oriented，简称 OO 方法）是从 20 世纪 80 年代各种面向对象的程序设计方法逐步发展而来的。

(一)OO 方法的基本思想

OO 方法认为，客观世界是由各种各样的对象组成的，每种对象都有各自的内部状态和运动规律,不同的对象之间的相互作用和联系就构成了各种不同的系统。当我们设计和实现一个客观系统时,如能在满足需求的条件下,把系统设计成由一些不可变的(相对固定)部分组成的最小集合,这个设计就是最好的。而这些不可变的部分就是所谓的对象。这种方法的主要思路是所有开发工作都围绕对象展开,在分析中抽象地确定出对象以及其他相关属性,在设计中将对象严格地规范,在实现时严格按照对象的需要来研制软件工具,并由这个工具按设计的内容,直接地产生出应用软件系统。面向对象的方法是一种基于问题对象的自底向上的开发方法论。

(二)OO 方法的特点

1. 以独立对象为基础,整个系统是各个独立对象的有机结合。

2. 对象是一个被严格模块化了的实体,称之为封装。这种封装了的对象满足软件工程的一切要求,而且可以直接被面向对象的程序设计语言所接受。

3. 解决了从电子数据处理系统到软件模块之间的多次映像的复杂过程。

4. 对象可按其属性进行归类。类有一定的结构,类之上可以有超类,类下可以有子类。这种对象或类之间的层次结构是靠继承关系维系着的。

5. 各种对象之间有统一、方便、动态的消息传递机制。而传递的方式是通过消息模式和方法所定义的操作过程来完成的。

(三)OO 方法的开发过程

按照上述思想,可将用 OO 方法开发的工作过程分为四个阶段:

1. 识别客观世界中对象及其行为,分别独立设计出各个对象的实体。

2. 分析对象之间的联系和相互所传递的信息,由此构成信息系统的模型。

3. 由信息系统模型转换成软件系统模型,需要对各个对象进行归类和整理,并确定各对象之间的层次与从属关系。

4. 由软件系统模型转换成现实系统。

(四)OO 方法的优缺点

OO 方法以对象为基础,利用特定的软件工具直接完成从对象实体的描述到软件结构之间的转换。这是OO 方法最主要的特点和成就。OO 方法的应用解决了传统结构化开发方法中客观世界描述工具与软件结构的不一致性问题,缩短了开发周期,解决了从分析、设计到软件模块结构之间多次转换映像的繁杂过程,是一种很有发展前途的系统开发方法。但是同原型方法一样,OO 方法需要一定的软件基础支持才可以应用,另外在大型的 MIS 开发中,如果不经自顶向下的整体划分,而是一开始就自底向上地采用 OO 方法开发系统,同样也会造成系统结构不合理、各部分关系失调等问题。所以 OO 方法和结构化方法目前仍是两种在系统开发领域相互依存的、不可替代的方法。

五、计算机辅助软件工程方法

自计算机在工商管理领域应用以来,系统开发过程,特别是系统分析、设计和开发过程,就一直是制约信息系统发展的一个瓶颈。这个问题一直延续到 20 世纪 80 年代,计算机图形处理技术和程序生成技术的出现才得以缓和。解决这一问题的工具就是集图形处理技术、程序生成技术、关系数据库技术和各类开发工具于一体的 CASE。

（一）CASE 方法的基本思路

CASE 方法解决问题的基本思路是：在前面所介绍的任何一种系统开发方法中，如果对象系统调查后，系统开发过程中的每一步都可以在一定程度上形成对应关系的话，那么就完全可以借助于专门研制的软件工具来实现上述一个个的系统开发过程。这些系统开发过程中的对应关系包括：结构化方法中的业务流程分析、数据流程分析、功能模块设计、程序实现、业务功能一览表、数据分析、指标体系——数据/过程分析——数据分布和数据库设计，数据库系统等等；OO 方法中的问题抽象——属性、结构和方法定义、对象分类、确定范式——程序实现等等。

另外，由于在实际开发过程中上述几个过程很可能只是在一定程度上对应（不是绝对的一一对应），故这种专门研制的软件工具暂时还不能一次"映像"出最终结果，还必须实现其中间过程，即对于不完全一致的地方由系统开发人员再作具体修改。上述 CASE 的基本思路决定了 CASE 环境的特点：

1. 在实际开发一个系统中，CASE 环境的应用必须依赖于一种具体的开发方法，例如结构化方法、原型方法、OO 方法等等。而一套大型完备的 CASE 产品，能为用户提供支持上述各种方法的开发环境。

2. CASE 只是一种辅助的开发方法。这种辅助主要体现在它能帮助开发者方便、快捷地产生出系统开发过程中各类图表、程序和说明性文档。

3. 由于 CASE 环境的出现从根本上改变了我们开发系统的物质基础，从而使得利用 CASE 开发一个系统时，在考虑问题的角度、开发过程的做法以及实现系统的措施等方面都与传统方法有所不同，故常有人将它称之为 CASE 方法。

（二）CASE 的特点

CASE 方法与其他方法相比，一般的来说有如下几方面的特点：

1. 解决了从客观世界对象到软件系统的直接映像问题，强有力地支持软件/信息系统开发的全过程。

2. 既支持自顶向下的结构化开发方法，又支持自底向上的面向对象和原型化开发方法。

3. 简化了软件的管理和维护，加速了系统的开发过程，使开发者从繁杂的分析设计图表和程序编写工作中解放出来。

4. 自动生成文档和程序代码，使系统产生了统一的标准化文档。

5. 着重于系统分析与设计，具有设计可重用性等。

（三）CASE 方法的优缺点

尽管 CASE 工具在系统开发的一些方面提供了方便，它能够加快分析和设计的速度，利于重新设计，但它并不能做到系统设计的自动化，并且无法使业务上的需求自然而然地得到满足。系统分析和设计工作仍然要依靠分析与设计者的分析技能。

六、各种开发方法的比较

目前工具技术的发展主要支持的都是在信息系统开发的后几个环节，例如系统实施、系统设计和系统分析中各种流程图的绘制等，这就导致了信息系统开发工作中工作量重心的偏移。

就国外最新的统计数据来看，在信息系统开发过程中各环节工作量所占的比重见表 10.1.1。

表 10.1.1　　开发过程中各环节所占的比重

阶段	调查	分析	设计	实现
工作量	>30%	>40%	<20%	<10%

从表 10.1.1 中不难看出,系统调查和需求分析两个环节占到总开发工作量的 60% 以上,而系统设计和系统实现两个环节只占总开发工作量的不到 40%,其中原来在开发工作中占工作量最大的编程与调试工作,而今只占不到 10% 的工作量。这一切都要归功于 4GL、RI)BS 以及各种开发工具的出现。

前面所讨论过的几种常用方法对系统开发过程中的几个主要环节支持情况如何呢?我们分析如下:

(一)原型方法

它是一种基于 4GL 的快速模拟方法。它通过模拟以及对模拟后原型的不断讨论和修改最终建立系统。要想将这样一种方法应用于一个大型信息系统开发过程中的所有环节是根本不可能的,故它多被用于小型局部系统或处理过程比较简单的系统的设计到实现环节。

(二)面向对象法

它是一种围绕对象进行系统分析和系统设计,然后用面向对象的工具建立系统的方法。这种方法可以普遍适用于各类系统开发,但是它不能涉足系统分析以前的开发环节。

(三)CASE 方法

它是一种除系统调查外全面支持系统开发过程的方法,同时也是一种自动化(准确地说应该是半自动化)的系统开发方法。因此从方法学的特点来看,它具有前面所述方法的各种特点,同时又具有其自身的独特之处——高度自动化的特点。但值得注意的是,在这个方法的应用以及 CASE 工具自身的设计中,自顶向下、模块化、结构化却是贯穿始终的。这一点从 CASE 自身的文档和其生成系统的文档中都可看出。

综上所述,只有结构化系统开发方法是真正能较全面支持整个系统开发过程的方法。其他几种方法尽管有很多优点,但都只能作为结构化系统开发方法在局部开发环节上的补充,暂时都还不能替代其在系统开发过程中的主导地位,尤其是在目前系统开发工作量最大的系统调查和系统分析这两个重要环节。需再一次强调的是,上面所列举的几种方法不是相互独立的,它们经常是可以混合应用的。

第二节　物流信息系统的开发过程

物流信息系统的开发过程遵循一般信系统的开发过程,可以划分成 5 个主要阶段:调查研究阶段、系统分析阶段、系统设计阶段、系统实施阶段和维护评价阶段,这些阶段的顺序如图

10.2.1 所示。

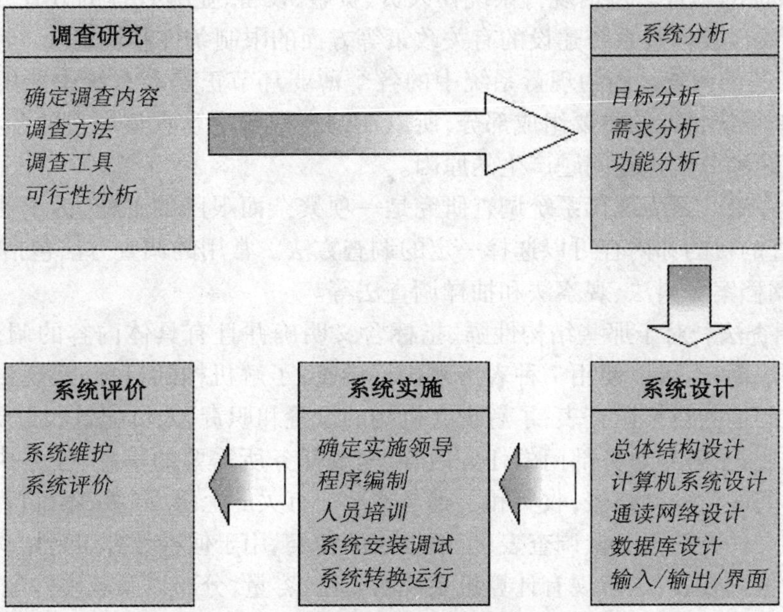

图 10.2.1　信息系统开发的阶段示意图

一、调查研究阶段

物流信息系统设计的目的是为了在现行系统的基础上经过改建或者重建得到一个新系统。因此，在对新系统进行分析和设计之前，必须对现行系统进行全面、充分的调查研究和分析。调查研究阶段包括两方面的主要内容：对现行系统的调查研究和新系统开发的可行性研究。

对现行系统的调查研究就是为新系统的开发进行原始资料的准备，并且使系统开发人员获得对现行系统的感性和理性认识。调查研究工作的主要内容包括确定调查的内容、使用的调查方法以及调查中使用的图表工具等。

调查的内容包括：

1. 系统环境和运行状态的调查，包括现行系统的发展历史、目前规模、经营状况、发展战略以及业务范围与外界联系等，以便确定系统的边界、外部环境和接口以及目前的管理水平等内容。

2. 组织机构和人员分工的调查，包括了解现行系统的组织机构、领导关系和人员分工等情况，以便了解企业组织的构成、业务分工、人力资源的开发利用等信息。

3. 业务流程的调查，具体内容包括全面细致地了解企业各有关业务部门的业务内容流程和信息的流通情况，以及了解各种输入、输出、处理、处理速度、处理量和处理质量等信息。

4. 调查各种计划、单据和报表的处理情况。因为计划、单据和报表都是信息的载体，所以凡是与业务有关的所有手工保存和传递的载体都要全面收集，并且了解其产生源、使用的部门、发生周期、用途以及包含的数据项、含义、长度和类型，以便用于信息的分析和统计。

5. 资源情况的调查。包括人力、物力、资金、设备、建筑和布局等情况，另外还包括已经配置的计算机的名称、型号、功能、容量、外设、操作系统、语言、数据库、处理汉字的能力、目前的使用状况以及存在的问题等。

6. 约束条件的调查。包括现行系统在人员、资金、设备、业务处理的方式、时间和地点、国家对企业的发展以及信息系统建设的有关政策等方面的限制条件和规定。

7. 薄弱环节的调查。因为现行系统中的各个薄弱环节正是新系统中要解决和改进的主要问题,也是新系统目标的重要组成部分,所以在调查中要注意收集用户的各种意见和要求,发现存在的问题和分析这些问题产生的原因。

选择调查方法。因为现行系统调查研究是一项繁杂而艰巨的工作,为了使该任务能顺利进行,根据调查的目的和内容可以选择一定的调查方法。常用的调查方法包括表格调查法、座谈调查法、查阅档案资料法、观察法和抽样调查法等。

1. 表格调查法。对于那些结构性强、指标含义明确并且有具体内容的调查,适合使用表格来调查。一般而言,可以使用7种表格来执行调查:了解机构的目标、实现目标的关键成功因素以及存在问题的目标调查表;了解现有机构的设置和职责、人员配备和素质等基本情况的组织机构调查表;了解各业务部门的任务内容、完成任务所需要的信息、任务执行过程以及完成任务所需时间的任务调查表;收集和了解与本部门有关的上级、同级、本部门、下属单位各类文件的数量和文件类的信息量调查表;了解报表的种类、用于何种任务、特性、保留期限以及信息量的报表数据调查表;了解现有计算机系统的类型、容量、分布以及软硬件配置情况,为物理配置作参考的计算机资源调查表;了解计算机应用情况和水平的计算机应用项目调查表。

2. 座谈调查法。这是一种通过调查人员与被调查人员面对面的有目的的谈话,获取所需资料的调查方法。一般来讲,有两种形式的座谈方式:一是调查者事先拟好访谈提纲,有顺序地提问,让被调查者回答;二是调查者与被调查者通过自由交谈而了解所需资料。这种调查方式适用于那些结构性差、使用调查表不易填写清楚的任务内容。

3. 查阅档案资料法。该方法就是查阅企业的各种各样的定性的和定量的文件,例如通过查阅企业的总体规划、年度计划、年终工作总结、库存记录、销售和生产经营报告可以对企业有一个总体印象;通过查阅企业的资产负债表、损益表和现金流量表可以了解企业的经济实力和经营状况;通过查阅企业的备忘录工作手册、条例规范、生产指南和政策手册等可以了解企业的文化和管理现状。

4. 观察法。观察法是一种深入现场,直接对调查对象的情况进行观察记录、取得第一手资料的调查方法,这种方法可以提高信息的可靠性。观察可以分为两部分内容:对人的行为观察和对非行为的客观事物的观察。对人的行为可以通过对体态语言的观察作出判断,对客观事物的观察包括对各种有关记录资料、实物(设备、办公室和建筑物等)和设备运转的调查,以便了解被调查者的信息需求。

5. 抽样调查法。这种方法是根据概率统计的随机原则,从被研究系统的大量工作中抽选部分任务执行过程进行调查,然后将统计结果推广到整个系统中。这种方法适用于那些需要全面资料而又不能进行普查、或在实际工作中普查困难、或没必要进行普查的调查内容。

调查中使用的图表工具。在对现行系统调查中,通常会收到大量的资料、报表以及业务流程。为了帮助系统分析员整理思路、方便地与用户交谈,可以借助一定的图表工具。目前,最常用的图表工具是现行系统流程图和概况表。现行系统流程图是使用一些预先定义好的各种图形符号来分析和描述现行系统业务流程的重要工具,而现行系统概况表是对流程图的概括文字说明,该概况表包括对输入功能、处理功能、存储功能和输出功能的详细描述。

可行性研究。可行性研究是在项目投资之前对项目建设的各种方案、新产品方案、技术方案和生产经营方案的实施可能性、技术先进性和经济合理性进行调查研究并分析、计算和评价的一种科学方法。可行性研究的任务是研究项目是否可行,并预测建成后可能取得的技术经济效果,为保证投资决策的正确性提供科学依据。信息系统的开发是一项投资多、耗时长而且风险大的工程项目,为了避免盲目投资、减少不必要的损失,在信息系统正式开发之前就要对系统开发的必要性和可能性进行分析。

第一,分析信息系统的必要性,包括直接明显的必要性和可预见的必要性。

第二,分析建立信息系统的可能性,包括技术方面的可能性、经济方面的可能性、运行和维护方面的可能性。

二、系统分析阶段

系统分析是信息系统开发工作中的一个重要阶段。该阶段运用系统的观点和方法对现行系统进行目标分析、需求分析和功能分析,在系统分析的基础上,可以设计出信息系统的逻辑模型。最后,完成系统分析说明书。

目标分析包括两方面的内容,即待开发的系统的组织目标分析和未来的新系统目标分析。

1. 组织目标分析。信息系统是为一定的组织服务的,因此在开发信息系统时,首先应该清楚该系统的组织目标。组织目标分析的步骤是:根据系统调查的结果,分析和归纳现行系统中的关键问题并且列出问题表;根据问题表,列出目标树;在目标树中,顶层是总目标,依次为各层的分目标,最下层是为实现目标应该具备的功能;分析各分目标以及分目标之间的关系,确定解决目标冲突的方法和各项具体措施的考核方法;最后分析各分目标在系统中所起作用的重要程度,重新排列问题表。

2. 新系统的目标分析。新系统目标分析是在原系统组织目标分析的基础上,确立新系统应该在哪些方面发挥作用以及如何发挥作用。一般地,研制的新系统应该在这几个方面发挥作用:辅助决策功能,期望达到的目标包括系统预测、计算机辅助决策、系统仿真与控制和各种查询和统计等;辅助管理功能,期望达到的目标是实现办公室自动化。

需求分析。在现行系统调查阶段,系统分析人员除了对企业各有关部门的业务流程进行调查之外,还向各级管理人员和业务人员对系统处理事务的能力和决策功能的需求进行分析,这些分析内容包括:

1. 结合业务流程图,按照管理目标,分析事务处理能力需求的合理性,在对不合理的业务流程进行调整的同时,还需要对事务处理能力进行调整。

2. 从理论上分析决策功能需求的合理性。

3. 根据需求内容和企业对信息系统的投资规模,综合分析平衡各项需求,找出关键需求,拟出解决这些问题的初步计划,为功能分析打下基础。

功能分析。功能是指新系统为了实现组织的目标而具有的功能。功能具有层次结构和信息关联两个特点。一般情况下,使用结构化系统分析和设计技术(Structured Analysis and Design Technique,SADT)。SADT是一种功能和数据分析与分解相结合的技术,这种技术的中心问题是将功能逐层分解为多个子系统,并且在功能分析的同时进行相应的数据分析和分解。整个分析过程和结果可以使用数据流程图(Data Flow Diagram,DFD)来表示。图10.2.2显示了功能分解中基本元素的分解示意图。

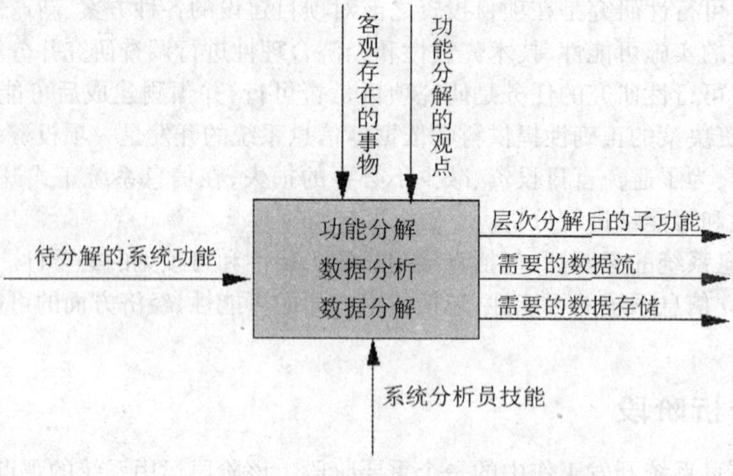

图 10.2.2 功能分解的基本元素示意图

建立新系统的逻辑模型。在目标分析、需求分析和功能分析的基础上,可以建立新系统的逻辑模型。该逻辑模型是由一组图表工具组成的,在逻辑上表示了要达到的新系统目标所具有的各种功能,同时还可以表示输入、输出、数据存储、信息流程、系统边界和环境等新系统的概况。用户可以通过逻辑模型来了解未来的新系统,提出改进意见和要求。一般来讲,新系统的逻辑模型主要由数据流程图(Data Flow Diagram,简称 DFD)、数据字典、处理逻辑表达工具和数据立即存取图等组成。DFD 图是新系统逻辑模型的主要组成部分,基于 SADT 理论,使用标准的流程图符号,从不考虑物理内容的逻辑上描述新系统的功能、输入、输出和数据存储等。数据字典是在新系统 DFD 图的基础上,进一步定义和描述所有的数据项、数据流、数据结构以及数据存储的详细逻辑内容与特征的工具。为了更加清楚地表达数据字典中的逻辑功能,可以使用一些处理逻辑的表达工具,例如决策树、判断表和结构英语等来分析和表达一个处理逻辑的功能。决策树是使用树的形式来表达不同情况下的不同处理,判断表是使用表格形式来表示逻辑的判断过程,结构英语是一种模仿计算机的语言格式来表示处理逻辑的规范化语言。数据立即存取图是表示不同的用户对不同数据的存取要求,例如确定哪些数据的立即存取要求是必要的、能够实现哪些实时查询以及如何表达用户对数据立即存取的要求等。

逻辑设计说明书是新系统分析阶段的成果,也是作为系统设计依据的权威性文件。逻辑设计说明书的主要内容包括:

1. 现行系统情况简述。
2. 新系统的目标,这也是新系统的验收标准。
3. 数据流程图的进一步说明。
4. 输入、输出要求。
5. 数据存储的要求。
6. 与其他子系统的关系。
7. 开发费用与时间的估计。
8. 其他方面的内容。

三、系统设计阶段

系统设计又称为物理设计,系统设计就是根据新系统的逻辑模型来建立物理模型,解决系统如何干的问题。系统设计就是依据一定的原则完成系统物理设计的全部内容。系统设计的主要内容包括系统的总体结构设计、计算机系统设计、数据通信网络设计、数据库设计、输入输出设计和界面设计等。最后,完成系统设计说明书。

系统设计的原则。系统设计的优劣直接影响到新系统的质量和经济效益。衡量一个信息系统设计的好坏,一般从这 5 个方面来考虑:

1. 系统的工作效率,这是指系统处理能力、速度和响应时间等与时间有关的指标。

2. 系统的可靠性,这是指系统在运行过程中抗干扰和保证正常工作的能力。

3. 系统的工作质量,这是指系统提供信息的准确度以及各种输出功能与使用的方便性等。

4. 系统的柔性,这是指系统修改和维护的难易程度。

5. 系统的经济性,这是指系统的收益应该大于支出的总费用。

系统总体结构设计是物理设备系统的系统级设计工作,目的是设计出物理系统的总体结构,其主要内容包括:

1. 确定物理系统的构成,包括确定信息处理存储设备、人机接口设备和通信设备等。

2. 确定物理系统的处理结构,可以选择的物理结构是集中式结构和分布式结构等。

3. 设计物理系统的通信结构,可以选择的通信结构是近距离多机系统、中距离局部网结构和长距离远程计算机网结构。

计算机系统设计的目的是设计计算机系统的配置、确定机型以及按照总体结构布局配置设备等,主要工作包括:

1. 工作负荷分析,包括分析信息系统的各应用系统的作业类型和作业量、研究整个信息系统的作业类型和作业量和建立负荷模型等。

2. 计算机档次需求分析,包括 CPU 能力、内存储器最大容量和外存储器最大容量等。

3. 计算机选型,可以采取信息调查法、招标法、程序测试法和方案征集法等。

数据通信网络设计基于通用的、可以购买到的技术和设备,具体工作内容包括:

1. 通信资源及环境调查。

2. 通信要求分析。

3. 网络结构设计。

4. 通信设备配置和选择。

5. 通信协议和网络软件分析。

数据库设计。信息系统中的数据库系统是由数据库管理系统、数据库和相关应用程序组成。在数据库系统中,数据库管理系统可以从市场上销售的软件产品中购买,例如 Microsoft SQL Server 和 Oracle 等 DBMS 产品,而数据库和相关应用程序则必须根据用户的具体要求进行分析和设计,这些分析和设计工作称为数据库设计。数据库设计过程可以分为 4 个阶段:

1. 分析用户需求,包括数据要求、处理要求和限制条件等。

2. 视图设计,就是将用户数据需求明确地表达出来,设计逻辑数学模型。

3. 概念模式与外部模式定义,使用前面讲过的 ER 图、IDEF1x 图和 ODL 方法设计数据库模型。

4. 物理实现数据库的设计。

输入设计。数据输入是用户与计算机的主要接口,也是一项工作量大、手工作业多的操作，所以应该选择确保输入正确的合适的输入方式，并且具备输入数据校验的功能，这些就是输入设计的核心内容。一般地，输入设计包括3个方面的内容：

1. 选择合适的输入方式，这需要根据数据量的多少和处理要求来选择。例如，如果数据量不大，那么可以采用键盘直接录入；如果数据量非常大，那么需要使用磁盘、磁带和数据阅读器等工具录入。

2. 原始凭证的设计。一般情况下，企业经营过程中产生的数据首先记录在原始凭证上，然后再录入计算机中，所以应该保证原始凭证的设计适合于计算机的处理。

3. 输入数据的校验。为了保证数据录入的正确，一定要有确保数据正确的校验方式。常用的校验方式包括重复校验、静态校验、界限校验、平衡校验、逻辑校验和代码自身校验等。

输出设计。计算机系统的各种输出是用户处理日常管理业务和进行经营决策所直接需要的信息。输出设计的好坏直接影响系统的使用效果。输出设计的内容包括3个方面：

1. 输出类型的确定。从目前技术水平来看，可以选择的输出形式主要有4种：打印机输出、显示器输出、转向输出和中间文件输出。

2. 输出内容的设计。输出内容的设计可以分成两步进行：

(1)确定输出信息使用方面的要求，包括使用者、使用目的、输出速度、使用频率、数量以及保密与安全要求等。

(2)输出信息的内容设计，包括信息形式（表格、图形、文字）、输出项目、数据结构、类型、长度和取值范围等。

3. 表格设计。输出结果主要是通过一定的表格形式表现出来供用户使用的，其信息可以分为两个部分：一部分是固定的表头信息，另一部分是数据处理之后的结果内容。

界面设计。界面主要指在计算机应用程序运行中，使用者与计算机系统之间通过终端屏幕或者其他装置进行一系列交替的询问与问答。一般地，界面有3种结构：菜单式、填表式和问答式。

1. 菜单式是指系统通过屏幕显示一组选项目录，用户可以将光标置于相应的位置以便进行选择。通过一系列菜单的显示和选择，可以使用户逐级进入到各个具体层次中。

2. 填表式是指系统将需要输入的项目先显示在屏幕上，然后用户根据项目输入相应的数据。

3. 问答式是指当应用程序执行到一定阶段时，在屏幕上提出问题，待用户回答之后再继续运行。

系统设计说明书是系统设计阶段的主要成果，也是系统实施的重要依据，主要内容包括：

1. 硬件系统的设计。

2. 模块设计。

3. 输入、输出和界面的详细设计说明。

4. 网络设计和计算机过程的设计说明。

5. 数据库及文件的设计说明。

6. 人工过程的有关设计。

7. 实施方案的总计划。

8. 实施方案的审批。

四、系统实施阶段

系统实施主要是实现系统设计阶段完成的新系统物理模型，该阶段将投入大量的人力、物力和时间。系统实施之后，用户部门的组织机构、人员、设备和工作方式等都将发生重大变革。因此，在系统实施阶段，必须根据系统设计说明书的要求，进行组织、安排计划和培训人员等。系统实施阶段的工作内容包括确定系统实施的领导、程序的编制、人员培训以及系统调试和转换等。

系统实施的领导。由于系统实施阶段占用时间长、耗用资源多、涉及面广，因此必须组建由用户单位最高领导担任组长的系统实施领导小组，领导和协调系统实施的工作。领导小组负责编制系统实施计划、检查计划和调整计划，协调和解决系统实施过程中的一切问题。

程序编制的依据是系统分析与设计阶段产生的过程结构图、编码、决策树、判断表、程序说明书和流程图等。程序编制人员根据以上资料和统一选择的工具语言进行程序的设计。衡量程序质量的指标包括：易修改性、易扩展性和易使用性等。在程序编制的过程中，应该有明确的规范，要保证资料的完整性和成果的文档化。程序的设计应该采用结构化程序设计方法。在程序和系统的调试中，不仅要测试正常情况下的运行，还应该测试在错误和例外条件下的运行，例如，进行随机数据测试、用逻辑测试数据和典型数据测试等。

人员培训。信息系统是一个人机系统，需要很多人参与和工作，这些人将承担人工过程的处理和计算机操作工作。为了保证新系统能够顺利进行，必须培训他们以便适应新系统的操作要求。

为了保证新系统运行的正确性和有效性，必须作好系统的调试和转换工作。调试工作分为计算机系统调试和系统总调试两大阶段。计算机系统调试就是在程序员将各自编写的程序单独调试成功之后，由系统分析员组织程序的联调。系统总调试不仅包括计算机过程，也包括人工过程和操作环境，通过系统总调试可以看到新系统的全貌。

系统调试完毕之后，需要进行新老系统的转换。系统转换的工作有 4 种形式：

1. 直接转换，没有过渡阶段。
2. 平行运行，即新老系统在一段时间内平行运行。
3. 试运行方式。该方式在一些关键处理上进行试运行。
4. 逐步转换，即分批进行转换。

五、系统评价阶段

系统评价阶段包括系统维护和评价两方面的内容。

信息系统是一个复杂的大系统，系统内外环境的变化、各种人为的和机器的影响等，要求系统能够适应这种变化并且不断完善，这就需要系统的维护。系统维护的主要目标是：保证系统正常运行；保证系统资源的有效使用；在运行和维护中使系统不断完善；在运行维护中使系统功能得到扩充以及在运行维护中使系统效率得到提高。具体地说，系统维护的任务包括：

1. 程序维护。
2. 数据文件的维护。
3. 代码维护。
4. 机器、设备的维护。

5. 机构和人员的变动。

当系统完成和运行之后,应该对系统原来设计的目标是否能够达到以及达到的程度进行评价。系统评价的内容包括 4 个方面的内容:

1. 目标分解的合理性和达到目标的情况。

2. 系统运行的适应性,包括系统使用、维护的方便性、系统的可靠性、稳定性以及用户满意程度等。

3. 系统的安全性和保密性。

4. 系统的经济效益和社会效益。

第三节　编码模型设计

物流信息系统中的各种数据都是来自于一个个成熟的编码模型,没有一个正确、适用的编码模型对大量数据进行设计、规范,就没有一个成功的物流信息系统。建立科学、完整的编码模型是管理信息系统成功应用的前提。编码设计及编码管理是管理信息系统的基础工作和重要组成部分,编码是表示实体或属性的符号。在管理信息系统中,编码是人和机器的共同语言,是便于进行信息分类、校对、统计和索引的关键。编码模型设计及其管理是实现一个管理信息系统的前提条件,编码设计的目的和任务是建立一套为系统各部分所公用的优化的编码模型,它是任何一个大的管理信息系统的基础。编码模型设计及其管理是管理信息系统中不可缺少的重要的组成部分。在管理信息系统中,一般编码是系统所用,而不为人所用。系统采用编码,处理起来简便、标准、节省存储空间,而用户所用到的和所看到的应该是实体名或属性值,一目了然。

在实际生活中,越来越多的编码用来标识事物,例如地区有邮政编码、公民有身份证号码、学生有学号、职工有职工号,还有电话号码、物品的条形码等。在管理信息系统中,编码是其中不可缺少的重要要素。

一、编码的含义及其作用

(一)编码的含义

编码是用来代表某实体或实体某属性的一种符号,通常由数码、字母组成。它是管理信息系统逻辑模型的组成部分。例如公民、学生、职工、电话就是实体,而身份证号码、学号、职工号、电话号码就是相应的编码。他们之间是一一对应的。再例如对于人这类实体来说,性别就是标识人的一个属性。若对性别进行编码,如采用"1"表示男、"0"表示"女",这就是对人的性别属性的编码。需要编码的实体或属性统称为编码对象,这里公民、学生、职工、电话、性别就是编码对象。

(二)编码的作用

1. 惟一地标识一个实体或属性值

在日常工作中,我们经常发现不同的实体,在某些方面有着相同名称,从而混淆了这些实体之间的差异。一般使用姓名,为什么还需要职工号来代表一个职工呢?这是因为职工的姓名不具有这种惟一性,在同一个企业会出现同名同姓的职工。遇上这种情况,还需要其他属性来区分不同的人。即使有时一些编码对象明明不同，却因为各个区域或各个部门对其称呼相同，而忽略了他们的不同。所以编码的目的就是区别这些不同的实体。

2. 系统集成的基础

现代的管理信息系统具有集成性，其计算机网络为系统集成提供了很好的物理基础，但是编码也是系统集成的另一个因素。例如，制造企业的不同职能与产品这类实体相关，不同职能部门管理有关产品的不同信息。如技术部门管理产品的材料定额、加工工艺数据等；劳动部门管理产品的工时定额；计划部门管理产品的生产计划数据；而生产部门和财务部门需要多个部门有关产品的数据，才可能进行产品的生产管理和成本核算。如果同一产品不同部门使用不同的编码，那么对生产部门、财务部门来说，就很难使用其他部门的数据，整个企业就谈不上系统集成了。要实现系统集成，就要有统一的编码。

编码模型使汇总统计、信息分类、对比分析等能适应实际业务的变化，并使信息共享、数据转换容易实现，使编码管理和维护变得直观、容易。

因此编码与数据模型一样是系统集成的基础。

（三）便于分类和统计

有时利用编码，很容易完成有一定要求的统计。例如我们利用身份证号码，可以方便地完成不同年龄、不同性别的人口统计。

（四）减少数据的冗余

例如，对于物流企业的配送加工，为唯一地标识一种特定的材料，通常需要同时使用材料的名称、规格、型号、计量单位等信息。而配送加工有许多工作与材料相关，例如配送定额、配送需求计划、材料的采购计划、材料的入库、出货和库存等。假如存储材料的名称、规格、型号、计量单位四种信息分别需要80、50、50和10个字节，这样做不但可以有效的节省磁盘空间，还能有助于数据更新维护时简单化，不要在多个不必要的地方重复更新，或者一旦某个地方遗漏没有更新就会导致系统的逻辑错误。

二、编码的分类

（一）按编码的基本结构分类

根据编码的基本结构，常见的编码结构有顺序码、块码、层次码、特征码等。

1. 顺序码

顺序码是一种以连续自然增加的数字或字符代表编码对象的编码。例如连续的数字0、1、2、3、4、……，或字符A、B、C、D、……。在日常生活中，街道两旁的门牌号码一般采用顺序码。

顺序码具有编码简单、简短等特点。例如增加了新房子，将原来最大的门牌号码加1，即得新房子的门牌号码。但是顺序码的最大缺点是可维护性差。例如若新建的房子在街道的最尾边，那么采用顺序码还能表示房子位置的顺序，如果在两幢房子的中间建了一幢新房，那么按照门牌号码就很难找到该房子了。计算机执行BASIC语言编写的程序，一般是按照行号顺序从小到大执行，即BASIC程序的行号采用顺序码。由于顺序码存在着维护难的缺陷，因此往往采用一定间隔的顺序码，如按10间隔来设置行号，便于程序的修改。

2. 块码

块码其实是一种特殊的编码。它将顺序码按照一定的方式分成若干段或者块，每一段或块代表一定类型的编码对象。例如，企业一般分为若干个部门，统计需要按直接生产部门、辅助生产部门、管理部门等将工资汇总，因此将01～09的编码用于直接生产的部门编码，10～16用于辅助生产的部门编码，17～26留给从事管理的部门编码……这就是按照部门的性质将编码分段的块码。与顺序码相比较，块码具有较好的可维护性。只要分段合适，预留有足够的码，那么该编码就具有较好的维护性，例如前面谈到的部门编码。但是块码的可维护性是有前提的，就是每段要留足够的码，因此该类码较顺序码复杂。

3. 层次码

顺序码和块码不适合对具有层次结构的实体的编码，例如物品、地区等的编码。层次码是在编码的结构中，为实体的相关属性确定若干位，并排成一定的层次关系。因此，层次码适合对具有层次结构的实体的编码。图10.3.1表示一种具有三层结构，且每层采用两位码的层次码。

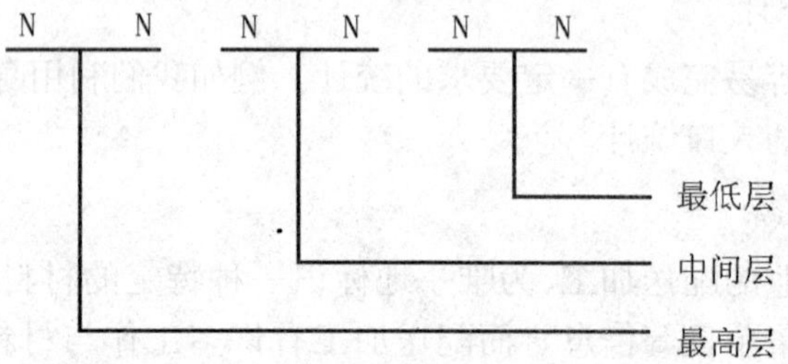

图10.3.1　层次码的一般结构

例如商场中经营的物品就具有层次结构。按物品大类来分，物品分为百货、服装、家电、体育等；每一大类中又分为中类，如服装类分为男装、女装和童装；每大类的中类又分为小类……因此可以采用层次码结构来编码。

层次码具有结构清晰、可维护性强等特点，但是编码的设计较复杂。采用层次码时，首先要理清编码对象的层次结构。

4. 特征码

在码的结构中，为实体的多个属性各规定一个位置(若干位码)，从而表示某一实体不同的属性。特征码与层次码不同，码中表示的各属性之间一般没有层次关系，是相互独立的。例如表示用材质、直径、形状、表面处理方式属性来为金属材料编码，这种编码就是特征码。特征码具有组合灵活、设计简单等优点，其不足是码的利用率较低。

除了上述结构的编码外，还有图书分类用的十进位码、帮助记忆的助记忆码、利用伪随机数产生的无序码等。

在实际工作中，使用单一的码很难满足业务工作的需要，因此一般使用混合码，即多种结构的码。例如按图10.3.1所示结构的层次码来表示商场的具体一种物品，可能就无法保证其惟一性，因为在同一小类中可能有不同的物品。所以实际中，经常将层次码和顺序码混合使用，在层次码的后面，加上若干位顺序码，这样相同小类中的不同物品则按顺序编码，如图10.3.2所示。

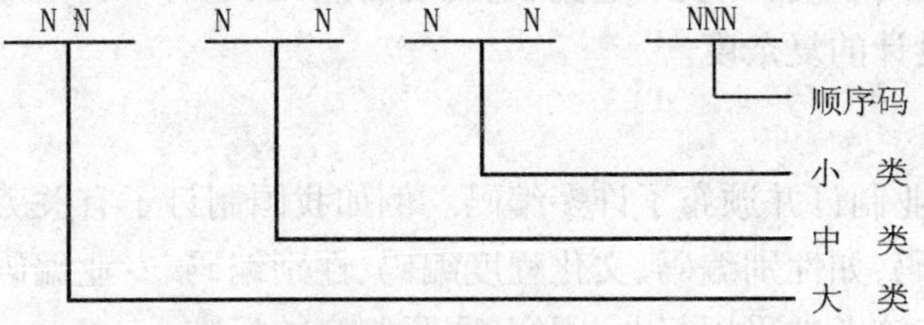

图 10.3.2　商品编码

(二)、按编码涉及的范围分类

按编码涉及的范围来分,企业编码一般有全局编码和局部编码。其中凡涉及或应用于多个子系统的编码称为全局编码,仅在一个子系统中应用的编码称为局部编码。例如对于 LMIS 来说,实体“物品”的编码就是全局编码,因为物品要用于多个子系统,而属性“民族”的编码就是局部编码,因为它一般仅用于劳动人事子系统。

对于局部的编码设计比较简单,而对于全局编码,由于实际中不同用户的要求不同,因此在编码设计时,要考虑相关部门的分类要求、统计要求等。

三、编码模型设计的原则

编码应能准确、有效、充分地反映对象的信息,确保信息的检索、分类、访问、判断、统计和控制简单容易,以提高信息的处理效率和信息的利用价值。因此编码设计应遵循以下原则:

(一)惟一性

编码的惟一性是编码的第一性,它要求一个编码只能代表一个实体或者一个属性。每一编码集中的每一个编码表示且只能表示惟一的实体或属性。例如不同的职工就不能使用同一个职工编码。若所设计的编码不具备惟一性,就必须重新设计。

(二)合理性

所设计的编码结构,包括编码的长度、类型、含义等,应该符合编码对象自身的特征,满足实际工作的需要。这种合理表现在两个方面:第一,编码对象的哪些特征需要编码,而不是尽量罗列更多的特征;第二,编码方法与规则要合理,如对衣服的材质用块码来编就不适合。例如若采用层次码,则编码对象应该具有一种层次分类结构。例如我国居民身份证号的前 8 位采用的是层次码,中间的 8 位是特征码,最后 3 位是顺序码。

(三)可扩充性

因为企业会发生变化,因此编码对象的实体不可能在编码设计中考虑完整,因此编码要留足备用码,一旦增加新的实体,则不会因为备用码不够,导致编码结构重新设计、重新编码。最为稳妥的方法是在编码(不包括顺序码)的最后加上若干位顺序码。

(四)一致性

编码的一致性包括长度的一致性以及编码含义的一致性。长度的一致性是指一种编码,无论表示哪个具体的实体或实体的属性值,码的长度应该一样;编码含义的一致性是指码中的同段,对于不同的编码对象来说,表示意义是一样的。例如我国居民身份证号的第 7 位至第 14 位,无论对哪位居民都表示居民的出生日期。例如有个生产经营电机的企业,其产品编码中同样一位，依据产品的不同，可表示电流、电压或者组距，这样一来，既使产品的编码工作很复杂，也造成了程序设计的复杂度。

（五）标准性

在我国，国家、行业制订并颁布了许多编码。例如我国制订了有关劳动人事管理中的一系列有关职工属性的编码，如性别编码、文化程度编码、性别编码、专业编码、民族编码等。因此，在编码设计中，首先应该考虑采用行业、国家、国际制定的标准。

（六）简单性

在实际中，有时可以看到这样的情形，设计者往往希望编码包含更多的信息，使编码能完成很多统计工作，结果编码复杂，实用性差。在首先考虑使用行业、国家、国际制定的标准的同时，还要兼顾编码的简单。行业、国家、国际制定的标准编码，是从整体来考虑的，其编码对象的实体集合远远大于企业用到的子集。例如原国家物资部用具有 7 层的 17 位层次码对黑色金属材料进行编码，而一个企业很可能只用到黑色金属材料中的极少部分，那么采用 17 位国家统一编码就会使企业的材料编码复杂化。

（七）稳定性

通常，编码在管理信息系统中，应用面很广，尤其是公共编码，会出现在多个关系模式中。例如如前所述的材料编码，在材料定额、材料的需求计划、材料的采购计划、材料的入库、消耗和库存以及其他关系模式中均会出现。若所设计的编码稳定性差，一旦发生编码的修改，则需要许多关系模式中数据的修改，甚至涉及程序的修改。因此编码的稳定性是非常重要的，应该做到一旦编码通过批准，就必须严格执行，不要轻易修改编码结构。

编码的不稳定表现为编码结构的不稳定以及编码的不稳定。前者是编码的长度、含义发生变化，从而造成同一编码对象的编码发生变化；后者为同一编码对象的编码发生变化。造成编码不稳定的重要原因有两个，一是留作备用的编码不够，使新增加的实体无法进行编码。二是编码中包含了不稳定部分，例如若职工号中包括了职工的文化程度，那么职工号就会随其文化程度的变化而变化，从而导致数据库中编码的变化。第一种不稳定性，可能造成对数据库中大量数据维护的困难。在实际工作中，这两种不稳定性应该尽量避免。

第四节　物流信息系统的开发方式

一、自行开发方式

自行开发方式是一种完全依靠企业自身的开发力量来开发管理信息的系统。开发出的系统能满足企业的要求，系统易于维护。采用自行开发，需要企业自身具有一支完整专业的开发队伍。而实际情况却是企业缺乏这样的开发队伍，这支队伍对企业本身的物流业务非常熟悉，知道企业的症结所在，也知道企业哪些地方需要利用信息手段来更新管理，但缺乏信息技术的知识或系统开发知识和有经验的系统分析员，无法将这两个方面很好地结合起来考虑系统的实施。我们知道 LMIS 涉及的信息技术更广，因此难以开发出专业的 LMIS。采取这种方式的好处是可以造就企业的开发队伍。

二、委托开发方式

时下,软件开发已经成为一个分支行业,也慢慢走向成熟,也有不少的企业自身没有专业的开发队伍,从而选择委托开发方式。这种方式是企业委托具有雄厚技术实力和丰富软件开发经验的计算机软件公司、科研机构、高等院校等外部技术单位完成。这种方式对企业自身开发人员要求不高,但企业必须拥有大量的资金以满足委托单位的开发费用需求。可是大多数委托开发的系统都不是很理想。主要原因是被委托单位人员一般不熟悉业务知识,开发的系统实用性差。在实现用户需求上往往限于模拟手工处理过程,软件的时间适应性差,这也与业务人员对信息系统的要求和理解有关,一些业务人员由于不了解信息技术,在一些细节上(如报表格式)提出过分要求,如不"迁就"就会产生矛盾。同时,使用单位对信息技术认识不充分,难以提出较好的要求,或难以对开发单位的需求说明和设计资料进行准确的评价,往往到后期才发现设计中的问题或者才有较为准确的需求,使开发单位无所适从。同时不利于培养自己的维护人员,这就造成系统一旦建立后,系统无人维护,或者由于维护不得当,致使系统搁置或长期瘫痪。

三、联合开发方式

表面上,我们可能认为这种方式是兼以上两种方式优点的方式,但是需要提醒的是采取联合开发方式要慎重选择开发单位。联合开发方式开发的信息系统实用性较强,而且由于有本单位人员参与,系统使用和维护也比较方便。采取联合开发的方式,企业技术部门可以学习专业软件公司的开发方法,由软件公司负责解决技术难点,对开发过程进行科学的安排和控制,由企业技术人员负责编制编码。这样就回避了企业信息开发队伍开发经验少、技术低下的问题。同时由于在联合开发中锻炼和培养了企业的信息技术人员,所以联合开发的效果一般好于自行开发。联合开发也存在选择合作对象的问题,这种问题发生一般多为合作企业间企业在文化、管理、人员之间需要长期磨合,一旦这种磨合不顺畅就会导致合作的破裂,从而导致项目失败。如果合作对象选择不好,也会带来很多麻烦。

四、购买商品软件

商品软件一般大多都是通用软件,广泛的适合多数企业使用,拥有一定数量的用户,并经过实际应用的考验,一般都比较成熟与稳定,在约定条件下,质量有所保证,所以直接购买商品化软件一般质量较高、性能稳定、周期短、成本也很低。但系统的适应性较差,因为商品软件从通用化与用户面考虑,其功能无论在范围上还是在深度上都只能使企业的需求得到部分满足,功能选择有较大的局限性,一般不能完全满足企业要求,还需要进行二次开发。同时商品软件一般停留在常规业务处理的层次上,而企业全面的信息系统还有许多功能,尤其是特殊要求的功能以及维系企业生存与发展的分析与决策功能只能靠专门开发来实现。另外,现在的一些商品化软件基本上是单项应用,各系统之间数据共享困难。同时由于没有原程序编码也不便于系统维护。

不同的企业可以根据自身的条件和信息系统建设的目的和规模确定适当的开发方式,制约因素主要有企业的技术力量、资源条件和企业的外部环境。不管选择何种开发方式,企业都要重视人才的培训工作,即使是委托开发。

实验实训：

若有教学条件，可以利用物流软件让学生模拟物流业务，让学生了解物流软件的基本需求。

教学建议：

本章内容较为抽象，建议在教学中，尽量多举形象化事例。

※ 思考题

1. 什么是物流信息系统的开发原则，并说明为什么要遵循这些原则。
2. 简述物流信息系统的开发方法，说明各自特点。
3. 说明物流信息系统的开发过程。
4. 对照居民身份证，说明它的编码方法和优缺点。
5. 说明物流信息系统开发方式的选择。

参考资料：

1. 蔡淑琴著：《物流信息系统》，中国物资出版社，2005 年
2. 阎子刚著：《物流信息技术》，高等教育出版社，2003 年
3. 李苏剑等著：《物流管理信息系统理论与案例》，电子工业出版社，2005 年
4. 薛华成著：《管理信息系统》，清华大学出版社，2003 年
5. 倪庆萍著：《管理信息系统原理》，清华大学出版社，2006 年

读者反馈意见

亲爱的读者：

感谢您对《物流信息技术》的学习和热爱！为了今后能给您提供更优质的服务，请您抽出宝贵时间填写下面意见反馈表，以便我们更好地对本教材做进一步的改进。同时如果您在使用本教材的过程中遇到了什么问题，或者有什么好的建议，也请您来信、来电告诉我们。

地址：北京市丰台区科学城南极星大厦 108 室

电话：010 - 83794403/83795649

电子邮箱：caikai6223@263.net　　QQ：649319527　　QQ：1694299827

网址：WWW.KFHWH.CN

教材名称：《物流信息技术》

个人资料：

姓名：__________ 年龄：__________ 所在院校/专业________________

文化程度：____________ 通讯地址：____________________

联系电话：____________ 电子信箱：____________________

您使用本书是作为：□指定教材、□选用教材、□辅导教材

您对封面设计的满意度：

□很满意、□满意、□一般、□不满意　改进建议____________________

您对本书印刷质量的满意度：

□很满意、□满意、□一般、□不满意　改进建议____________________

您对本书的总体满意度：

从语言质量角度看：□很满意、□满意、□一般、□不满意

从科技含量角度看：□很满意、□满意、□一般、□不满意

本书最令您满意的是：

□指导明确 □内容充实 □讲解详尽 □实例丰富

您认为本书在哪些地方应进行修改？（可附页）

____

____

您希望本书在哪些方面需进行改进？（可附页）

____

____